D0907670

# LES FEMMES
## DANS
# LA SOCIÉTÉ
# QUÉBÉCOISE

# ÉTUDES D'HISTOIRE DU QUÉBEC

Collection dirigée par René Durocher et Paul-André Linteau

**Titres publiés**

1. René Durocher et Paul-André Linteau, *Le «retard» du Québec et l'infériorité économique des Canadiens français.*
2. Marcel Lajeunesse, *L'éducation au Québec (19ᵉ - 20ᵉ siècles).*
3. Richard Desrosiers, *Le personnel politique québécois.*
4. Hubert Charbonneau, *La population du Québec: études rétrospectives.*
5. Jean-Paul Bernard, *Les idéologies québécoises au 19ᵉ siècle.*
6. Fernand Harvey, *Aspects historiques du mouvement ouvrier au Québec.*
7. Jean-Yves Gravel, *Le Québec et la guerre.*
8. Marie Lavigne et Yolande Pinard, *Les femmes dans la société québécoise.*

**Hors collection**

René Durocher et Paul-André Linteau, *Histoire du Québec: bibliographie sélective (1867-1970).*

MARIE LAVIGNE · YOLANDE PINARD

# LES FEMMES
## DANS
# LA SOCIÉTÉ
# QUÉBÉCOISE

## Aspects historiques

Édition corrigée

LES ÉDITIONS DU BORÉAL EXPRESS

Photo de couverture: « Huntington Copper Mine,
                        Bolton, Québec, 1867».
                        Archives Notman, Musée McCord.
Maquette de couverture: Claude Bouchard


© LES ÉDITIONS DU BORÉAL EXPRESS
Case Postale 418
Station Youville, Montréal

ISBN - 0 - 88503 - 063 - X

Dépôt légal: 4e trimestre 1977
Bibliothèque nationale du Québec

305.409714
F329

# PRÉSENTATION

## Marie Lavigne et Yolande Pinard

Le renouveau de la recherche sur la question des femmes n'est pas le fruit du hasard. Il trouve sa source dans un mouvement social qui lutte contre l'état d'infériorité des femmes dans la société, perçu comme le résultat d'une oppression à tous les niveaux. L'analyse des composantes économiques, sociales, politiques et culturelles de cette oppression rejoint ainsi les interrogations actuelles du mouvement des femmes [1]. Dans cette perspective, les divers acquis des sciences sociales devaient inévitablement être remis en question. En excluant le concept d'oppression, on avait en effet créé une «psychologie féminine», une «sexualité féminine» et une «condition féminine» qui, la plupart du temps, servaient à justifier et à perpétuer un système d'oppression [2].

L'histoire constituée n'a pas fait exception à la règle. Surtout préoccupée par les groupes dominants, elle demeurait presque muette sur les luttes des femmes pour leur émancipation, sur leurs victoires comme sur leurs échecs. Non pas que les femmes étaient totalement absentes des manuels! Comment pourrait-on oublier les panégyriques de Marie de l'Incarnation, de Madeleine de Verchères ou encore des mères canadiennes? Elles y figuraient cependant d'une manière telle qu'il s'avérait impossible de reconstituer leur expérience historique en tant que groupe social opprimé. La vision sexiste que la société québécoise s'est donnée de son passé a ainsi relégué ses femmes parmi les sans-histoire. Mais en donnant à celles-ci comme seules ancêtres des vierges héroïques, des religieuses mystiques et des mères comme il ne s'en fait plus, cette histoire cautionnait et consacrait leur oppression réelle.

On s'en doute: si les femmes ont été exclues de l'histoire, c'est qu'elles étaient exclues du pouvoir. Elles n'en ont pas moins été des

---

[1] Pour connaître l'état des recherches en ce domaine, on peut consulter le *Canadian Newsletter of Research on Women / Recherches sur la Femme–Bulletin d'Information Canadien* publié trois fois l'an par le département de sociologie du *Ontario Institute for Studies in Education*; il paraît depuis 1972.

[2] Voir, C. D., «Pour un féminisme matérialiste», *L'Arc*, 61 (2ᵉ trimestre 1975): 61-67. (2ᵉ édition).

agents historiques, dans la mesure où leur position de dominées était un élément indispensable au fonctionnement et au maintien d'un certain ordre social et que leur résistance à l'oppression a été un facteur d'évolution. Il existe donc une histoire des femmes au Québec, mais, pour la retracer, il faut se dissocier d'une certaine histoire politique et institutionnelle au service des groupes dominants.

Jusqu'ici les études ont surtout porté sur l'analyse du féminisme bourgeois, sur les attitudes des élites ainsi que sur les aspects formels ou quantitatifs du travail féminin et du syndicalisme. Les mécanismes de conditionnement, le militantisme des ouvrières, des ménagères ou des femmes rurales, la situation particulière des Amérindiennes, voilà autant de sujets qui ont été à peine effleurés. Sans prétendre brosser une véritable synthèse de l'histoire des femmes au Québec, les travaux regroupés dans ce recueil (dont trois inédits) permettent du moins d'en établir les aspects principaux. Dans les pages qui suivent, tout en soulignant l'apport de chacun de ces travaux, nous faisons le point sur l'état de la recherche et nous commentons les instruments et les études qui sont actuellement à la disposition des chercheurs.

## Les sources, les bibliographies et les oeuvres de synthèse

Micheline Dumont-Johnson a déjà souligné les graves problèmes d'heuristique que le chercheur rencontre dès qu'il aborde l'histoire des femmes et qui l'obligent à recourir à une série de démarches méthodologiques et épistémologiques nécessitant une approche multidisciplinaire de la question[3]. Ceci exige à la fois un regard neuf sur les sources historiques et l'exploration de nouvelles sources. Car, pour une large part, le faible développement de la recherche reflète la nature des sources disponibles[4]. Le recours aux acquis des sciences sociales devient alors important pour suppléer en partie aux lacunes des sources traditionnelles utilisées par les historiens. À titre d'exemple, mentionnons que, sans les travaux des démographes, il serait à peu près impossible de connaître l'importance de la fonction reproductrice des femmes dans une société, facteur primordial pour comprendre leur rôle et leur situation sociale. Les

---

[3] Micheline Dumont-Johnson, « Peut-on faire l'histoire de la femme? (note critique)», *Revue d'Histoire de l'Amérique Française* (RHAF), 29, 3 (décembre 1975): 421-428.

[4] À ce sujet, voir l'introduction de *Women at Work. Ontario 1850-1930* édité par Janice Acton, Penny Golsdmith et Bonnie Shepard (Toronto, Women's Educational Press, 1974), 1-11.

sources sur lesquelles s'appuient les historiens confirment l'absence des groupes dominés. Lorsqu'il est fait mention de ceux-ci, c'est habituellement du point de vue des groupes qui monopolisaient à la fois le pouvoir, le savoir et l'écriture.

Les quelques femmes dont nous connaissons l'histoire, sont aussi celles qui ont laissé des écrits; elles appartenaient donc, pour la plupart d'entre elles, aux classes dominantes. L'histoire des femmes qu'on a d'abord faite est surtout la leur et c'est encore à partir de leurs écrits que la recherche s'effectue principalement. L'archivistique est à la remorque de cet état de l'historiographie[5]. Ces sources sont néanmoins très riches, mais leur utilisation présente certaines limites. Si elles permettent de bien comprendre l'oppression et les luttes des femmes au sein des classes dominantes, elles en disent moins long sur l'immense majorité des femmes dans la société. On peut mettre en doute l'impartialité d'une féministe du début du siècle sur la situation des ouvrières et des domestiques, lorsqu'on sait que cette même féministe engage des domestiques pour pouvoir militer et que son mari est propriétaire d'usine ... Malgré leurs carences, les documents émanant des organisations et des associations féminines n'en demeurent pas moins une des sources majeures en histoire des femmes. Les sources syndicales présentent elles-mêmes de sérieux problèmes d'utilisation, liés tant au chauvinisme des syndicats jusque dans les années 1950 qu'à la faible syndicalisation des travailleuses et à leur participation mitigée à la structure syndicale.

La publication récente d'inventaires d'archives canadiennes-anglaises sur l'histoire des femmes au Canada est encourageante et soulève un coin du voile. D'un autre côté cependant, cette initiative fait davantage ressortir la pénurie de documents équivalents sur les femmes du Québec[6]. Quant aux rares bibliographies publiées en langue française

---

[5] Heather Rielly et Marilyn Hindmarch, *Some Sources for Women's History in the Public Archives of Canada* («National Museum of Man Mercury Series», History Division, paper no. 5, Ottawa, National Museums of Canada, 1974), 1-3.

[6] *Ibid.*, 4-93; voir aussi, *Archival Materials on Canadian Women*, supplément du *Canadian Newsletter of Research on Women / Recherches sur la Femme–Bulletin d'Information Canadien*, VI, 1 (February 1977): 169-214. Cet inventaire couvre des archives de l'Ontario. Il a été produit par le Comité d'histoire des femmes de la Société Historique du Canada qui a décidé en juin 1975 de former un groupe de travail chargé d'identifier les archives canadiennes concernant les femmes. Deux premiers rapports ont été publiés: pour le Québec, voir, Marie Lavigne et Jennifer Stoddart, *Canadian Newsletter of Research on Women / Recherches sur la Femme–Bulletin d'Information Canadien*, V, 3 (octobre 1976): 87-89; pour l'Ontario, voir, V. Strong-Boag, *Ibid.*, V, 1 (February 1976): 40-47.

sur le Québec, elles souffrent de plusieurs défauts: elles sont manifeste-
ment incomplètes et mal structurées [7]. L'espace accordé à l'histoire y
occupe une place marginale, ces ouvrages étant surtout axés sur les
préoccupations immédiates du mouvement des femmes. La filmographie
ajoutée à une des bibliographies est toutefois une utile innovation. Mais
on aura avantage à consulter deux bibliographies en langue anglaise qui
recensent le plus grand nombre de travaux [8].

Les quelques synthèses déjà publiées rendent compte en partie seulement des fondements historiques de l'oppression des femmes. Les plus
anciennes remontent à plusieurs décennies et se rattachent au courant
traditionnel. Il suffit d'évoquer les écrits de l'abbé Lionel Groulx ou de
Mgr Albert Tessier qui ont longtemps servi à glorifier la famille
canadienne-française, à exalter les vertus morales et spirituelles des
aïeules, à faire l'éloge dithyrambique de leurs maternités et à magnifier
leur rôle social [9].

Les synthèses modernes dépassent cette perception du rôle des femmes dans l'évolution de la société québécoise. Celle de Micheline
Dumont-Johnson qui s'étend des débuts de la Nouvelle-France jusqu'à

---

[7] Nous faisons ici référence à deux ouvrages spécifiques: Conseil du statut de la
femme, *Les Québécoises. Guide bibliographique suivi d'une filmographie* (Coll. «Études et
dossiers», Québec, Éditeur officiel du Québec, 1976), 160 p.; Ghislaine Houle, *La femme
au Québec* (Coll. «Bibliographies québécoises», no 1, Montréal, Ministère des Affaires
culturelles, 1975), 228 p. Il va sans dire que d'autres bibliographies incorporées à des livres
sur l'histoire des femmes du Québec apportent des informations souvent plus appropriées:
voir, Mona-Josée Gagnon, *Les femmes vues par le Québec des hommes. 30 ans d'histoire
des idéologies. 1940-1970* (Montréal, Éditions du Jour, 1974), 159 p.; Michèle Jean,
*Québécoises du 20ᵉ siècle* (Montréal, Éditions du Jour, 1974), 303 p. et réédition (Montréal, Les Éditions Quinze, 1977). Une dernière bibliographie préparée par Marie Lavigne
et Jennifer Stoddart en janvier 1975 et déposée à l'Université du Québec à Montréal s'avère
très utile pour l'étudiant.

[8] Margrit Eichler et Lynne Primrose, «A Bibliography of Materials on Canadian
Women» dans *Women in Canada* édité par Marylee Stephenson (Toronto, New Press,
1973), 291-326; Veronica Strong-Boag, «Cousin Cinderella. A Guide to Historical Literature Pertaining to Canadian Women» dans *Women in Canada*, 262-290. Voir aussi, M.
Eichler, J. Marecki et J. Newton, *Women. A Bibliography of Special Periodical Issues*
(Special publication, no. 3, Canadian Newsletter of Research on Women, August 1976),
76 p.

[9] Lionel Groulx, «La famille canadienne-française, ses traditions, son rôle» dans
*Notre maître, le passé* du même auteur (Montréal, Librairie Granger Frères Ltée, 3ᵉ
édition, 1937), 115-151 et «Les femmes dans notre histoire», 265-269; id., *La Canadienne
française* (Conférence prononcée à la maison-mère des Soeurs de l'Assomption de S. V., le
23-10-1949, Nicolet, Imprimerie Albertus Martin, janvier 1950); Albert Tessier, *Canadiennes* (Montréal, Fides, 1962), 159 p.; Id., *Femmes de maison dépareillées* (Montréal,
Fides, 1942), 48 p.

nos jours demeure l'ouvrage le plus important [10]. Jacques Boucher, quant à lui, s'est préoccupé de l'évolution du statut juridique des femmes durant ces trois cents ans d'histoire [11]. Le livre de Michèle Jean se restreint au 20ᵉ siècle et propose une collection variée d'articles et de documents d'époque très utiles pour le chercheur [12]; l'auteur dresse une chronologie historique et offre, dans une présentation sommaire, un tableau succint de la situation des femmes au cours du siècle. On y note une tendance à assimiler l'histoire des femmes à celle du féminisme bourgeois, comme en témoigne le choix de sa périodisation qui correspond en gros aux phases décisives du mouvement féministe québécois.

Un rapide coup d'oeil sur les synthèses canadiennes nous permet de constater que les femmes du Québec n'y figurent à peu près pas et qu'on a fortement marginalisé leur histoire dans le développement du pays dans son ensemble [13]. Cette tendance se décèle d'ailleurs dans la plupart des ouvrages québécois cités plus haut. Ils s'inscrivent dans ce que nous pourrions appeler la problématique du retard, qui montre une nation québécoise constamment retardaire par rapport à la nation canadienne-anglaise. Les femmes du Québec ayant à défendre la foi catholique, la langue et les traditions auraient eu une histoire très différente et connu une évolution plus lente que les autres Canadiennes. En guise d'ouvrages de référence générale, on peut finalement citer une masse non négligeable de biographies individuelles ou collectives et des autobiographies que des

---

[10] M. Dumont-Johnson, « Histoire de la condition de la femme dans la province de Québec » dans *Tradition culturelle et histoire politique de la femme au Canada* (Études no 8 préparées pour la Commission royale d'enquête sur la situation de la femme au Canada, Ottawa, Information Canada, 1972), 1-57. À l'avenir, M. Dumont-Johnson, *L'histoire...* Les principaux éléments de cette recherche ont été repris ultérieurement dans un article de Caroline Pestieau. Voir, Caroline Pestieau, « Women in Quebec » dans *Women in the Canadian Mosaic* édité par Gwen Matheson (Toronto, Peter Martin Associates Limited, 1976), 57-69.

[11] Jacques Boucher, « L'histoire de la condition juridique et sociale de la femme au Canada français » dans *Le droit dans la vie familiale* de Jacques Boucher et André Morel (Montréal, Presses de l'Université de Montréal, tome I, 1970), 155-167.

[12] Michèle Jean, *op. cit.*, Son article d'introduction a également été reproduit dans *Forces*, 27 (2ᵉ trimestre 1974): 4-14.

[13] Voir, entre autres, Margaret Wade Labarge, « Historique des traditions culturelles de la femme canadienne » dans *Tradition culturelle et histoire politique de la femme au Canada*, i-37. Cependant le nouveau recueil de Prentice et Trofimenkoff vient de briser cette tradition de l'historiographie. Voir, Susan Mann Trofimenkoff et Alison Prentice, eds., *The Neglected Majority: Essays in Canadian Women's History* (Toronto, McClelland and Stewart, 1977), 192 p.

militantes bourgeoises du mouvement des femmes ont léguées à l'histoire[14]. Ce bref survol nous amène à conclure que la véritable histoire des femmes reste à faire.

## La société coloniale

Quelle est l'histoire de ces immigrantes qui quittèrent, bien souvent seules, leur pays pour s'établir au Canada? Pourquoi ont-elles quitté la «doulce France» et comment elles et leurs filles ont-elles vécu ici? Dumont-Johnson, R.-L. Séguin et Boucher ont tracé les grands jalons de cette histoire[15].

Envoyées ici afin d'y maintenir sur place soldats et engagés, ces femmes constituent un potentiel reproducteur de choix[16]. Les études démographiques sont éloquentes à cet égard et le taux de fécondité est un

---

[14] Émilia Boivin Allaire, *Profils féminins: trente figures de proue canadiennes* (Québec, Garneau, 1967), 283 p.; Id., *Têtes de femmes; essais biographiques* (Québec, Éditions de l'Équinoxe, 1965), 239 p.; Marie-Claire Daveluy, *Dix fondatrices canadiennes* (Montréal, Le Devoir, 1925), 58 p.; Renée des Ormes, *Robertine Barry en littérature: Françoise. Pionnière du journalisme féminin au Canada. 1863-1910* (Québec, L'Action Sociale Ltée, 1949), 159 p.; Madeleine Gleason-Huguenin, *Portraits de femmes* (Montréal, La Patrie, 1938), 188 p.; Congrégation de Notre-Dame, *Mère Sainte-Anne-Marie* (Montréal, Arbour & Dupont, 1938), 198 p.; Georges Bellerive, *Brèves apologies de nos auteurs féminins* (Québec, librairie Garneau, 1920), 137 p.; Mme F.-L. Béique, *Quatre-vingts ans de souvenirs. Histoire d'une famille* (Montréal, Valiquette 1939), 287 p.; Thérèse Casgrain, *Une femme chez les hommes* (Montréal, Éditions du Jour, 1971), 296 p.; *XXX, Dictionnaire biographique du Canada*, tomes I et II. Malgré leur caractère nettement apologétique et, parfois, certaines erreurs d'ordre historique, ces ouvrages peuvent néanmoins servir. Dans des recueils biographiques de langue anglaise traitant des Canadiennes en général, on trouve aussi les noms de quelques femmes qui se sont illustrées dans l'histoire du Québec bien qu'elles ne soient pas nécessairement toutes représentatives de cette même histoire. Mentionnons, entre autres, Mary Quayle Innis, ed., *The Clear Spirit. Twenty Canadian Women and Their Time* (Toronto, University of Toronto Press, 1973), 304 p.; Jean Bannerman, *Leading Ladies: Canada. 1639-1967* (Ontario Carrswood, 1967), 332 p.; Sophy L. Elliott, *The Women pioneers of North America* (Gardenvale, Garden City Press, 1941), 299 p.; Jean Johnston, *Wilderness Women. Canada's Forgotten History* (Paperback edition, Toronto, Peter Martin Associates Limited, 1976), 242 p.; Isabel Bassett, *The Parlour Rebellion. Profiles in the Struggle for Women's Rights* (Toronto, McClelland and Stewart, 1975), 223 p.

[15] M. Dumont-Johnson, *L'histoire . . .*; J. Boucher, *op. cit;* R.-L. Séguin, «La Canadienne aux 17ᵉ et 18ᵉ siècles» *RHAF*, 13, 4 (mars 1960): 492-508; I. Foulché-Delbosc, «Women in New-France: Three Rivers 1651-1663» *Canadian Historical Review*, 21, 2 (juin 1940): 132-149.

[16] Plusieurs études ont été publiées sur l'immigration féminine en Nouvelle-France. Entre autres, notons: Sylvio Dumas, *Les filles du Roi en Nouvelle France. Étude historique avec répertoire bibliographique* (Québec, la Société historique de Québec, 1972), 382 p.

des plus élevés qui ait jamais été mesuré: entre 1700 et 1730, les femmes ont en moyenne 8.4 enfants vivants [17]. L'observation des mariages et des coutumes qui y sont reliées fournit de précieuses indications sur l'importance de la structure familiale et du rôle maternel des femmes [18].

L'histoire de la société de la Nouvelle-France met en évidence le caractère non-traditionnel de l'activité économique des femmes. Boucher remarque que les conditions de vie imposaient une division du travail entre les sexes beaucoup moins rigoureuse que celle qu'on retrouvera ultérieurement dans la société rurale du 19e siècle car hommes et femmes devaient assumer des rôles nouveaux. Cette thèse a été reprise par d'autres auteurs, mais on doit souligner que, faute d'analyse comparative avec le travail féminin dans la société française de l'Ancien Régime et avec l'évolution de ce travail dans la société canadienne, il s'agit encore d'une hypothèse à vérifier. Les données actuellement disponibles concernent la main-d'oeuvre en général, le système d'apprentissage, l'activité économique de femmes d'affaires ou le travail dans les communautés religieuses [19]. Le travail féminin en soi n'a pas encore fait l'objet de recherches systématiques. Nous en connaissons mal l'ampleur réelle, les gages et les conditions de travail, de même que le degré de sexualisation des emplois.

Les mêmes études constatent que la condition juridique des femmes étaient en fait plus large que ce que prévoyaient les lois alors en vigueur. Cette liberté de manoeuvre accordée aux femmes, cet écart entre le droit formel et les exigences de la vie quotidienne semblent avoir été typiques

---

[17] J. Henripin, *La population canadienne au début du XVIIIe siècle*, (Paris P.U.F., 1954). Voir aussi G. Sabagh, «The Fertility of French-Canadian Women during 17th century», *American Journal of Sociology*, XLVII, 5, (mars 1942): 680-689 ainsi que B. Desjardins, P. Beauchamp et J. Légaré, «Automatic Family reconstitution: the French Canadian Seventeenth Century Experience», *Journal of Family History*, 2, 1, (printemps 1977): 56-76.

[18] P.A. Leclerc, «Le mariage sous le régime français», *RHAF*, Vol. 13, nos 2, 3, 4; vol. 14 nos 1-2 (1959-1960). Sur les mariages bourgeois voir «La bourgeoisie et le mariage» in C. Nish, *Les bourgeois-gentilshommes de la Nouvelle-France, 1729-1748*, (Montréal, Fides, 1968) et L. Dechêne, *Habitants et marchands de Montréal au XVIIe siècle*, (coll. «Civilisations et mentalités», Paris, Montréal, Plon, 1974), 588 p. partie I, chap. 2 et 3 et partie IV, chap. 3.

[19] Voir J. Hamelin, *Économie et société en Nouvelle-France*, (Québec, P.U.L., 1960), 137 p.; L. Dechêne, *op. cit.*; Liliane Plamondon, *Femmes d'affaires en Nouvelle-France: Marie-Anne Barbel*, (thèse de M.A. (Histoire), Laval, 1976); M. D'Allaire, *L'Hôpital Général de Québec 1692-1764* (Montréal, Fides, 1971), 251 p.; *L'Hôtel-Dieu de Montréal* (Montréal, Hurtubise HMH, 1973), 346 p.

d'une société qui avait besoin de tout son potentiel humain, quel que soit le sexe, pour se développer. En permettant aux femmes de poser des actes légaux réservés aux hommes, cette société démontrait qu'elle ne pouvait s'encombrer de l'incapacité juridique des femmes mariées.

Si la Nouvelle-France a pour un certain temps semblé adoucir les mécanismes de soumission de sa population féminine, elle n'en a pas moins entretenu de profondes différences entre ses citoyennes d'origines sociales diverses. En effet, la vie d'une Élisabeth Bégon ou d'une Marie-Anne Barbel offre peu de points communs avec celle des servantes[20]. Les dots, les taux d'exogamie, la hiérarchie à l'intérieur des communautés religieuses, la criminalité selon l'origine de classe des prévenues, la participation aux émeutes contre la cherté du pain sont autant d'éléments essentiels à la compréhension de l'expérience des groupes de femmes de la société coloniale[21].

La Nouvelle-France a longtemps été perçue comme la période de «l'âge d'or» de la nation québécoise, prenant brusquement fin avec la conquête britannique. Corrélativement, les femmes auraient vu leur rôle diminuer et leur situation se dégrader avec le changement de métropole[22]. Sans pénétrer dans le coeur du débat sur les effets de la Conquête,

---

[20] Un certain nombre de biographies d'«héroïnes» et de femmes en Nouvelle-France sont rédigées. Notons entre autres, L. Plamondon, *op. cit.;* C. Dupré, *Elisabeth Bégon,* (Montréal, Fides, 1960), 94 p.; M.E. Chabot, *Marie de l'Incarnation chef d'entreprise,* (Les cahiers de la Nouvelle-France, 20, 1962); En ce qui concerne les domestiques, F. Barry, «La domesticité féminine de Québec au milieu du XVIIIe siècle», (Communication présentée au congrès de l'Institut d'histoire de l'Amérique française, 1974), 31 p.; J.P. Hardy, *L'apprentissage à Québec sous le régime français* (Thèse de M.A. (Histoire), U. Laval, 1972), 134 p.; J.M. LeMoyne *Les Héroïnes de la Nouvelle-France* (Lowell, Mass., éd. T.E. Adams et Cie, 1888), 23 p.

[21] Les analyses des comportements sociaux sont peu nombreuses. Pour la criminalité féminine on peut se référer à l'article de A. Morel, «Réflexions sur la justice criminelle canadienne au 18e siècle», *RHAF*, 29, 2 (septembre 1975): 241-253 et pour la période du régime militaire aux études de Luc Lacourcière sur la Corriveau dans *Les Cahiers des Dix,* vol. 33, 34 et 38, 1968, 1969, 1973. La sexualité et la vie conjugale n'ont pas encore fait l'objet de recherche du type de celle de François Lebrun pour la France, *La vie conjugale sous l'ancien régime,* (Paris, Coll. U. Prisme, 1975), 179 p. Il n'existe malheureusement que l'ouvrage de R.-L. Séguin *La vie libertine en Nouvelle-France au dix-septième siècle* (2 vol., Montréal, Leméac, 1972), 573 p. Même problème pour l'étude de la sorcière dont la personnalité est fréquemment analysée en relation avec l'oppression des femmes; sur le sujet le même auteur a écrit *La Sorcellerie au Québec du XVII[e]au XIXe siècle* (Montréal, Leméac, 1975), 245 p., mais les perspectives de cette recherche sont fort limitées en regard d'une histoire des femmes.

[22] Selon J. Boucher «De même que notre société commençait à vivre une vie diminuée, de même la femme se serait repliée sur ce qui n'était jusque-là qu'un aspect de son activité», *op. cit.,* 167.

nous pouvons nous demander si le rétrécissement du rôle des femmes, qui paraît s'être effectivement produit à un moment donné, est lié au changement de colonisateur. En d'autres termes, est-il pertinent, dans ce cas, de faire coïncider un changement de rôle économique et social avec un changement d'ordre politique? Si l'élargissement du rôle féminin correspondait aux nécessités d'une société en voie de formation, n'y aurait-il pas lieu d'envisager l'évolution de la situation des femmes en fonction du processus de stabilisation de cette même société?

Enfin, on peut supposer que les modifications survenues ne se sont pas opérées sans heurts ni frictions. À quel prix et comment des femmes à qui on avait laissé une certaine autonomie ont-elles pu accepter de se voir confinées peu à peu à la seule économie domestique? Voilà des questions qui font voir que ce chapitre de notre histoire est à peine amorcé. L'organisation des rapports sociaux et de la place qu'y occupent les femmes, leurs luttes, la répression dont elles furent victimes, demeurent inconnues.

## Le 19ᵉ siècle

Encore trop souvent associé à l'image d'une société repliée sur elle-même, voire sclérosée, le 19ᵉ siècle québécois apparaît comme une époque où les femmes se seraient pour ainsi dire éclipsées de la scène de l'histoire. Cette brutale mise au rancart tranche avec la situation plus ouverte de celles-ci aux 17ᵉ et 18ᵉ siècles. Or, Barbara Sicherman a montré combien l'historiographie américaine a eu tendance à étudier le stéréotype de la femme, généré au 19ᵉ siècle par l'idéologie de la différenciation sexuelle, plutôt que ce qu'elle a réalisé concrètement[23]. En fait, et d'autres historiens l'ont confirmé par la suite, les femmes de cette période ont agi au-delà de ce que le stéréotype à l'honneur autorisait et elles ont joui d'une certaine autonomie en dépit de la dominance de la «doctrine de la séparation des deux sphères». De telles constatations s'appliquent aussi au cas québécois. L'émergence de la question des femmes à la fin du siècle en témoigne. L'influence des femmes dans la «sphère d'action publique» s'est fait sentir[24]. Celles-ci se sont servi de cette idéologie pour justifier leur action sociale.

---

[23] Barbara Sicherman, «American History», *Signs: Journal of Women in Culture and Society*, I, 2 (1975): 461-485.

[24] Voir, Ramsay Cook et Wendy Mitchinson, eds., *The Proper Sphere. Woman's Place in Canadian Society* (Toronto, Oxford University Press, 1976), 334 p. Dans ce recueil de documents d'époque se rapportant à la fin du 19ᵉ siècle et au début du 20ᵉ siècle, les écrits québécois ont été négligés.

Hormis la courte synthèse de Dumont-Johnson, aucune autre étude de ce genre ne s'est véritablement arrêtée sur le 19ᵉ siècle. Il est donc difficile de découvrir un fil conducteur nous aidant à reconstituer cette partie de l'histoire des femmes. La description de la contribution de ces dernières à la vie économique et sociale demeure très parcellaire et on est en droit de se demander si elle correspond toujours adéquatement à leur situation réelle.

Sociologues et démographes se sont les premiers astreints à décortiquer la structure familiale afin d'en dégager les composantes majeures et d'en suivre l'évolution. Leurs travaux contiennent nombre de données sur la fonction de reproduction des femmes et sur leur rôle spécifique dans l'organisation de la famille rurale traditionnelle, puisque ce sont d'abord ces aspects qui ont capté leur intérêt. Déjà au début de ce siècle, la monographie de Léon Gérin sur la paroisse de Saint-Justin révélait la présence d'une séparation des tâches selon le sexe dans la famille, phénomène qui se maintiendra dans les décennies suivantes, comme les études ultérieures de Horace Miner, Marcel Rioux et Philippe Garigue le confirmeront [25]. Mais si l'évolution de la famille canadienne-française a canalisé leurs énergies et si «l'histoire féconde» des femmes du Québec ne recèle plus guère de secrets, de la revanche des berceaux à la chute vertigineuse de la natalité depuis 1960 [26], ces travaux ne se sont pas suffisamment attardés sur l'apport directement productif des femmes à

---

[25] Horace Miner, *St-Denis. A French-Canadian Parish* (Chicago & London, The University of Chicago Press, 1939, 5ᵉ impression, 1967), 299 p.; Marcel Rioux, *Description de la culture de l'Île Verte* (Ottawa, Information Canada, 1954), 98 p.; Jean-Charles Falardeau, Philippe Garigue et Léon Gérin, *Léon Gérin et l'habitant de Saint-Justin* (Montréal, Presses de l'Université de Montréal, 1968), 179 p. Dans ce dernier ouvrage, on trouve le texte intégral de l'étude de Léon Gérin publiée en 1898. Garigue a réétudié la communauté de Saint-Justin en 1955 ce qui lui a permis de constater que la structure familiale était demeurée sensiblement la même qu'en 1898 ainsi que la délégation de l'autorité au père dans la famille; voir particulièrement les pages 131 à 146. Voir aussi du même auteur, *La vie familiale des Canadiens français* (Précédé d'une critique de «La vie familiale des Canadiens français», Montréal, PUM, 1970), 142 p. Il s'agit en somme de la réédition de son livre écrit en 1962. L'objet de son étude est l'examen de la situation de la famille canadienne-française entre 1954 et 1958. Ses conclusions sont pour le moins douteuses étant donné que dans cette seconde édition il remet lui-même en question la validité de son propre cadre théorique...

[26] Jacques Henripin et Yves Peron, «La transition démographique de la province de Québec» dans *La population du Québec: études rétrospectives* de Hubert Charbonneau (Coll. «Études d'histoire du Québec», Montréal, Boréal Express, 1973), 23-44; voir aussi des mêmes auteurs, «Évolution démographique récente du Québec», 45-72; enfin, mentionnons, J. Henripin et E. Lapierre, *La fin de la revanche des berceaux: qu'en pensent les Québécoises?* (Montréal, PUM, 1974), 164 p.

l'économie rurale et sur le rétrécissement apparent de leur rôle dans le cadre de la famille urbaine qui émerge au cours du 19ᵉ siècle.

Frappée d'une pleine incapacité juridique, la femme mariée, philanthrope à ses heures, disparaît un peu trop rapidement derrière son rôle d'épouse et ses épuisantes maternités. Veuves et célibataires jouissent d'une marge de manoeuvre plus large, car elles ne sont pas considérées juridiquement comme des incapables. Justifiées en partie par le caractère spirituel de leur célibat, les religieuses ont joué un rôle prépondérant au siècle dernier. La religion a été un puissant facteur qui a incité des femmes à s'impliquer dans des activités paradomestiques [27]. Instrument de promotion sociale pour certaines, la «vocation religieuse» nous apparaît aussi comme l'expression du désir de quelques femmes de s'évader du rôle traditionnel de mère et d'épouse qu'on cherche à imposer à leur sexe. Y aurait-il une relation de cause à effet à établir entre le rétrécissement progressif du rôle des femmes en milieu urbain qui se renforce avec l'affirmation du capitalisme industriel au 19ᵉ siècle et la soudaine poussée des communautés féminines [28] ?

Les femmes ont été privées de leur mémoire historique et même l'historiographie traditionnelle n'a pu retracer au 19ᵉ siècle des «héroïnes» dignes de ce nom . . . C'est la participation des femmes aux événements de 1837 et 1838 qui a d'abord retenu l'attention. L'article de Marcelle Reeves-Morache, sous une forme essentiellement narrative et descriptive, se penche sur quelques cas individuels [29]. Quant à celui de Fernand Ouellet sur «le cas de la femme de Papineau», il dégage un portrait négatif de cette femme qui aurait été l'artisane de son propre malheur et de celui de son entourage; son point de vue foncièrement sexiste de l'histoire est empreint de préjugés sur la psychologie dite

---

[27] Voir, Huguette Lapointe-Roy, *Paupérisme et assistance sociale à Montréal. 1832-1865* (Thèse de M. A. (Graduate Studies and Research), Université McGill, 1972), 157 p. Elle y réunit, entre autres choses, quelques données sur la participation des laïques et des religieuses aux oeuvres de charité privée.

[28] Le rôle économique et social des religieuses a été minimisé. De nouvelles recherches se mènent présentement en ce domaine. Ainsi, Marta Danylevicz s'intéresse aux religieuses montréalaises entre 1850 et 1950 (Département d'histoire et de philosophie, The Ontario Institute for Studies in Education, Toronto). Voir aussi B. Denault et B. Levesque, *Éléments pour une sociologie des communautés religieuses au Québec*, (Montréal et Sherbrooke, P.U.M. et Université de Sherbrooke, 1975).

[29] Marcelle Reeves-Morache, *Les Québécoises de 1837-1838* (Montréal, éditions Albert St-Martin et la Société Nationale Populaire du Québec, 1975), 27 p. Il s'agit de la reproduction de son article intitulé «La Canadienne pendant les troubles de 1837-1838» paru dans *RHAF*, V, 1 (juin 1951), 99-117.

«féminine» [30]. Ce texte de Ouellet est une contribution limitée à la recherche historique et aurait plutôt tendance à en fausser les perspectives... Vision littéraire, poétique ou romantique, ou encore, interprétation psychologique selon le cas, l'image des femmes de 1837-1838 n'est guère généreuse. Ces études n'expliquent d'ailleurs pas le contenu de leur participation réelle à la rébellion. Enfin, notons l'article de William R. Riddel qui, bien qu'écrit un 1928, garde son intérêt, d'autant plus qu'il s'agit du seul texte portant sur la participation des femmes à la vie politique au cours de la première moitié du siècle [31].

Le travail féminin au 19e siècle est fort peu connu. Il est pris pour acquis que la division sexuelle du travail dans la famille a exclu les femmes de la production sociale, mais l'apport de celles-ci à l'économie rurale et à la production capitaliste a été presque escamoté. On doit déplorer l'absence pour le Québec d'une étude comme celle de Leo Johnson pour l'Ontario du 19e siècle [32].

Dans son étude sur les instituteurs laïques au Canada français, André Labarrère-Paulé nous livre indirectement quelques données sur la situation des institutrices québécoises [33]. On y apprend, entre autres, que,

---

[30] Fernand Ouellet, « Le destin de Julie Bruneau-Papineau (1796-1862) », *Bulletin des Recherches Historiques*, Vol. 64, 1 (janvier-février-mars 1958): 7-31 et Vol. 64, 2 (avril-mai-juin 1958): 37-63. Michèle Lalonde reprend les interprétations de Reeves-Morache et Ouellet. Voir, « La femme de 1837-1838: complice ou contre-révolutionnaire? », *Liberté*, 7, 1-2 (janvier-avril 1965): 146-173.

[31] W. R. Riddell, « Woman Franchise in Québec, a Century Ago », *Mémoires de la Société Royale du Canada*, 3ième série, 1928, section 2, 85-99.

[32] Leo Johnson, « The Political Economy of Ontario Women in the Nineteenth Century » dans *Women at Work. Ontario 1850-1930*, 13-31. Son apport principal consiste à avoir montré que les femmes n'ont pas été les objets passifs du changement social. Il décrit les trois phases de développement économique qui ont fait la société ontarienne du siècle dernier en mettant en relief la nature du changement historique survenu dans le statut économique des femmes et dans les rôles divers qu'elles ont assumés selon leur position de classe respective; l'auteur observe leur éviction graduelle du domaine de la production sociale en milieu rural jusqu'à la prolétarisation d'une partie de la population féminine qui est chose faite à la fin du siècle en milieu urbain. Johnson définit toutefois deux structures de classe, une féminine et une masculine, ce qui étonne de la part d'une étude qui se veut marxiste! Ainsi, toute modification dans les rôles féminins aurait découlé des changements survenus dans les rôles masculins. Les relations de classe parmi les hommes seraient structurées économiquement alors que celles parmi les femmes le seraient socialement d'où il résulte, dans son optique, que ces mêmes relations ne se définiraient pas par ce que les femmes réalisent économiquement, mais par rapport à leur position sociale (elle-même dépendante de celle des hommes).

[33] André Labarrère-Paulé, *Les instituteurs laïques au Canada français 1836-1900* (Québec, Presses de l'Université Laval, 1965), 471 p.

dès 1853-1854, le personnel laïque est féminisé à plus de 63% [34].
L'acceptation par les femmes de bas salaires, équivalant à la moitié de
ceux des hommes, constitue ce que l'auteur appelle « la racine du mal qui
(...) va entraîner la féminisation du corps enseignant » [35]. Ce phénomène, conjugué à ce que l'auteur qualifie d'incompétence et à la cléri-
calisation progressive, est en partie responsable de la « crise de qualité » qui
a secoué la profession au cours du siècle. Contrairement à cet auteur qui
présente la féminisation de l'enseignement comme une véritable calamité,
Alison Prentice la replace dans son véritable contexte [36]. Sans contester
le fait que les institutrices, en acceptant d'être sous-payées, aient pu nuire
à l'évolution de la profession, elle ne leur reproche quand même pas ce
comportement qui leur était dicté par la nécessité de survivre. Elle met
également en relief les nombreux préjugés auxquels elles ont eu à faire
face, sources de leurs salaires médiocres et de leur bas statut professionnel.

Pour les cinquante premières années du 19e siècle, nous n'avons que
des indices sommaires de la contribution des femmes au monde du travail
dans la société pré-industrielle [37]. L'article de D. Suzanne Cross que
nous reproduisons dans ce recueil comble partiellement les lacunes pour
la deuxième moitié du siècle [38]. Cross examine la croissance de la
population féminine, sa distribution par âge et sa localisation géographique ainsi que la gamme des emplois accessibles aux femmes selon leur
classe sociale. Une des caractéristiques fondamentales de la main-
d'oeuvre féminine est la grande proportion de jeunes filles et de jeunes
femmes qu'on y retrouve. De plus, on sait que, jusqu'au milieu du siècle
à tout le moins, c'est le service domestique qui représentait la principale
source d'emploi pour les femmes. En 1825, la force de travail féminine

---

[34] Id., « L'instituteur laïque canadien français au 19ème siècle » dans *L'éducation au
Québec (19e — 20e siècles)* de Marcel Lajeunesse (Coll. « Études d'histoire du Québec »,
Montréal, Boréal Express, 1971), 65.

[35] *Ibid.*, 63.

[36] Alison Prentice, « The Feminization of Teaching in British North America and
Canada 1845-1875 », *Histoire Sociale / Social History*, VIII, 15 (mai 1975): 5-20.

[37] Voir, Jean-Paul Bernard, Paul-André Linteau et Jean-Claude Robert, « La structure
professionnelle de Montréal en 1825 », *RHAF*, 30, 3 (décembre 1976): 398-400.

[38] Voir aussi, Jean de Bonville, *Jean-Baptiste Gagnepetit: les travailleurs montréalais
à la fin du XIXe siècle* (Montréal, L'Aurore, 1975), 253 p.; Jacques Bernier, *La condition
ouvrière à Montréal à la fin du XIXe siècle, 1874-1896* (Thèse de maîtrise (Histoire),
Université Laval, 1971). Frances H. Early. « The French Canadians of Lowell, Massa-
chusetts 1870: Some Preliminary Findings » (Communication présentée au congrès de la
Société Historique du Canada, juin 1977), 32 p.

à Montréal se compose à 56% de domestiques [39]. Cependant, il a été
détrôné peu à peu par le travail en manufacture qui, en 1881, occupe 16%
de la population féminine comparativement à 8% dans le service domestique. Cet important changement structurel a modifié la nature du travail
féminin. L'industrialisation et l'urbanisation ont créé une nouvelle structure d'emplois tout en transformant considérablement le rôle des femmes.
S'il apparaît toutefois que le taux de participation des femmes à la
population active a décliné à la fin du siècle, cette diminution n'est pas si
étonnante en soi, étant donné qu'il ne s'agit plus du même type de travail
féminin. Au 19e siècle, surgit le début du travail féminin moderne dans la
production capitaliste et il finit par supplanter le travail dans le service
domestique davantage rattaché à une économie rurale et pré-industrielle.

Cross précise aussi un autre aspect de cette main-d'oeuvre: la présence dans ses rangs de la mère canadienne-française et ce, dès 1850.
Ceci est un apport tout à fait substantiel, dans la mesure où il démythifie
l'image du rôle exclusif de la mère canadienne-francaise dévouée corps et
âme au seul bien-être de sa famille et aux tâches domestiques.

À l'aube du 20e siècle, les femmes de la bourgeoisie et de la petite
bourgeoisie ont un rôle réduit dans la société urbaine. Il est cependant
difficile d'admettre que « ... la femme canadienne-française se ferme à
toutes les idées nouvelles. » et que « ... la femme québécoise laïque n'a
pas d'aspirations comme telles » [40] ! Les femmes d'ici ne sont pas toutes
calquées dans le moule de Laure Conan [41] ! Le journal d'Henriette Dessaules détruit l'image fixe, stéréotypée d'un Canada français rongé par le
traditionalisme et le nationalisme [42]. L'autonomie relative à laquelle Dessaules est parvenue aurait-elle préparé le terrain à Joséphine Marchand-
Dandurand, à Marie Gérin-Lajoie et à la première génération de féministes francophones?

Le texte inédit de Yolande Pinard, reproduit dans cet ouvrage, porte
sur les débuts du mouvement des femmes et se greffe à cette perspective.
Il se concentre principalement sur l'action du Montreal Local Council of
Women (MLCW). Encore rattaché à la tradition philanthropique bourgeoise du 19e siècle et malgré des débuts hésitants, le MLCW inaugure

[39] Jean-Paul Bernard, Paul-André Linteau et Jean-Claude Robert, *op. cit.,* 399.

[40] M. Dumont-Johnson, *L'histoire. . .,* 19 et 20.

[41] Sur la vie et l'oeuvre de celle-ci, voir M. Dumont (Dumont-Johnson) *Laure Conan*
(Coll. «Classiques canadiens», Montréal et Paris, Fides, 1961), 95 p.

[42] Comme le mentionne Louise Saint-Jacques Dechêne (Louise Dechêne) dans l'introduction. Voir Fadette, *Journal d'Henriette Dessaules 1874 / 1880,* (Montréal, Hurtubise
HMH, 1971), 13-17

une ère nouvelle pour les femmes des classes bourgeoises qui trouvent là le moyen de canaliser leurs revendications féministes et leurs désirs de réformes sociales. Dans ce mouvement pluraliste, francophones et anglophones annoncent les grandes luttes qui seront menées au 20ᵉ siècle. L'idéologie dominante qui attribuait des sphères d'action différentes aux hommes et aux femmes n'a pas empêché celles-ci de chercher à élargir leur pouvoir d'intervention dans la société urbaine.

## Le 20ᵉ siècle

Une enquête publiée en 1971 sur l'intégration des femmes du Québec à la vie civique et politique concluait qu'elles sont encore effectivement éloignées des principaux centres de décision politique à tous les paliers[43]. La population féminine se ressent de cet éloignement, éprouve des sentiments d'impuissance et d'incompétence, l'impression de subir des discriminations tout en ayant la conviction de détenir des droits égaux. Il appert donc qu'une des grandes déceptions du 20ᵉ siècle aura été l'utilisation fort limitée par les femmes de leurs droits politiques acquis, à l'exception peut-être du droit de vote[44].

Est-ce à dire que les batailles juridiques et politiques menées au cours du siècle aient été vaines? Non, mais le présent bilan pose le problème des limites des luttes féministes bourgeoises de la première moitié du siècle. Les féministes ont cru qu'une bonne partie des problèmes féminins serait résolue par l'obtention de droits égaux. Ce faisant, elles ont adopté une voie réformiste qui visait d'abord à intégrer les femmes dans les structures politico-juridiques sans s'attaquer directement à la société patriarcale. Dans leur contestation du régime, elles se sont contentées de revendiquer l'atténuation des principales discriminations. Elles luttaient pour obtenir, comme le disait Flora Tristan, le «89 des femmes», c'est-à-dire l'équivalent des droits acquis par les hommes pendant la révolution bourgeoise[45].

Commentant le mouvement des femmes aujourd'hui, Claudie Broyelle constate que les femmes ont accompli un cycle historique et qu'elles se retrouvent aujourd'hui à leur point de départ, c'est-à-dire,

[43] Francine Depatie (Francine Fournier), *La participation politique des femmes du Québec* (Commission royale d'enquête sur la situation de la femme au Canada, étude no 10, Ottawa, Information Canada, 1971), 166 p.

[44] Id., «La femme dans la vie économique et sociale du Québec», *Forces*, 27 (2ᵉ trimestre 1974): 15-22.

[45] Dominique Desanti, *Flora Tristan. Vie, oeuvre mêlées* (Coll. 10 / 18, no 782, Paris, Union générale d'éditions, 1973), 446 p.

«toujours opprimées». Elles le sont parce que cette oppression ne repose pas d'abord sur l'absence de droits égaux, mais fondamentalement
sur l'organisation d'une société fondée sur la propriété privée de moyens
de production. On a bouclé la boucle. Cette étape d'acquisition de droits
était cependant essentielle pour permettre aux femmes de franchir un
nouveau pas et de hausser le niveau de la lutte dans la seconde phase du
mouvement des femmes que nous connaissons aujourd'hui [46].

Les études sur la conquête des droits au Québec mettent souvent
l'accent sur la lutte pour le suffrage, qui ne fut obtenu qu'en 1940, une
génération après toutes les autres provinces canadiennes, et cela au
détriment d'autres batailles tout aussi cruciales [47]. Cette insistance à tout
ramener au vote se situe dans le courant de l'histoire politique et institutionnelle, qui tend à attribuer l'évolution des événements à des moments
politiques clés. Ce courant historiographique polarise exagérément l'attention sur le rôle de certains individus: il est significatif que la seule
«héroïne» née de la tradition politique québécoise du 20e siècle soit
Thérèse Casgrain, ce «symbole» du mouvement féministe, dans les termes
mêmes de C. L. Cleverdon [48]. On a un peu trop rapidement assimilé les
victoires féministes aux seules pressions exercées par une petite poignée
de militantes bourgeoises et par leurs associations [49].

La majorité des recherches en ce domaine  suivent une démarche
essentiellement chronologique et s'insèrent dans la perspective du «retard». L'étude de Cleverdon, publiée en 1950, a inspiré la génération
actuelle d'historiens intéressés à l'histoire des femmes. Ces travaux
particularisent l'évolution du mouvement féministe à un point tel qu'il
semble s'être développé presque en marge du mouvement des femmes au

---

[46] Claudie Broyelle, *La moitié du ciel. Le mouvement de libération des femmes
aujourd'hui en Chine* (Coll. «femme», Paris, Éditions Denoël / Gonthier, 1973), 15-21.

[47] Voir, Catherine L. Cleverdon, *The Woman Suffrage Movement in Canada. The
Start of Liberation 1900-1920* (2e ed., Toronto, University of Toronto Press, 1974),
«Québec. The First Shall Be Last», 214-264; M. Dumont-Johnson, *L'Histoire*,; M. Jean,
*op. cit.;* Carol Lee Bacchi-Ferraro, *The Ideas of the Canadian Suffragists. 1890-1920*
(Thèse de maîtrise, Université McGill, 1970), 168 p.; Jennifer Stoddart, «The Woman
Suffrage Bill in Quebec» dans *Women in Canada*, 90-106; Sally Mahood, «The Women's
Suffrage Movement in Canada and Saskatchewan» dans *Women Unite* édité par la Cana-
dian Women's Educational Press, (Toronto, Women's Educational Press, 1972), 21-30.

[48] C. L. Cleverdon, *op. cit.,* 232.

[49] *Ibid.,* 254, entre autres; M. Dumont-Johnson, *L'histoire. . .,* 25. Notons la parution d'une nouvelle thèse sur le sujet: Luigi Trifiro, *La crise de 1922 dans la lutte pour le
suffrage féminin au Québec* (Thèse de maîtrise (Histoire), Université de Sherbrooke,
septembre 1976), 114 p.

Canada. On s'acharne à faire ressortir la dominance au Canada français du nationalisme de conservation, excusant de la sorte le retard du Québec sur le plan de la conquête de droits égaux. La société québécoise aurait connu une évolution distincte de celle du Canada anglais car l'industrialisation et l'urbanisation s'y seraient même implantées avec un siècle de retard[50]! De cette affirmation dénuée de tout fondement historique, on conclut à l'inertie et à l'indifférence de l'ensemble de la population féminine vis-à-vis la campagne suffragiste. Les femmes ne voulaient pas voter et auraient assisté presque malgré elles à la modification de leur statut[51]. En milieu rural les femmes mariées se seraient opposées au suffrage s'en remettant à leurs maris sur cette question[52]. L'enquête sociologique sur laquelle s'appuie Cleverdon à ce sujet a depuis lors été contestée par Philippe Garigue, qui ne la considère pas comme étant celle «d'une paroisse représentative de la vie «traditionnelle» du Canada français»[53]. L'analyse de Cleverdon n'est pas non plus exempte de certaines ambiguïtés. À un endroit, celle-ci écrit que l'intérêt pour le suffrage croît à travers la province, mais, quelques lignes plus bas, elle ajoute qu'une montagne d'indifférence accueille cette question au Québec[54]! D'autres auteurs prétendent même que l'obtention du vote au Québec a découlé d'abord et avant tout d'une conjoncture politique favorable et, au Canada, de la bonne volonté des dirigeants[55]. On se demande alors à quoi auront bien pu servir les associations suffragistes et, d'une manière plus générale, le mouvement féministe!

Cette conception de l'histoire implique qu'on a négligé l'étude du mouvement des femmes dans sa globalité et sa complexité pour se concentrer presque exclusivement sur celle du féminisme et encore, du seul féminisme à dénomination bourgeoise. Une des interprétations communes à presque tous les auteurs qui se sont intéressés à l'histoire des femmes consiste à nier l'existence de tout mouvement social, comme si les gains avaient résulté de la seule habileté déployée par les dirigeantes

---

[50] M. Dumont-Johnson, L'histoire. . ., 13, 23-24; M. Jean, op. cit., 16;

[51] M. Dumont-Johnson, L'histoire. . ., 25.

[52] C.L. Cleverdon, op. cit., 243-244.

[53] L'enquête dont il s'agit est celle de Horace Miner, op. cit., Pour une remise en question de ses postulats théoriques et méthodologiques, voir, Philippe Garigue, La vie familiale des Canadiens français (2e édition, Montréal, PUM, 1970), 14-27.

[54] C.L. Cleverdon, op. cit., 242.

[55] Guy Rocher, «Les modèles et le statut de la femme canadienne-française» dans Images de la femme dans la société de Paul-Henry Chombart de Lauwe (Coll. «L'évolution de la vie sociale», Paris, les Éditions ouvrières, 1964), 200 et C. L. Bacchi-Ferraro, op. cit., 108.

du mouvement [56]. Le fait que les femmes aient gagné le droit de vote en 1940 exige pour le moins que nous examinions sérieusement l'hypothèse de la présence d'un tel mouvement qui aurait permis aux pressions féministes de déboucher. Cette hypothèse demande qu'on puisse mesurer dans le temps le degré de pénétration des idéaux féministes parmi la population féminine québécoise de l'époque, particulièrement en milieu rural. Les faibles effectifs des associations féministes ont-ils adéquatement reflété une opinion publique que l'on a déclarée comme ayant été généralement hostile à l'affirmation des droits des femmes? Doit-on s'en remettre à l'importance dérisoire de ces mêmes effectifs pour poser d'une façon presque mécanique l'inexistence d'un mouvement social, surtout quand l'idéologie et la pratique de mouvements tels les Cercles de fermières, la Ligue féminine catholique ou les associations féminines politiques n'ont pas encore été étudiées d'une façon systématique?

Le mouvement des femmes n'est pas homogène: de multiples tendances s'y expriment, et le féminisme n'en est qu'une parmi d'autres, avec son éventail d'approches théoriques et de solutions pratiques. Organisé, il revêt une dimension politique susceptible de modifier le statut des femmes dans la société. Il peut tout aussi bien, dans ses diverses fractions, se réclamer du statu quo, adopter une voie réformiste ou s'aligner sur une position plus radicale de remise en question de la société capitaliste. D'après Francine Fournier, dans le texte inédit présenté dans ce recueil, le mouvement des femmes aurait connu depuis ses débuts une certaine continuité. Les luttes menées par les ouvrières contre leur exploitation économique étant considérées par l'auteur comme des luttes politiques, elles s'inscrivent au même titre que les luttes féministes dans le mouvement des femmes. Si 1940, avec l'obtention du droit de vote, marque le retrait des féministes bourgeoises de la lutte et la fin de la première phase du féminisme comme telle, le mouvement des femmes contre l'oppression se poursuit. Il sera désormais principalement le fait d'ouvrières et de travailleuses jusqu'à la résurgence du mouvement féministe depuis les années 1960.

Dans sa première phase, le mouvement des femmes est cependant davantage tributaire de l'origine bourgeoise de ses militantes, comme l'ont montré certaines études récentes [57]. Nous avons choisi de reproduire

---

[56] Guy Rocher, *op. cit.*, 200; M. Dumont-Johnson, *L'histoire. . .*, 33; C. L. Cleverdon, *op. cit.*, 254.

[57] Voir, entre autres, Yolande Pinard, *Le féminisme à Montréal au commencement du XXᵉ siècle (1893-1920)* (Thèse de maîtrise (Histoire), Université du Québec à Montréal, octobre 1976), 246 p.

l'article de Marie Lavigne, Yolande Pinard et Jennifer Stoddart «La Fédération Nationale Saint-Jean-Baptiste et les revendications féministes au début du 20ᵉ siècle». L'histoire du mouvement des femmes entre 1900 et 1920 n'est pas tellement connue, surtout pour le milieu franco-phone. Faisant suite à l'article de Pinard sur la fin du 19ᵉ siècle, ce texte rompt avec la «problématique du retard». L'histoire de cette fédération atteste de la capacité d'adaptation des femmes de la bourgeoisie et de la petite bourgeoisie aux problèmes de l'époque. Les luttes sociales, politi-ques et économiques reflètent l'ampleur de leur prise de conscience: elles revendiquent non seulement justice pour elles-mêmes, mais aussi l'atté-nuation des principales injustices sociales.

## Le travail féminin

On distingue habituellement deux sortes de travail féminin: le travail effectué dans le cadre de l'économie familiale et le travail dans la production sociale. Le travail dans la famille est encore le lieu privilégié et exclusif de l'activité des femmes. La première étude qui a mis en lumière de nombreux aspects tant économiques, politiques qu'idéologi-ques du travail ménager est *L'analyse socio-économique de la ménagère québécoise* [58]. Cette étude analyse ce travail «invisible» de l'époque de la Nouvelle-France jusqu'à nos jours. Les ménagères, mis à part cet ouvrage, sont à peu près absentes des études historiques et jusqu'à tout récemment des analyses de classes sociales. Les recherches d'Anne Légaré sur la question viennent combler cette lacune. Elle analyse la structure sociale du Québec en y incorporant le 41% de la population active que ses précédesseurs avaient oublié. Elle s'est penchée sur le travail ménager, qui est la forme première d'activité des femmes. En 1961, «71.8% (des femmes) sont confinées à une production socialement nécessaire mais totalement indépendante et privée; cette place représente 41% de tous les agents sociaux» [59]. Ces femmes forment selon Légaré une classe sociale distincte des autres classes et les diverses couches de ménagères se différencient les unes des autres par l'appartenance de classe de leur mari.

---

[58] Hélène David et al., *Analyse socio-économique de la ménagère québécoise* (Montréal, Centre de recherche sur la femme, ms, 1972), 286 p. Voir aussi M. Bentson, «Pour une économie politique de la libération des femmes» et I. Larguia «Contre le travail invisible», *Partisans,* 54-55 (juillet-octobre 1970): 23-31 et 206-220, M. Meissner «Sur la division du travail et l'inégalité des sexes», *Sociologie du travail,* 4 (1975): 329-335.

[59] Anne Légaré, *Contribution à l'analyse des classes du capitalisme actuel; un cas, le Québec* (Thèse de doctorat de 3ᵉ cycle, Université de Paris VII, 1975).

C'est le travail féminin dans la production sociale qui a incontestablement été le plus étudié. L'attrait de ce sujet réside principalement dans le fait que ce travail a constamment été perçu comme une rupture dans le rôle traditionnel des femmes et un élément fondamental de modification du statut féminin par l'octroi de l'indépendance économique.

Dans ce recueil, l'article « Ouvrières et travailleuses montréalaises 1900-1940 » de Marie Lavigne et Jennifer Stoddart dégage les traits principaux du travail féminin au cours des premières décennies du siècle: les conditions de travail, les taux de participation à la main-d'oeuvre et les salaires. Les auteurs analysent également les réactions de la société québécoise et des travailleuses elles-mêmes à leur situation. On y constate que la division sexuelle du travail se répercute sur le marché du travail: marginales au foyer, les femmes le sont au travail. Elles oeuvrent dans des secteurs « féminins », occupent des emplois de femmes et sont payées comme telles, c'est-à-dire deux fois moins que les hommes. La période ultérieure a été étudiée par Francine Barry dans *Le travail de la femme au Québec — l'évolution de 1940 à 1970* [60]. D'après cette recherche, la participation des femmes au travail se serait considérablement modifiée après la guerre de 1939-1945. Les taux de croissance de la main-d'oeuvre féminine en général et celui des femmes mariées en particulier y sont plus élevés qu'à la période précédente. L'auteur note des transformations dans les revendications syndicales concernant les travailleuses, ce qui correspond d'ailleurs à un changement d'attitude de la société québécoise à l'égard du travail féminin. Enfin, un article de Ruth Pierson [61] fournit des informations très intéressantes sur la deuxième guerre mondiale, alors que les femmes occupent par défaut des emplois masculins et que les facilités de garde des enfants sont considérablement accrues. Il est donc possible d'avoir une image assez complète du travail féminin, surtout que la plupart des nouveaux ouvrages en histoire des travailleurs consacrent un certain nombre de pages à l'histoire des travailleuses [62].

---

[60] Francine Barry, *Le travail de la femme au Québec, l'évolution de 1940 à 1970*, (Coll. « Histoire des travailleurs québécois », Montréal, P.U.Q., 1977), 82 p.

[61] Ruth Pierson, « Women's Emancipation and the Recruitment of Women in the Canadian Labour Force in World War II », *Historical Papers, Communications Historiques 1976* (La Société historique du Canada, 1976), 141-173.

[62] Voir T. Copp, « Les femmes et les enfants au travail », *Classe ouvrière et pauvreté — Les conditions de vie des travailleurs montrélais, 1897-1929.* (Montréal, Boréal Express, 1978), 45-59. M. Pelletier et Y. Vaillancourt, *Les politiques sociales et les travailleurs*, (Cahier I, II et IV, Montréal), 131 p.; 424 p.; 304 p.; J. Rouillard, *Les travailleurs du coton au Québec 1900-1915*, (Coll. « Histoire des travailleurs québécois », Montréal, P.U.Q., 1974), 152 p.

Les attitudes du pouvoir à l'égard du travail des femmes constituent un mets de choix pour les chercheurs. Souvent faciles d'accès, les discours, articles et propos des élites traditionnelles offrent l'avantage de définir clairement leur vision du rôle qu'ils prétendent vouloir imposer aux femmes. Mona-Josée Gagnon dans *Les femmes vues par le Québec des Hommes . . .*, a analysé les idéologies concernant les femmes depuis 1940[63]. Elle a décelé trois idéologies dominantes sur la question des femmes s'articulant aux idéologies globales. Dans un premier temps, il y eut l'idéologie de la mère au foyer, celle de la «femme-symbiose» à partir des années 1960 et, depuis peu, une idéologie d'indifférenciation sexuelle[64]. Ces idéologies qui sont d'abord celles des classes dominantes ont été dans une certaine mesure partagées par des fractions importantes du mouvement ouvrier. Les syndicats, qui s'opposaient au travail féminin avant 1940, vont peu à peu l'accepter jusqu'à l'avènement de revendications nettement égalitaristes après 1970. Ce cheminement est retracé dans le texte «Les femmes dans le mouvement syndical québécois» que nous reproduisons ici. Mona-Josée Gagnon y étudie l'évolution des trois grandes centrales — CSN, CEQ, FTQ — ainsi que la participation féminine au syndicalisme.

Dans l'ensemble, la situation des femmes au travail présente des contours relativement bien définis[65]. Toutefois, cette réalité est encore difficilement palpable. La connaissance que nous avons du travail féminin est encore très extérieure: nous ne connaissons presque rien des

[63] M.J. Gagnon, *op. cit.*

[64] Ces deux premières idéologies correspondent aux idéologies globales identifiées comme étant respectivement l'idéologie de conservation et l'idéologie de rattrapage. Par idéologie de la «femme-symbiose» l'auteur entend une idéologie dans laquelle on reconnaît aux femmes des droits et l'égalité à la condition qu'elles demeurent de bonnes épouses et mères.

[65] Parmi les travaux, mentionnons: Roger Chartier, *Problèmes du travail féminin*, (Québec, Centre de culture populaire, Université Laval, 1952); Sylvia Ostry, *The Female Worker in Canada*, (Ottawa, B.F.S. 1968), 63 p.; Rosaire Roy, *Positions et préoccupations de la Confédération des syndicats nationaux et de la Fédération des travailleurs du Québec sur le travail féminin* (thèse de M.A. Relations Industrielles, Université Laval, 1969); R. Geoffroy et P. Ste-Marie «*Le travailleur syndiqué face au travail rémunéré de la femme*» (étude 9, C.R.E. sur la situation de la femme au Canada, Ottawa, 1971), 145 p. *Le travail féminin*, (département des Relations Industrielles de l'Université Laval, Québec, P.U.L., 1967) 177 p. P. Marchack, «Les femmes, le travail et le syndicalisme au Canada», *Sociologie et Sociétés*, 6, 1 (mai 1974): 37-53; M. Lavigne et J. Stoddart, *Analyse du travail féminin à Montréal entre les deux guerres*, (Thèse de M.A.–histoire, UQAM, 1974), 268 p. Même le travail des Québécoises immigrées aux États-Unis a été étudié: I.M. Simano, *French canadian women in Maine Mills and Factories 1870-1900*, (thèse de doctorat, Maine, 1970).

motivations qui poussaient des femmes à accepter un rôle qui subissait une forte réprobation sociale et qui, en plus, n'offrait que de maigres compensations économiques. L'histoire du militantisme féminin dans les grèves est à peine amorcée [66]; l'histoire des militantes syndicales qui ont dû combattre le chauvinisme de leurs propres associations nous est presqu'inconnue. Des noms comme Madeleine Parent, Laure Gaudreault et Yvette Charpentier sont souvent cités en exemple, mais l'histoire de leurs luttes reste encore à faire. Il en est de même pour l'engagement politique des ouvrières. Mis à part le cheminement connu de militantes communistes comme Bella Hall Gauld ou Annie Buller, on ignore à peu près tout de l'action politique des militantes de la base [67]. Ces dimensions de l'histoire des travailleuses sont pourtant des composantes essentielles de l'évolution historique des femmes.

## Le discours idéologique

Il est des mythes qui ont la vie dure. Celui de la mère canadienne-française en est un. Omniprésent dans l'historiographie québécoise et canadienne traditionnelles, il a à ce point nourri les écrits sur les femmes qu'il a longtemps faussé notre perception de la contribution active de celles-ci au développement du Québec. On a bien décrit cette image mythique de la mère québécoise partagée entre l'élevage de sa nombreuse progéniture et les tâches ménagères et domestiques qui lui incombaient [68]. Ce mythe tenace a aussi imprégné notre littérature: une étude a même révélé la constance de l'image maternelle dans les romans canadiens-français publiés entre 1930 et 1960 [69]. Cette image a donné naissance à

---

[66] E. Dumas, «Les grèves de la guenille», *Dans le sommeil de nos os*, (coll. «Recherches sur l'homme», Montréal, Lémeac, 1971): 43-75; L. Dagenais et Y. Charpentier, «Participation des femmes aux mouvements syndicaux» *Le Travail féminin*, 137-145, 146-157.

[67] P. Dionne, *Une analyse historique de la Corporation des enseignants du Québec 1836-1968*, (Thèse de M.A.–Relations Industrielles, U. Laval, 1969), 260 p. *Les Midinettes 1937-1962* (U.I.O.V.D., Montréal, Bureau conjoint, 1962), 123 p. R. Pesetta, *Bread upon the Waters*, (New York, Dodd Mead, 1945) 435 p. C. Vance, *Not by Gods but by People. . . The Story of Bella Hall Gauld,* (Toronto, Progress Books, 1968), 65 p.; L. Watson, *She Never was Afraid: The Biography of Annie Buller* (Toronto, Progress Books, 1976).

[68] Jean Lemoyne, «La femme dans la civilisation canadienne-française» dans *Convergences* du même auteur (Coll. «Convergences», Montréal, HMH, 1961), 69-100.

[69] Soeur Sainte-Marie Éleuthère, c.n.d., *La mère dans le roman canadien-français* (Coll. «Vie des lettres canadiennes», Québec, PUL, 1964), 214 p. On peut toutefois discuter l'interprétation de l'auteur qui relie l'idéalisation de la mère et les autres mythes qui

une myriade d'autres mythes et a considérablement entravé la production littéraire de cette période.

La dichotomie que le discours idéologique dominant a opérée entre un univers masculin qualifié de «public» et un univers féminin dit «privé» aura eu pour effet d'imposer une image unique des femmes, masquant ainsi les véritables rapports sociaux. L'unicité et la fixité du discours qu'on a tenu sur les femmes ont gelé l'image de leur statut dans la société québécoise, et en ont nié par le fait même le caractère évolutif. On a représenté les femmes comme un ensemble rigide, un groupe monolithique uni par une espèce d'idéologie commune (féminine?) sur la base du seul critère de l'appartenance au sexe féminin, occultant ainsi les oppositions de classe. La spécificité de l'oppression vécue par les femmes de la bourgeoisie ou de la classe ouvrière disparaissait derrière cette représentation statique. Toute femme ayant suffisamment d'audace pour sortir du rôle étroit qui lui était imposé devenait nécessairement une «marginale», sinon, une «paria» [70].

Dans ce contexte, c'est d'abord un tel discours qui a retenu l'attention. La pensée de Henri Bourassa est devenue le symbole du discours idéologique sur les femmes, pour la première moitié du siècle à tout le moins, et elle a eu droit à un traitement de faveur de la part des historiens. L'article de Susan Mann Trofimenkoff «Henri Bourassa et la question des femmes» inséré dans le présent ouvrage pose l'existence d'un tel symbole dans l'historiographie des idéologies au 20e siècle, qui a, en général, fait peu de cas des femmes. Trofimenkoff analyse le discours de Bourassa chaque fois où celui-ci a pris position sur cette question. La virulence des propos de Bourassa sur le féminisme, le suffrage et le divorce a trouvé maints échos dans la presse de l'époque et à la Chambre des communes, où des politiciens ont repris ses arguments dans le cadre des grands débats féministes du temps. Plus que le portrait de la misogynie de Bourassa, ce texte esquisse le contexte plus global de l'opposition anti-féministe au Québec et ses principales racines idéologiques. L'intérêt premier de cette étude réside dans son explication de la

---

en ont découlé à une «frustation» collective née de la Conquête qui aurait fait des Canadiens français un «peuple orphelin» porté dès lors à magnifier la «mère perdue». Voir, *op. cit.*, 195-196.

[70] Qu'on songe seulement à Cordelia Viau à qui l'on reprochait d'être une amazone ou encore à des «féministes» comme Idola Saint-Jean si allègrement qualifiées de «vieilles filles frustrées», de «filles laides» ou de «viragos». Voir, Pauline Cadieux, *La lampe dans la fenêtre*, (Ville d'Anjou, Libre expression, 1976), 199 p. (sur l'histoire de la pendaison de Cordelia Viau à la fin du siècle dernier).

violence verbale des opposants aux revendications légitimes des féministes. Selon Trofimenkoff, dans leurs attaques verbales, ceux-ci ne parlent pas des femmes comme telles, mais plutôt de l'image particulière qu'ils se font d'elles. Dès l'instant où ils acceptaient d'accorder le droit de vote aux femmes, ils risquaient de détruire non seulement cette image, mais aussi, l'image sous-jacente qu'ils se faisaient d'eux-mêmes, ce qui était plus lourd de conséquences, puisque cela pouvait engendrer une remise en question de l'ordre sexiste de la société.

Plusieurs auteurs se sont penchés sur l'évolution du statut des femmes du Québec en regard des modèles de comportement qui leur ont été traditionnellement proposés. En 1964, Guy Rocher ouvrait la voie et traçait, très succinctement faut-il dire, les grandes lignes de cette évolution depuis le début du siècle[71]. Les études de contenu des magazines, des revues et des journaux relèvent essentiellement une vision conservatrice des femmes au Canada français[72]. Pour sa part, Jocelyne Valois a conclu que la presse féminine avait évolué entre 1919 et 1965 pour refléter finalement une dualité des rôles plus grande, mais qu'elle n'offrait, somme toute, que des modèles de comportement bourgeois comme mode de participation sociale[73]. Elle a observé un certain décalage entre les modèles idéaux de comportement prônés par les revues et les modèles effectifs de comportement, même si, à partir de 1960, on suggère une conception du rôle des femmes qui se réfère à des principes plus démocratiques et plus égalitaires. Enfin on a cherché l'image des «femmes innovatrices» dans la presse francophone et anglophone du Canada entre 1954 et 1967[74]. Malgré une certaine évolution des activités féminines, il

---

[71] Guy Rocher, *op. cit.* Notons que ce texte a été publié avant la promulgation de la loi numéro 16 consacrant l'abolition de l'incapacité juridique de la femme mariée dans la province, en 1964.

[72] Voir, entre autres, Madeleine Trottier et Robert Mayer, «Images de la femme au Canada français» dans *Québécoises du 20e siècle* de M. Jean, 267-278; Céline Beaudet, «Radio-Monde ou la vie rêvée» dans *Ibid.*, 287-294. Des études actuelles s'intéressent de plus en plus aux phénomènes de l'apprentissage à la féminité et de la transmission des stéréotypes sexuels par le biais de la télévision, par exemple, de la publicité ou des manuels scolaires. Voir, Anonyme, «La «vraie nature» des femmes à la télévision» dans *Ibid.*, 279-286; Lise Dunnigan, *Analyse des stéréotypes masculins et féminins dans les manuels scolaires au Québec* (Conseil du Statut de la Femme, Québec, Éditeur officiel du Québec, 1975), 188 p.

[73] Jocelyne Valois, «La presse féminine et le rôle social de la femme», *Recherches sociographiques*, VIII, 3 (septembre-décembre 1967): 351-375.

[74] Colette Carisse et Joffre Dumazedier, *op. cit.*, 187-237. Notons aussi deux études en langue anglaise: Mary Vipond, «The Image of Women in Canadian Mass Circulation Magazines in the 1920s», *Modernist Studies*, I, 3 (1974-1975): 5-13; Susannah

en ressort que les modèles antérieurs de comportement restent encore dominants et cela, tant dans le message informatif que dans le message publicitaire.

Dans le domaine de l'analyse des idéologies sur les femmes, le travail le plus important demeure sans contredit celui de Mona-Josée Gagnon[75]. Toutefois l'auteur s'appuie trop exclusivement sur les sources les plus réactionnaires en ne considérant que les périodiques ou les textes les plus conservateurs de l'époque (qui sont pour la plupart écrits ou dirigés par des hommes).

Si, dorénavant, le discours féministe ou anti-féministe bourgeois nous est plus familier, on connaît beaucoup moins l'évolution de la position idéologique des syndicats et du mouvement ouvrier en général sur la question des femmes tout au long du siècle. À part les constatations partielles de Gagnon, cet aspect demeure dans la pénombre. Il en est de même des idéologies partagées par les femmes du milieu rural, qui n'ont pas été vraiment abordées.

Périodiques, revues ou journaux constituent une mine de renseignements méritant d'être exploitée. Mais il ne faut pas perdre de vue que la majorité d'entre eux reflète une position de classe bourgeoise ou petite bourgeoise, c'est-à-dire, le discours dominant. L'analyse du contenu des périodiques progressistes révélerait sans doute un éventail plus diversifié dans les rôles et une correspondance plus intime avec la réalité socio-économique[76]. Il est permis de croire qu'ils ne transmettent pas tous une image uniforme des femmes dans la société comme le font les périodiques les plus conservateurs.

Pour le début du siècle, le terrain est presque vierge. Pages fémini-nes, magazines et revues féminines foisonnent à l'époque, mais force nous est de constater qu'il n'y a pas encore de véritables analyses de contenu de ces sources. Pourtant, il y a là matière à examen. Certes, on s'intéresse de plus en plus aux débuts du journalisme féminin et aux

---

J. Wilson, « The Changing Image of Women in Canadian Mass Circulating Magazines, 1930-1970», *Atlantis. A Women's Studies Journal. Revue des Études sur la Femme*, II, 2 (part II, conference Issue) (Spring 1977): 33-44.

[75] Mona-Josée Gagnon, *op. cit.* Malgré quelques inexactitudes dans les faits rapportés, cette recherche est excellente.

[76] De tels journaux ou revues ont existé. Nous pensons particulièrement à *La Petite Feuille* (journal des institutrices rurales), *Le Coin du Feu* (revue féminine fondée par Joséphine Marchand-Dandurand à la fin du siècle dernier), *Le Journal de Françoise* (créé par Robertine Barry), *Pour vous Mesdames* (institué par Gaëtane de Montréal) ou aux journaux ouvriers.

premières Canadiennes françaises qui ont pu, d'une certaine façon,
s'émanciper par l'écriture, mais on privilégie l'approche biographique et
les résultats n'apparaissent pas toujours concluants[77]. Néanmoins, ces
études servent de guides précieux pour quiconque désire scruter cette voie
de recherche. Quant aux ouvrières ou aux travailleuses dans leur ensemble, elles n'avaient guère le temps ou l'argent, et possiblement pas
l'instruction requise, pour laisser en héritage des témoignages directs sur
lesquels on pourrait fonder des recherches nouvelles.

Ľhistoire culturelle est encore jeune, mais elle ouvre des avenues
dans le champ de la culture populaire. Films, romans dédiés à l'amour et
au don, chansons d'amour (qui, comme on le sait, étaient surtout adressées aux femmes) sont des instruments de conditionnement idéologique
méritant qu'on s'y arrête.

Il est clair que, d'une part, le discours idéologique sur les femmes
n'a pas été suffisamment disséqué et que, d'autre part, on n'a pas tenu
compte de l'écart constant qui s'est créé entre celui-ci et la réalité
quotidienne. Malgré le discours dominant, les femmes travaillaient.
Ľidéologie est un miroir déformant. Elle n'est pas tout. A-t-on seulement cherché à mesurer l'efficacité de ce discours sur les femmes elles-
mêmes et à savoir pourquoi on l'a maintenu si longtemps?

## Les études théoriques

Le point sur l'état actuel de la recherche révèle l'ampleur des
nouvelles recherches à entreprendre pour comprendre dans toutes ses
dimensions cette histoire. La variété des expériences historiques déjà
mises à jour laisse toutefois perplexe. Comment articuler nombre d'informations qui semblent souvent contradictoires? La première réflexion qui
nous vient, à la suite de ce survol historiographique, c'est qu'entreprendre
l'histoire de «la Femme» ou de «la Québécoise» risquerait de déformer

---

[77] Voir, Réginald Hamel, *Gaëtane de Montreuil, Journaliste québécoise (1867-1951)*
(Montréal, L'Aurore, 1976), 205 p.; Maria-Eugénia de Matos Andrade, *Biographie et
bibliographie descriptive de Madeleine, 1875-1943* (Thèse de maîtrise, (Études françaises),
Université de Montréal, 1970), 488 p.; Ginette Courchesne, *Laure Hurteau, journaliste,*
(Thèse de M.A. (Études françaises), Université de Montréal, 1976), 222 p.; le Cercle des
femmes journalistes, *Vingt-cinq à la une. Biographies* (Montréal, *La Presse*, 1976), 189 p.
À cette énumération, on peut ajouter une thèse plus ancienne, celle de Eleanor M.-Sister,
*Les écrivains féminins du Canada français de 1900 à 1940* (Thèse de maîtrise, Université
Laval, 1947), 214 p. Ce sont l'École de Bibliothéconomie et le département d'Études
françaises de l'Université de Montréal qui semblent manifester le plus d'intérêt dans ce
secteur de recherche.

considérablement la réalité historique. « La Femme » ou « la Québécoise » sont davantage des concepts que des agents historiques. Bourgeoises, ouvrières et ménagères ont bien sûr en commun une certaine oppression sexuelle, mais cette oppression s'exprime différemment selon la position qu'occupent les divers groupes de femmes dans la société et selon l'époque à laquelle elles ont vécu.

Ce problème de l'articulation de la question des classes sociales et de la question des femmes a déjà fait l'objet de certaines réflexions [78]. Plus près de nous, l'article de Jacques Dofny « Lutte de sexes et lutte de classes » synthétise les orientations et analyses faites en ce sens [79].

D'autre part l'histoire des femmes doit se penser en fonction de sa réintégration dans l'histoire globale des sociétés. Montrer que les femmes ne sont pas en dehors de l'histoire, ni en dehors des classes sociales, ni en dehors des structures, implique qu'on analysera leurs rôles et fonctions économiques, sociales et idéologiques en relation avec les structures sociales. La réflexion à ce niveau ne fait que s'amorcer et la plupart des systèmes d'analyse des sociétés éprouvent de sérieuses difficultés à intégrer les femmes dans leur cadre conceptuel.

L'article de Nicole Laurin-Frenette « La libération des femmes », que nous reproduisons à la fin du recueil, présente l'immense avantage d'analyser et de systématiser les différentes approches. Considérant que celles de la psychanalyse, du marxisme, du féminisme radical et de l'existentialisme sont partielles, elle propose d'en regrouper les acquis autour du concept de reproduction. C'est en analysant la question des femmes à partir de ce concept que pourra s'élaborer une synthèse cohérente de la question. Notons cependant que depuis la rédaction de ce texte, la critique de la psychanalyse s'est développée, les luttes révolutionnaires et les luttes de libération des femmes ont évolué. Ainsi les critiques de ce texte et les stratégies proposées auront avantage à être réétudiées en fonction du développement des luttes féministes, populaires et ouvrières. Il n'en demeure pas moins que le travail de Laurin-Frenette est un outil précieux qui ouvre de nouvelles avenues de recherche.

---

[78] Claude Alzon, *La femme potiche et la femme bonniche* (Paris, Petite Collection Maspero, no 177, 1973), 117 p.; *Partisans, libération des femmes année zéro, op. cit.*; F. Engels, *L'origine de la famille, de la propriété privée et de l'État* (Paris, Éditions Sociales, 1954), 358 p.; C. Guettel, *Marxism and Feminism*, (Toronto, Canadian Women's educational Press, 1975), 62 p.

[79] Jacques Dofny, « Lutte de sexes et lutte des classes », *Sociologie et Sociétés*, 6, 1 (mai 1974): 3-16.

Une certaine historiographie des femmes fut en fait l'histoire d'un sexe en tant qu'objet de curiosité. L'analyse de l'oppression dans toutes ses manifestations est un pas essentiel à franchir. Mais à long terme, l'histoire des femmes ne peut en rester là. Les femmes ont vécu dans des sociétés où existaient d'autres rapports sociaux qu'elles ont aussi vécu qu'il s'agisse, entre autres, de l'oppression nationale ou des rapports d'exploitation. Et l'histoire qui n'en tiendrait pas compte risquerait fort de n'être qu'une nouvelle version de cette histoire sexuelle peu éclairante sur le passé et le devenir historique des femmes.

les domestiques était très grande à Brookline, Pasadena et Newton, trois villes dont les revenus *per capita* étaient élevés, tandis que les villes du textile, comme Lowell, New Bedford et Fall River, offraient de l'emploi dans leurs usines.

Les femmes venaient s'installer dans les villes afin de gagner leur vie; aussi, la seconde partie de cette étude analyse les possibilités d'emploi à Montréal. L'établissement de l'industrie manufacturière sur une échelle relativement grande créa de l'emploi; la main-d'oeuvre féminine devint majoritaire dans au moins une industrie et constitua un pourcentage important dans plusieurs autres. Les femmes, dont plusieurs étaient mariées, travaillaient par nécessité, pour leur subsistance et celle de leurs dépendants. Conscientes de la misère de nombreuses familles ouvrières, les communautés religieuses créèrent un certain nombre de garderies, permettant ainsi à plusieurs mères de travailler à l'extérieur de la maison pour augmenter le revenu familial. Nous verrons que l'expérience des protestantes fut différente, car elles eurent accès à des carrières qui étaient fermées aux catholiques. Nous reviendrons brièvement sur les communautés religieuses féminines et sur les oeuvres de charité dirigées par des femmes, pour en souligner les répercussions sur le marché du travail.

I

Le graphique 1 indique les taux de féminité (le nombre de femmes pour 100 hommes) à Montréal, à Québec et dans l'ensemble de la province. Pendant toute la période, le nombre de femmes dépasse celui des hommes à Montréal et à Québec, et leur proportion augmente graduellement de 1851 à 1881. En 1891 et en 1901, la proportion des femmes continue de s'accroître à Québec, alors qu'elle diminue légèrement à Montréal. Dans les villes, les taux de féminité contrastent avec ceux de l'ensemble de la province: au milieu du siècle, il y avait moins de femmes que d'hommes au Québec, mais, à partir de 1871, les populations féminines et masculines s'équilibrent.

Le tableau 1 indique le taux de féminité pour différents groupes d'âge à Montréal: les enfants de moins de 15 ans; les jeunes filles entre 15 et 19 ans; les jeunes femmes de 20 à 29 ans et les femmes adultes de plus de 30 ans. L'élément le plus frappant est la proportion élevée de jeunes filles et de jeunes femmes. L'indice du groupe des enfants se situe toujours autour de 100, alors que celui du groupe des jeunes filles et des jeunes femmes se situe bien au-dessus. Pour ces deux derniers groupes,

# LA MAJORITÉ OUBLIÉE:
# LE RÔLE DES FEMMES À MONTRÉAL
# AU 19<sup>e</sup> SIÈCLE *

## D. Suzanne Cross

Malgré les progrès récents de l'histoire sociale urbaine au Québec, les conditions de vie des femmes au 19<sup>e</sup> siècle restent encore mal connues. Rappelons que le 19<sup>e</sup> siècle fut, d'une façon générale, une période de croissance urbaine rapide, caractérisée par des émigrations massives des campagnes environnantes vers les villes. Dans le cas de Montréal, l'immigration des Îles britanniques renforça ce mouvement, quoique de façon moins importante que pour certaines autres villes nord-américaines. À différents moments, au début des années vingt, dans les années trente, à la fin des années quarante et encore au début des années quatre-vingts, le flux d'immigrants à Montréal prit les proportions d'une véritable marée; mais relativement peu d'entre eux s'y installèrent en permanence: la plupart émigrèrent vers l'Ouest canadien ou aux États-Unis.

La première partie de cette étude examine la croissance de la population féminine à Montréal, sa répartition par âge et sa distribution dans les différentes parties de la ville et ses banlieues. Le marché du travail dans les régions rurales étant encore plus fermé aux jeunes filles qu'aux jeunes hommes, les femmes participèrent au mouvement de migration des campagnes surpeuplées vers les villes du Québec et de la Nouvelle-Angleterre, augmentant ainsi considérablement la proportion féminine de la population urbaine. Cette tendance n'était pas particulière au Québec. La prédominance des femmes dans plusieurs villes américaines durant la seconde moitié du 19<sup>e</sup> siècle a été signalée ailleurs [1]. La demande pour

* Texte paru en langue anglaise dans la revue *Histoire sociale / Social History*, VI, 12 (novembre 1973): 202-223. Reproduit avec la permission de l'éditeur. L'auteur tient à remercier les professeurs Terry Copp et Micheline Dumont-Johnson pour leurs commentaires. La traduction est de Sandra Marchand.
[1] Warren S. Thompson et P. K. Whelpton, *Population Trends in the United States*, Demographic Monographs, vol. IX (New York, Gordon and Beach, 1969), 192.

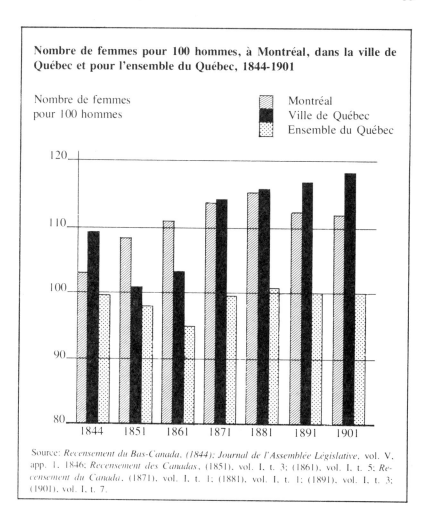

**Nombre de femmes pour 100 hommes, à Montréal, dans la ville de Québec et pour l'ensemble du Québec, 1844-1901**

Nombre de femmes
pour 100 hommes

Montréal
Ville de Québec
Ensemble du Québec

Source: *Recensement du Bas-Canada*, *(1844); Journal de l'Assemblée Législative*, vol. V, app. 1, 1846; *Recensement des Canadas*, (1851), vol. I, t. 3; (1861), vol. I, t. 5; *Recensement du Canada*, (1871), vol. I, t. 1; (1881), vol. I, t. 1; (1891), vol. I, t. 3; (1901), vol. I, t. 7.

la proportion de femmes dépasse celle des hommes pour chaque année étudiée. La proportion élevée de jeunes filles ne peut être attribuable au passage des enfants de la décennie précédente à ce groupe, car le groupe des enfants se compose d'un nombre presque égal de garçons et de filles. Elle s'explique plutôt par l'arrivée massive de jeunes filles à Montréal. L'indice élevé pour les groupes de jeunes femmes et de femmes adultes résulte, du moins en partie, du passage des jeunes filles de la décennie précédente dans ces deux groupes. À partir de 1871, l'indice pour les groupes de femmes adultes est sensiblement plus élevé, sans pour autant

**TABLEAU 1**

**Nombre de femmes pour 100 hommes par groupe d'âge
à Montréal, 1844-1901**

| Année | Moins de 15 ans | 15-19 | 20-29 | 30 et plus |
|---|---|---|---|---|
| 1844 | 98,5 | 128,2 | 106,6 | 95,7 |
| 1851 | 101,3 | 126,4 | 134,0 | 95,5 |
| 1861 | 97,5 | 114,6 | 126,5 | 101,9 |
| 1871 | 100,6 | 138,8 | 132,8 | 111,8 |
| 1881 | 100,0 | 127,6 | 136,2 | 115,2 |
| 1891 | 102,9 | 119,6 | 122,4 | 112,2 |
| 1901 | 102,3 | 116,8 | 120,2 | 112,6 |
| $\chi^2$ | 0,24 | 46,39* | 51,59* | 7,20 |

Source: *Recensement du Bas-Canada*, (1844); *Recensement des Canadas*, (1851), vol. I, t. 3; (1861), vol. I, t. 5; *Recensement du Canada*, (1871), vol. II, t. 7; (1881), vol. II, t. 8; (1891), vol. II, t. 1; (1901), vol. I, t. 7.
* Significatif au niveau de confiance 0,05.

atteindre celui des groupes de jeunes filles et de jeunes femmes, et il semble qu'il soit le résultat des transferts dont nous venons de parler plutôt que de migrations massives de femmes plus âgées. Dès 1844, un grand nombre de jeunes filles étaient déjà installées dans la ville, et nous pouvons prendre pour acquis que la majorité des femmes qui venaient s'établir à Montréal tout au long du siècle étaient âgées de 15 à 20 ans ou d'un peu plus de 20 ans à leur arrivée.

Comme l'indique le tableau 2, la population masculine et féminine était répartie inégalement à travers la ville. Pendant toute la seconde moitié du siècle, la population féminine dépassa de beaucoup la population masculine dans les quartiers St-Antoine, St-Laurent, St-Louis et St-Jacques. St-Antoine était essentiellement un quartier résidentiel pour la classe moyenne et la classe supérieure, quoique des journaliers et des artisans habitaient le secteur sud. Les établissements industriels étaient concentrés dans le sud-est. Les familles protestantes très riches qui

**TABLEAU 2**

**Nombre de femmes pour 100 hommes par quartier
de Montréal, 1861-1901**

| Quartier | 1861 | 1871 | 1881 | 1891 | 1901 |
|----------|------|------|------|------|------|
| Est | 82,5 | 105,5 | 107,0 | 105,7 | 61,0 |
| Centre | 98,0 | 141,8 | 100,7 | 128,8 | 186,3 |
| Ouest | 100,0 | 149,0 | 98,1 | 95,5 | 95,1 |
| Ste-Anne | 98,7 | 101,5 | 103,1 | 98,5 | 97,9 |
| St-Antoine | 113,2 | 114,3 | 124,3 | 118,6 | 120,5 |
| St-Laurent | 110,4 | 118,0 | 120,7 | 115,5 | 111,7 |
| St-Louis | 110,7 | 120,5 | 117,0 | 118,6 | 113,1 |
| St-Jacques | 102,1 | 118,6 | 118,8 | 115,7 | 114,1 |
| Ste-Marie | 103,1 | 108,6 | 108,9 | 104,9 | 108,2 |

Source: *Recensement des Canadas*, (1861), vol. I, t. 5; *Recensement du Canada*, (1871), vol. I, t. 1; (1881), vol. 1, t. 4; (1891), vol. I, t. 1; (1901), vol. I, t. 7.

habitaient la rue St-Antoine employaient un nombre considérable de domestiques. En 1871, 66 pour cent du nombre total des domestiques dans toute la ville travaillaient dans Montréal-Ouest [2]. Un examen rapide des recensements de 1861 et de 1871 révèle que la plupart de ces domestiques étaient des jeunes catholiques irlandaises. La proportion élevée de femmes dans les quartiers St-Laurent, St-Louis et même St-Jacques était surtout attribuable à la localisation, à quelques pas du centre-ville, de plusieurs industries employant des femmes. Il était important pour les femmes d'habiter près de leur lieu de travail, car elles gagnaient à peine $0.50 ou $0.75 par jour, alors que le tarif de tramway était de $0.05. Les billets se vendaient $0.25 pour six et $1.00 pour vingt-cinq, mais de telles sommes représentaient des débours énormes pour les pauvres. Il a fallu attendre jusqu'en 1892 l'introduction de billets spéciaux pour les travailleurs, qui pouvaient les utiliser tôt le matin et le soir. Même le nouveau tarif de $0.25 pour huit billets était au-dessus des moyens de la plupart des travailleuses.

La proportion de femmes dans les quartiers Ste-Anne et Ste-Marie était plus basse que celle des quartiers déjà cités. Le quartier Ste-Marie

[2] *Recensement du Canada*, (1871), vol. II, t. 3.

dans l'est de la ville était une zone à forte croissance démographique et semblait posséder les caractéristiques propres aux nouvelles banlieues dont nous parlerons plus loin. Le cas de Ste-Anne, un quartier ancien et en majeure partie catholique irlandais, était différent. Le quartier était à proximité du canal Lachine, du port et des gares de triage du Grand Trunk Railway, trois emplacements attirant une main-d'oeuvre masculine. Il y avait quelques usines locales qui employaient des femmes, mais de nombreuses jeunes filles de Ste-Anne travaillaient comme domestiques dans le quartier voisin de St-Antoine.

La population des quartiers Ouest et Centre, lesquels formaient, avec le quartier Est, le coeur du Vieux Montréal, diminua progressivement durant la seconde moitié du siècle. Ces quartiers formaient le centre commercial de la ville, mais ils comprenaient également des manufactures de vêtements et de chaussures. Durant les années cinquante, des commerçants et leurs commis (masculins) résidaient au-dessus de leurs établissements, mais en 1860, lorsque la Montreal City Passenger Railway fut mise en service, plusieurs quittèrent le secteur pour s'installer à l'extérieur du centre-ville. Il est difficile d'expliquer les fluctuations du taux de féminité dans ces quartiers, mais il est à noter que les différences étaient peu significatives car les populations étaient faibles. Une majorité d'à peine quelques centaines d'individus de l'un ou de l'autre sexe peut produire des variations extrêmes du rapport à l'intérieur d'une petite population, alors qu'une même majorité produit des variations infimes dans une population plus grande. La faible proportion de femmes dans le quartier Est en 1861 était due à la présence de la garnison du Quebec Gate Barracks, mais aucune explication satisfaisante n'a été **trouvée pour les autres variations.**

Durant les trente dernières années du siècle, la croissance démographique dans les villages de banlieue (Hochelaga, Côte St-Louis, St-Louis de Mile End, St-Jean-Baptiste, Ste-Cunégonde, St-Henri et St-Gabriel) était plus rapide qu'à Montréal même. Exception faite d'Hochelaga, le taux de féminité, se situant entre 102 et 108, était similaire à celui du quartier Ste-Marie, quoique dans quelques cas, il tombait à 98. En 1871, l'indice pour Hochelaga était de 130.2 et dix ans plus tard, il était de 115.7. La Hudon Cotton Company ainsi que la W. C. MacDonald Tobacco Company étaient situées à Hochelaga et plusieurs femmes travaillaient dans ces usines. Durant les années quatre-vingts cependant, plus de mille hommes entrèrent au service de la Canadian Pacific Railway dont les ateliers et les gares de triage étaient situés dans l'est de la ville. En 1883, une partie de la région fut annexée à la région de

Montréal et l'indice pour Hochelaga baissa à 105.7 en 1891 et à 103.9 en 1901. Les possibilités d'emplois pour les femmes dans les villages de St-Louis de Mile End, Côte St-Louis, St-Jean-Baptiste et St-Gabriel étaient limitée. Les carrières de pierre de Côte St-Louis attiraient une main-d'oeuvre masculine vers ces municipalités, alors que les industries le long du canal Lachine et les ateliers de la Grand Trunk Railway offraient beaucoup d'emplois aux hommes de St-Gabriel. Ste-Cunégonde et St-Henri étaient des municipalités industrielles: la filature de soie Belding Paul, la Merchants Cotton Company, la Montreal Woollen Mill ainsi que plusieurs entreprises du secteur alimentaire employaient un nombre considérable de femmes; cependant, plusieurs d'entre elles étant mariées, le taux de féminité se stabilisait en général autour de 100. Si le marché du travail offrait des ouvertures aux femmes, en contrepartie, un grand nombre d'usines établies le long du canal Lachine offraient du travail aux hommes. Bien que quelques bourgeois très riches employaient des domestiques dans leur maison de banlieue, il y avait peu de demandes pour des aides domestiques dans les quartiers de la classe moyenne inférieure et de la classe ouvrière.

Les femmes émigraient à Montréal pour gagner leur vie mais aussi pour se trouver un mari. Le nombre de femmes dépassant celui des hommes, la concurrence était vive, mais les chances de succès étaient plus élevées que dans les régions rurales, où une minorité seulement de fils de cultivateurs pouvait espérer obtenir une terre assez grande pour subvenir aux besoins d'une famille. Les mariages précoces étaient rares, car la plupart des jeunes gens qui émigraient à la ville avait peu ou pas d'argent pour fonder un foyer. En 1891, seulement 1.5 pour cent des femmes mariées et 0.2 pour cent des hommes mariés étaient âgés de moins de vingt ans. Les femmes se mariaient généralement plus jeunes que les hommes. La fréquence de mariage chez les femmes et chez les hommes augmenta à mesure qu'on avançait dans le siècle. En 1861, seulement 32 pour cent des femmes et un même pourcentage d'hommes étaient mariés, mais en 1891, ces pourcentages atteignaient respectivement 41 et 43 pour cent [3]. En 1891, nombre d'hommes et de femmes célibataires qui avaient émigré massivement à Montréal durant les décennies précédentes étaient mariés. Le mariage devait être reporté au jour où le couple avait économisé pour fonder un foyer et où le mari pouvait subvenir aux besoins d'une famille. Il devint toutefois de plus en plus fréquent pour la Canadienne française mariée de travailler à l'extérieur de

---

[3] Calculé d'après *Recensement du Canada*, (1861), vol. 1, to. 5; (1891), vol. II, to. 9.

la maison. Cette tendance encouragea peut-être les couples à se marier plus tôt et à vivre avec deux salaires, au lieu d'attendre que le mari puisse faire subsister une famille avec son seul salaire.

## II

Les sources d'information sur le travail féminin au dix-neuvième siècle sont incomplètes et, pour le début du siècle, presque inexistantes. Avant l'établissement des manufactures, les femmes de la classe ouvrière devaient compter sur les travaux domestiques de nettoyage, de lessivage, de couture et de soin des enfants. Selon le recensement de 1861, deux pour cent des femmes travaillaient dans la couture, soit comme ouvrières, soit comme confectionneuses. Comme l'indique le tableau 3, la domesticité était la source d'emploi la plus importante. Aucune explication n'a été trouvée pour la baisse sensible du nombre de domestiques entre 1844 et 1851; on se serait plutôt attendu à une augmentation de ce nombre, suite à l'arrivée de milliers d'immigrants irlandais à la fin des années quarante. Quelques femmes s'orientaient déjà vers le travail en usine mais cela ne peut pas tout expliquer. Il est imprudent de trop se fier aux premiers recensements, car il est possible que le nombre de domestiques calculé pour l'année 1844 soit trop élevé et celui de l'année 1851 trop bas. En 1871, le nombre de domestiques avait augmenté, mais la popula-

## TABLEAU 3

**Nombre et pourcentage de femmes employées comme domestiques à Montréal, 1844-1881**

| Année | Nombre de domestiques | % de la population féminine |
|-------|------------------------|------------------------------|
| 1844  | 3013                   | 9,2                          |
| 1851  | 915                    | 3,1                          |
| 1861  | 2770                   | 6,0                          |
| 1871  | 3657                   | 6,4                          |
| 1881  | 5898                   | 7,9                          |

Source: *Recensement du Bas-Canada*, (1844); *Recensement des Canadas*, (1851), vol. I, t. 4; (1861), vol. I, t. 7; *Recensement du Canada*, (1871), vol. II, t. 8; (1881), vol. II, t. 14.

tion aussi s'était accrue et les contemporains signalaient une pénurie de domestiques[4]. Durant les années soixante-dix, la «crise domestique» inquiétait les dames de Montréal et les plaintes qu'elles formulaient à l'effet que les jeunes filles préféraient travailler dans les usines étaient probablement fondées[5]. Dans les usines, les heures de travail étaient extrêmement longues et les conditions mauvaises, mais contrairement à la domestique qui devait en tout temps se soumettre aux règlements de la maison, l'ouvrière d'usine était sa propre maîtresse à la fin de la journée. Au moins un journaliste imputa aux patronnes la réticence des jeunes filles à travailler comme aide domestique. Les domestiques, disait-il, étaient mal payées, surchargées de travail, n'avaient guère de congés, et en plus d'être mal logées et mal nourries, elles étaient à toute heure assujetties aux caprices de leur maîtresse. Du point de vue des employeurs, la situation s'était quelque peu améliorée en 1881, alors qu'on comptait une domestique par 4.8 familles en comparaison de une par 5.8 familles en 1861[6].

La domesticité était source d'emploi pour certaines femmes et en libérait d'autres de l'obligation de consacrer tout leur temps aux affaires de la maison. Un nombre croissant de femmes des classes moyenne et supérieure avaient le loisir de se consacrer à des activités sociales et récréatives, ainsi qu'aux oeuvres de charité et à l'éducation supérieure, comme en témoigne la création en 1871 de la Montreal Ladies Educational Association. La pénurie de domestiques était une source réelle d'inquiétude pour les dames des classes supérieures. Diverses tentatives de solution furent amorcées; cependant, l'offre demeurait toujours inférieure à la demande. Les demoiselles Rye and McPherson, qui dirigeaient une des nombreuses agences de placement de domestiques, organisaient périodiquement la traversée jusqu'à Montréal de jeunes anglaises. En 1871, J.E. Pell de la St-George Society suggéra qu'on lui accorde une aide financière afin qu'il puisse visiter les villages d'Angleterre et convaincre les jeunes filles d'émigrer à Montréal[7]. Plusieurs oeuvres de charité s'occupaient de trouver de l'emploi aux femmes, particulièrement dans le domaine de l'aide domestique. Le Protestant House of Industry and Refuge fonda une agence de placement en 1867[8] et la Y.W.C.A. créa un comité pour les aides domestiques, dès son établissement à Montréal en

---

[4] *Montreal Herald,* 10 juillet et 7 sept. 1871; 19 et 21 nov. 1872; 5 févr. 1873.
[5] *Montreal Herald,* 7 sept. 1871; *Montreal Post,* 4 mars 1882.
[6] Calculé d'après *Recensement du Canada,* (1861), vol. II, t. 16; (1881), vol. I, t. 2.
[7] *Montreal Herald,* 7 sept. 1871.
[8] *Report of the 4th Annual Meeting of the Protestant House of Industry and Refuge,* 7.

1874[9]. La Women's Protective Immigration Society tenta également de diriger les immigrantes vers le travail de domestique et de temps à autre, avançait le prix de la traversée à de bonnes candidates[10]. À la fin du siècle, la Montreal Day Nursery agissait officieusement comme bureau de placement. Les demandes pour une femme de ménage sur une base journalière étaient faites à cette garderie, laquelle dirigeait les femmes qui y avaient amené leurs enfants vers les postes disponibles.

La pénurie de domestiques était seulement un aspect du problème. La plupart des jeunes filles qui s'engageaient comme domestiques n'avaient aucune expérience et peu d'employeurs étaient prêts à consacrer du temps à leur apprentissage. On tenta périodiquement de leur donner quelque formation préliminaire, mais sans grands résultats. En 1860, l'iniciation des jeunes filles au travail domestique devint une des priorités pour la Home and School of Industry[11]. Plus tard, on créa un cours spécial pour fillettes de huit ans et plus[12]. On organisa même des cours d'art ménager (classes *Kitchen Garden*) pour fillettes de moins de sept ans, et celui de la Day Nursery n'aurait été qu'un exemple parmi beaucoup d'autres. Les *Kitchen Gardens* débutèrent aux États-Unis et furent implantés à Montréal par une certaine demoiselle Huntingdon de New York[13].

### III

La distinction entre main-d'oeuvre masculine et main-d'oeuvre féminine apparut pour la première fois dans le recensement de 1871. Bien que le nombre de domestiques à Montréal baissa entre 1844 et 1861 et n'atteignit le niveau de 1844 qu'en 1871, la population féminine passa d'un peu moins de 33 000 à plus de 57 000. Comme on peut le voir sur le graphique 2, en 1871, les femmes jouaient un rôle important dans de nombreuses industries et on peut supposer qu'il en était ainsi depuis un certain temps. Plusieurs établissements industriels employant des femmes avaient été fondés durant les années cinquante et soixante, et quelques-uns encore plus tôt. J. & T. Bell commença à fabriquer des chaussures en 1819 et, en 1894, l'entreprise était encore florissante[14]. En 1856, la

---

[9] Mary Quayle Innis, *Unfold the Years*, (Toronto, McClelland and Stewart, 1949), 21.

[10] *Montreal Herald*, 22 nov. 1881.

[11] *12th Annual Report of Home and School of Industry*, (1860), 3.

[12] *21st Annual Report of Home and School of Industry*, (1869), 4.

[13] *Annual Report of the Montreal Day Nursery*, (1889), 8.

[14] *Montreal Illustrated, 1894: its Growth, Resources, Commerce, Manufacturing Interests, Financial Institutions, Educational Advantages, and Prospects; Also Sketches of the Leading Business Concerns which Contribute to the City's Progress and Prosperity*, (Montréal, Consolidated Illustrating Co., 1894), 298. À l'avenir, *Montreal Illustrated...*

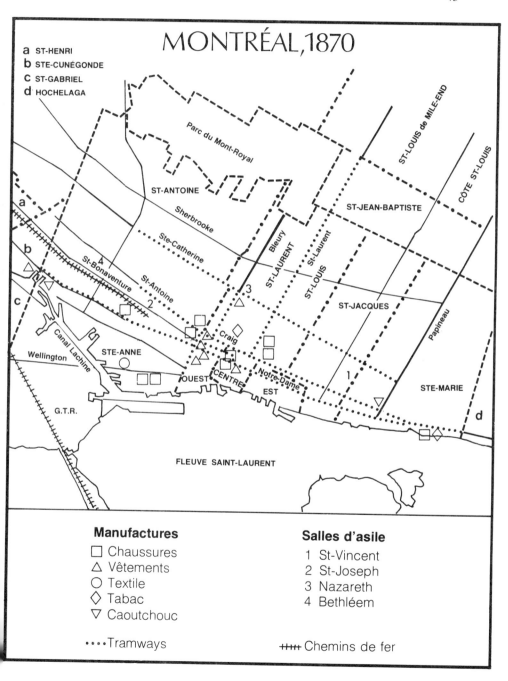

MONTRÉAL, 1870

a ST-HENRI
b STE-CUNÉGONDE
c ST-GABRIEL
d HOCHELAGA

Parc du Mont-Royal

ST-ANTOINE

Sherbrooke

Ste-Catherine

St-Antoine

St-Bonaventure

Canal Lachine

Wellington

STE-ANNE

OUEST   CENTRE
                EST

Craig

Notre-Dame

G.T.R.

Bleury

ST-LAURENT

St-Laurent

ST-LOUIS

ST-LOUIS de MILE-END

CÔTE ST-LOUIS

ST-JEAN-BAPTISTE

ST-JACQUES

Papineau

STE-MARIE

FLEUVE SAINT-LAURENT

**Manufactures**

☐ Chaussures
△ Vêtements
○ Textile
◇ Tabac
▽ Caoutchouc

···· Tramways

**Salles d'asile**

1 St-Vincent
2 St-Joseph
3 Nazareth
4 Bethléem

╫╫╫ Chemins de fer

Brown and Childs employait quelque 800 ouvriers dans la chaussure[15]. Durant les années cinquante, au moins six nouvelles manufactures d'importance furent établies et quatre autres s'ajoutèrent à ce nombre durant les années soixante[16].

Au milieu du siècle, plusieurs manufactures de vêtements, dont quelques-unes d'importance, étaient en opération. Messrs. Moss and Brothers datait de 1836, la manufacture de chemises John Aitken and Co. de 1851 et la firme de vêtements Messrs. McMillan and Carson de 1854[17]. H. Shorey and Co., qui devint plus tard une des plus grandes manufactures de vêtements de Montréal, fut fondée en 1865[18]. En 1852 et 1853 respectivement, deux usines de textile, dont une pour la filature de la laine et l'autre pour celle du coton, entrèrent en opération à proximité de l'écluse St-Gabriel[19]. L'usine de tabac W.C. MacDonald Co.,[20] l'usine de cigares « Stonewall Jackson »[21] ainsi que S. Davis and Sons[22] étaient toutes en opération avant 1860. On peut supposer qu'à partir des années cinquante et possiblement plus tôt, un nombre croissant de femmes étaient employées dans ces usines. Les manufacturiers étaient conscients du fait que les femmes et les enfants pouvaient travailler en usine aussi efficacement que les hommes, tout en acceptant un salaire moindre.

---

[15] *Montreal in 1856. A Sketch Prepared for the Celebration of the Opening of the Grand Trunk Railway in Canada,* (Montréal, Lovell, 1856), 45. À l'avenir, *Montreal in 1856...*

[16] Il s'agit de: A. Z. Lapierre & Son, 1854 (*Montreal Illustrated..., op. cit.,* 146); Hames-Holden Co., 1853 (*Ibid.,* 113); James Linton and Co., 1859 (*Industries of Canada. City of Montreal Historical and Descriptive Review,* (Montréal, Gazette Printing Co., 1886), 114); J. I. Pellerin & Sons, 1859 (*Montreal Illustrated..., op. cit.,* 195); James Whithem & Co., date précise inconnue (K. G. C. Huttemayer, *Les intérêts commerciaux de Montréal et Québec et leurs manufactures,* (Montréal, Gazette Printing Co., 1891), 169); G. Boivin & Co., 1859 (*Montreal Illustrated..., op. cit.,* 204); George T. Slater & Sons, vers 1864 (*Montreal Illustrated..., op. cit.,* 140); William McLaren & Co., vers les années 1860 (Chisholm & Dodd, *Commercial Sketch of Montreal and its Superiority as a Wholesale Market,* (Montréal, 1868), 50); B. J. Pettener, 1866 (*Montreal Illustrated..., op. cit.,* 236); Robert & James McCready (*Montreal Post,* 3 janv. 1885 et *True Witness,* 15 oct. 1890 ). D'après les annuaires de Montréal, il y avait trente manufactures de chaussures entre 1845 et 1853. Mais il devait s'agir, pour la plupart, de petits établissements qui n'employaient pas de femmes.

[17] *Montreal in 1856..., op. cit.,* 46.

[18] *Montreal Herald,* 6 sept. 1892.

[19] *Montreal in 1856..., op. cit.,* 40.

[20] John F. Snell, *MacDonald College,* (Montréal, McGill University Press, 1963), 9-10.

[21] *Montreal Illustrated..., op. cit.,* 138-139.

[22] *Ibid.,* 292.

Le travail industriel se faisait le plus souvent en usine; cependant, tel n'était pas le cas pour l'industrie du vêtement, dans laquelle des conditions diverses prévalaient. D'une part, il y avait plusieurs boutiques de confection pour dames et pour hommes ainsi qu'un grand nombre de magasins de modes; d'autre part, des couturières, ouvrières ou confectionneuses, travaillaient dans des maisons privées sur une base journalière. Dans l'industrie de la confection des vêtements pour hommes, une partie du travail se faisait en usine, mais la plus grande part était distribuée à des femmes qui travaillaient chez elles sur des machines louées ou fournies par le manufacturier[23]. En 1892, la J.W. Mackedie Company employait 900 couturières à domicile, tandis que la H. Shorey Company en employait 1400, sans compter les 130 ouvrières qui travaillaient à l'usine[24].

Le graphique 2 identifie les industries de Montréal qui s'appuyaient largement sur la main-d'oeuvre féminine. Différents emplois industriels énumérés de façon distincte dans les recensements ont été regroupés sous la rubrique de l'industrie du vêtement[25]. Le nombre de femmes cette industrie baissa entre 1881 et 1891: la plupart des sous-groupes demeurèrent inchangés, par contre dans le métier de tailleur, les femmes étaient remplacées par des hommes. Le nombre d'hommes et de femmes dans les usines de chaussures baissa également. À la fin des années quatre-vingts, l'industrie de la chaussure connut des difficultés et en 1891, la valeur de la production avait baissé de près de deux millions de dollars et la diminution dans les salaires atteignait un quart de milion. On comptait alors 129 établissements en comparaison de 171 en 1881. Plusieurs usines furent fondées grâce à la « National Policy » mais la faiblesse du marché canadien en limita la croissance et il ressort clairement des rapports des différentes usines qu'un petit nombre d'entre elles seulement pouvaient produire à pleine capacité[26]. La main-d'oeuvre féminine augmenta graduellement dans l'industrie du tabac, du coton, de la soie et du caoutchouc, mais la source principale d'emploi demeurait l'industrie du vêtement.

---

[23] *Ibid.*, 266, 294, 296.

[24] *Montreal Herald*, 6 sept. 1892.

[25] Couturières, modistes, fourreurs, chapeliers, corsetières, chemisiers, gantiers, tailleurs, etc.

[26] *Industries of Canada. City of Montreal Historical and Descriptive Review*, (Montréal, Gazette Printing Co., 1886), 114; J. Kane, *Le Commerce de Montréal et de Québec et leurs industries en 1889*, 76; *Montreal Illustrated...*, *op. cit.*, 146, 204.

**Pourcentage de la main-d'oeuvre féminine dans certains secteurs industriels à Montréal, 1871, 1881 et 1891**

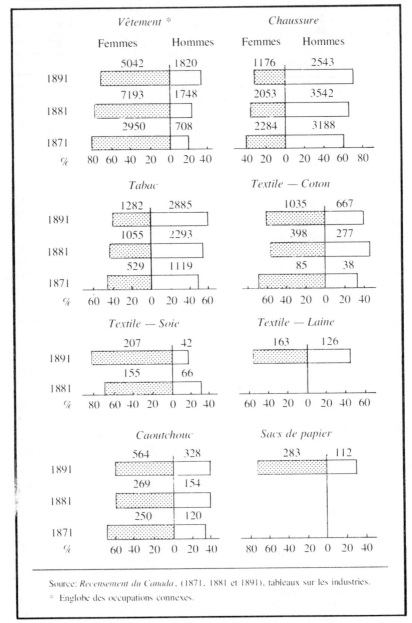

Source: *Recensement du Canada*, (1871, 1881 et 1891), tableaux sur les industries.
* Englobe des occupations connexes.

Le graphique 2 tient compte seulement des usines employant plus de 100 femmes, mais il en existait d'autres qui en employaient un plus petit nombre. En 1871, un peu moins de 23 000 hommes, femmes et enfants étaient comptés comme travailleurs industriels à Montréal et à Hochelaga. De ce nombre, plus de 7 000 étaient des femmes et des jeunes filles, soit approximativement 33 pour cent de la main-d'oeuvre industrielle. En 1891, on comptait plus de 42 000 travailleurs industriels, dont environ 12 000 femmes et jeunes filles. Le nombre d'hommes travaillant dans l'industrie avait doublé alors que le nombre de femmes n'avait augmenté que de 4 500: leur proportion baissait ainsi à 28 pour cent de la main-d'oeuvre industrielle [27]. Durant ces années, les nouveaux emplois s'offraient moins souvent aux femmes qu'aux hommes. Les chiffres ci-dessus indiquent le nombre de femmes qui travaillaient le jour du recensement; ils sont probablement en-deçà du nombre de femmes qui travaillaient une partie de l'année. Il n'y a aucune façon d'évaluer le nombre de femmes qui travaillaient temporairement lorsque le soutien de famille était malade ou sans emploi. Les livres de paie de la brasserie Molson montrent de fréquents changements parmi les employées de l'atelier d'embouteillage [28].

## IV

Les faits démontrent clairement que dès les années cinquante, il était de plus en plus fréquent pour la Canadienne française mariée de travailler à l'extérieur de la maison. À titre d'exemple, en 1855 les Soeurs de la Providence commencèrent à prendre soin des jeunes enfants qu'on avait refusés dans les écoles en banlieue et en 1860, elles établirent une salle d'asile distincte à l'hospice St-Joseph [29]. Les enfants, âgés de deux à sept ans, étaient déposés tôt le matin par leurs parents, qui les reprenaient en fin d'après-midi. En 1858, les Soeurs Grises ouvrirent le premier de cinq centres semblables — la salle d'asile St-Joseph. La réponse des parents fut immédiate et il s'ensuivit l'ouverture de l'asile Nazareth en 1861, de l'asile Bethléem en 1868, de l'asile St-Henri en 1885 et finalement de l'asile Ste-Cunégonde en 1889. Comme on devait s'y attendre, l'asile St-Vincent-de-Paul, l'asile St-Joseph et l'asile Ste-Cunégonde étaient situés dans les quartiers de la classe ouvrière. Par contraste, l'asile Nazareth et l'asile Bethléem étaient situés à des endroits plus prestigieux,

---

[27] *Recensement du Canada*, (1871 et 1891), tableaux sur les industries.

[28] Livres de paie du 19e siècle, Archives Molson.

[29] *Le Diocèse de Montréal à la fin du 19ᵉ siècle*, (Montréal, Eusèbe Sénécal, 1900), 299. À l'avenir, *Le Diocèse . . .*

sur la rue Ste-Catherine et à Richmond Square. La rue Ste-Catherine convenait quelque peu aux femmes du sud des quartiers St-Laurent et St-Louis ainsi qu'aux femmes qui venaient à pied du village St-Jean-Baptiste, au nord. L'emplacement du Richmond Square avait été rendu disponible grâce à l'Honorable C.S. Rodier et n'était pas tellement loin des rues St-Joseph et St-Bonaventure. La baisse du nombre d'enfants à l'asile Bethléem après 1887 laisse croire que plusieurs d'entre eux venaient des paroisses Ste-Cunégonde et St-Henri et qu'ils fréquentèrent plus tard les salles d'asile locales.

Le nombre d'enfants inscrits aux salles d'asile dirigées par les Soeurs Grises est donné au tableau IV, tandis que le tableau V indique le nombre total d'enfants qui fréquentèrent ces salles sur des périodes de cinq ans. Un coup d'oeil rapide nous apprend qu'un nombre considérable de jeunes enfants fréquentaient les salles d'asile. Nous devons cependant nous demander si ces enfants étaient orphelins de père ou si les deux parents étaient vivants. Le registre d'inscription des années 1858 à 1869 de l'asile St-Joseph ainsi que celui des années 1889 à 1891 de l'asile

## TABLEAU 4

**Nombre d'enfants inscrits aux salles d'asile dirigées par les Soeurs Grises, 1863-1902**

| Année | Asile St-Joseph | Asile Nazareth | Asile Bethléem | Asile St-Henri | Asile Ste-Cunégonde |
|---|---|---|---|---|---|
| 1863 | 408 | 334 | | | |
| 1868 | 604 | 795 | 33 | | |
| 1872 | 512 | 500 | 100 | | |
| 1877 | 484 | 220 | 360 | | |
| 1882 | 348 | 400 | 280 | | |
| 1887 | 429 | 187 | 324 | 450 | |
| 1892 | 110 | 387 | 312 | 542 | 352 |
| 1897 | 130 | 314 | 256 | 604 | 550 |
| 1902 | * | 298 | 246 | 404 | 380 |

Source: « Les Rapports des Chapitres Généraux », vol. II, Archives des Soeurs Grises.
* Chiffre manquant.

**TABLEAU 5**

**Nombre total d'enfants inscrits aux salles d'asile, par périodes de 5 ans, 1858-1902**

| Périodes | Nombre d'enfants |
|---|---|
| 1858-63 | 1704 |
| 1864-68 | 3408 |
| 1869-72 * | 2848 ** |
| 1873-77 | 2959 ** |
| 1878-82 | 6401 |
| 1883-87 | 5387 |
| 1888-92 | 7907 |
| 1893-97 | 9608 |
| 1898-1902 | 10 126 |

Source: « Les Rapports des Chapitres Généraux », vol. II, Archives des Soeurs Grises.

\* Période de 4 ans.

\*\* N'inclut pas les inscriptions de l'asile Bethléem.

Ste-Cunégonde ont été conservés [30]. Le nom et l'âge de chaque enfant ainsi que l'adresse et l'emploi des parents y sont inscrits. Très peu de veuves enregistraient leurs enfants à ces salles. Il semble certain qu'un grand nombre de familles dont les deux parents travaillaient envoyaient leurs enfants aux salles d'asile. En 1878, les Soeurs Grises affirmaient que « le but principal de cette oeuvre (les salles d'asile) est de donner aux parents de la classe peu aisée, la libre disposition de leurs journées afin qu'ils puissent se livrer à un travail fructueux pour la famille. . . » À l'ouverture de l'asile St-Henri, le curé Rémi Clotaire Décary fit observer que « les parents pauvres qui travaillent en dehors de leur maison ont le privilège d'aller placer leurs enfants sous la protection bienveillance des Soeurs de l'asile St-Henri » [32]. Les registres d'inscription des asiles St-Joseph et Ste-Cunégonde montrent que les enfants étaient presque sans

---

[30] Aux archives des Soeurs Grises de Montréal.

[31] *Salles d'asile tenues par les Soeurs de la Charité de Montréal*, (Montréal, Archives des Soeurs Grises, 1878), 2. À l'avenir, *Salles d'asile . . .*

[32] *1747 Souvenir 1897: Description et notes historiques sur la Maison des Soeurs Grises à Montréal*, (1897), 3.

exception canadiens-français: les Irlandais et les Anglais n'envoyaient pas leurs enfants à ces institutions. En général, les Soeurs Grises ne demandaient pas de frais pour le soin des enfants mais quelques-uns des parents pouvaient les payer. Le revenu des religieuses provenait des dons, des ventes de charité et d'une subvention minime équivalant à environ 25 cents par enfant par année de la Législature provinciale [33].

Ainsi, les salles d'asile permettaient aux femmes mariées de travailler à l'extérieur de la maison; cela mérite qu'on s'y arrête. Les enfants de moins de deux ans n'étaient pas admis et les registres indiquent que la plupart des enfants fréquentant ces salles avaient plus de trois ans. Quoique non concluantes, les preuves semblent indiquer que l'arrivée d'un nouveau-né dans la famille n'empêchait pas la mère de travailler. Selon les témoignages des contemporains, les mères canadiennes-françaises avaient plus souvent recours à l'allaitement artificiel qu'à l'allaitement maternel car cela leur donnait la possibilité de retourner travailler tôt après la naissance, à condition que les soins essentiels du nourrisson soient assurés [34]. Il est sous-entendu que les enfants de 10 à 13 ans avaient l'habitude de prendre soin des enfants qui étaient trop jeunes pour fréquenter les salles d'asile. Les registres de l'école paroissiale St-Joseph que dirigeaient les Soeurs de la Congrégation de Notre-Dame indiquent que la majorité des enfants quittaient l'école après la troisième année mais qu'à cet âge, vraisemblablement 10 ou 11 ans, très peu allaient travailler [35]. Il y avait certainement un nombre considérable d'enfants disponibles pouvant garder les enfants plus jeunes dans leur propre famille ou possiblement chez les voisins, libérant la mère qui pouvait alors travailler à l'extérieur de la maison.

La rareté des garderies pour les enfants d'âge pré-scolaire dans la communauté de langue anglaise laisse croire que seules les mères canadiennes-françaises travaillaient à l'extérieur. En 1886, un groupe de dames sollicita l'aide de la Y.W.C.A. pour établir une garderie d'enfants. Un édifice fut loué sur la ruelle des Fortifications et deux ans plus tard, la Day Nursery déménagea dans un local plus grand sur la rue de la Montagne. Un nombre relativement limité d'enfants fréquenta la garderie: en 1899, la moyenne quotidienne était de vingt-cinq enfants [36],

[33] *Salles d'asile . . ., op. cit.,* 2.
[34] *Montreal Herald,* 21 sept. 1874; S. Lachapelle, *La santé pour tous,* (Montréal, 1880), 122-144; S. Lachapelle, *Femme et nurse,* (Montréal, 1901), 43.
[35] Registre de l'école St-Joseph, 309-700/11, Archives de la Congrégation de Notre-Dame.
[36] *11th Annual Report of the Montreal Day Nursery,* (1899), 2.

quoique plus tôt dans la décennie elle avait atteint quarante[37]. Les frais de dix cents par jour par enfant et de cinquante cents par semaine éloignaient possiblement les mères. D'après les rapports annuels, il semble que la garderie était utilisée par les femmes qui étaient l'unique soutien de la famille[38]. Il est possible que certaines oeuvres de charité protestantes aient hébergé quelques enfants pendant que les mères travaillaient, mais les conditions matérielles n'étaient comparables, ni en dimension ni en nombre, à celles des Soeurs Grises.

V

D'autres types d'emploi s'offraient aux femmes qui disposaient d'un certain capital ou qui avaient de l'instruction. Les annuaires de Montréal révèlent les noms de plusieurs femmes tenant des maisons de pension, des épiceries et d'autres petits commerces. Certaines femmes travaillaient comme commis de magasin ou de bureau. Durant les années quatre-vingts et quatre-vingt-dix, la machine à écrire et le téléphone commençaient à se répandre, sans être encore d'usage courant. Il semble peu probable que beaucoup de femmes aient travaillé comme dactylo ou téléphoniste avant 1900.

Le soin des malades, des indigents et des orphelins, a traditionnellement été la responsabilité des femmes. Les Soeurs Grises et les Soeurs hospitalières de St-Joseph avaient depuis longtemps assumé la responsabilité de ce travail à Montréal et les Soeurs de la Congrégation de Notre-Dame s'étaient occupées d'éducation dès le début. Ces ordres religieux étendirent leur oeuvre pour tenter de répondre aux besoins grandissants d'une ville en pleine expansion, mais la nécessité de services additionnels devint évidente. Durant les années quarante et cinquante, plusieurs nouvelles communautés furent fondées sous la direction de Mgr Bourget et l'Église institutionalisa les oeuvres de charité catholiques. Les limites de notre étude ne nous permettent pas d'examiner le rôle des ordres religieux; cependant nous devons signaler que durant les années trente, des femmes laïques, catholiques aussi bien que protestantes, travaillaient pour les oeuvres de charité. L'Orphelinat Catholique de Montréal, fondé en 1832 par les Sulpiciens, fut confié à la garde de la Société des Dames de Charité[39]. Sous la direction des fondatrices, l'administration laïque fit vaillamment face aux besoins de l'orphelinat, mais devant

[37] 2nd Annual Report of the Montreal Day Nursery, (1890), 3.

[38] 1st Annual Report of the Montreal Day Nursery, (1889), 3-4.

[39] Marie-Claire Daveluy, L'Orphelinat catholique de Montréal, (Montréal, 1918), 14.

les graves problèmes financiers des années quatre-vingt, leurs successeurs envisagèrent d'abandonner l'institution. Les Sulpiciens les aidèrent à poursuivre leur oeuvre, mais lorsqu'en 1889, Mademoiselle Morin, qui avait dirigé l'orphelinat pendant de nombreuses années, prit sa retraite, la charge des enfants fut confiée aux Soeurs Grises[40]. En 1847, les Sulpiciens fondèrent une seconde institution, d'abord connue sous le nom de *The House* et devenue par la suite le *St. Patrick's Orphan Asylum*[41]. Les Irish Ladies of Charity s'intéressèrent à cette oeuvre dès le début et durant les premières années, des femmes laïques prenaient soin des orphelins. Très tôt les Soeurs Grises en prirent la responsabilité, mais les Irish Ladies of Charity continuèrent d'apporter leur appui pendant de nombreuses années. Le Refuge de la Passion, également fondé par les Sulpiciens en 1861, fut dirigé par Mesdemoiselles Pratt et Cassant jusqu'en 1866. Les Petites Servantes des Pauvres prirent alors la relève et après plusieurs changements de direction, l'institution fut confiée aux Soeurs Grises qui, en 1895, lui donnèrent le nom de *Le Patronage d'Youville*[42].

Durant les années 1820 et 1830, les femmes laïques ne demandaient qu'à servir la société. Mgr Bourget, veillait cependant à ce que chaque institution sociale catholique soit contrôlée par l'Église et «l'élan de piété imprimé à tous les fidèles de son diocèse par l'Évêque de Montréal [fit] surgir de nouvelles communautés»[43]. Un groupe de dames que dirigeait Madame Gamelin s'était occupé depuis 1828 de femmes malades et indigentes. Mgr Bourget voulut d'abord confier ce travail à une communauté française, les Soeurs de Charité de la Providence. Cette communauté n'ayant pu répondre à son appel, il fonda une communauté locale et six dames qui travaillaient déjà pour cette oeuvre, se placèrent sous la direction de madame Gamelin[44]. En 1844, l'Institut des Soeurs de Charité de la Providence fut établi canoniquement à Montréal. L'apostolat laïque de madame Marie Rosalie Cadron et de ses compagnes fut de plus courte durée. En 1845, elle quitta sa famille et fonda le refuge Ste-Pélagie pour mères célibataires. Avec l'assistance de Sophie Desma-rêts, elle recueillit onze jeunes filles la première année, mais leur oeuvre prit rapidement de l'ampleur et on compta presque quatre cents naissan-

---

[40] *Ibid.*, 41-44.

[41] J. J. Curran, *St. Patrick's Orphan Asylum,* (Montréal, 1902), 23.

[42] *Le Diocèse . . ., op. cit.,* 281.

[43] C. de Laroche-Héron, *Les Servantes de Dieu en Canada,* (Montréal, Lovell, 1855), 78.

[44] *Le Diocèse . . ., op. cit.,* 261-262.

ces à ce refuge durant les six premières années de sa fondation. En 1846, l'évêque institua un ordre pour ces dames et six d'entre elles furent acceptées au noviciat des Soeurs de la Miséricorde[45]. Comment les choses auraient-elles évolué si l'évêque avait été un homme moins dynamique et déterminé? Les femmes laïques auraient sans doute poursuivi leur travail aux côtés des communautés religieuses existantes. Il se trouve que les communautés religieuses prirent en charge les orphelins, les vieillards et les indigents, les malades mentaux et physiques, les aveugles, sourds et muets, les mères célibataires et les prisonnières, tandis que les laïques se virent graduellement retirer toute responsabilité, pour ne garder qu'un rôle de soutien.

Dans la communauté protestante, les femmes s'occupaient d'un grand nombre d'institutions de charité[46]. Leur rôle à l'intérieur de ces organismes variait considérablement. Les oeuvres d'envergure, telles que la House of Industry and Refuge, avaient un conseil d'administration généralement composé d'hommes d'affaires éminents qui s'occupaient des questions financières et juridiques. Divers comités de femmes fixaient les objectifs et dirigeaient les différentes activités. Ces dames faisaient habituellement partie des classes supérieures et elles travaillaient bénévolement. Une dame respectable et d'âge plus mûr agissait comme directrice et veillait à la bonne marche de l'institution avec l'aide de deux ou trois servantes. Les oeuvres de charité de moindre envergure, telles que la Y.W.C.A., la Women's Protective Immigration Society et la Women's Christian Temperance Union, étaient dirigées exclusivement par des femmes.

## VI

C'est dans le domaine de l'éducation et des soins infirmiers que les Montréalaises protestantes connurent le plus grand succès. L'École Jacques Cartier, qui était l'école normale catholique de Montréal, n'admit aucune étudiante avant 1899, date à laquelle on ajouta une annexe pour femmes[47]. En 1869, madame Médéric Marchand ouvrit une école privée

---

[45] E.-J. Auclair, *Histoire des Soeurs de la Miséricorde de Montréal*, (Montréal, 1928), 14-16, 40, 46.

[46] Les plus importantes étaient: The Female Benevolent Society, The Hervey Institute, The House of Industry and Refuge, The Home, The Y. W. C. A., The Women's Protective Immigration Society et The Women's Christian Temperance Union.

[47] Adélard Desrosiers, *Les écoles normales primaires de la Province de Québec*, (Montréal, Arbour & Dupont, 1909), 182.

qui, plus tard, reçut une subvention de la Commission des Écoles catholiques. Cette école tentait de préparer les jeunes filles pour des carrières dans l'enseignement et dans le travail de bureau. Entre 1881 et 1901, près de mille jeunes filles obtinrent leur brevet d'enseignement pour le cours élémentaire, pour le cours modèle ou pour le cours académique[48]. Le nombre de diplômées ayant effectivement enseigné n'est pas connu, mais il est peu probable qu'elles aient eu une influence marquée sur leur profession car elles étaient en minorité. En 1893, les écoles de la Commission comptaient 42 enseignantes laïques pour 142 religieuses et celles-ci étaient plus de 400 dans les écoles indépendantes[49]. L'école normale de McGill, quant à elle, admit des étudiants des deux sexes à partir de 1857. Le nombre de femmes surpassa toujours de beaucoup celui des hommes; mais cela n'avait pas été prévu. Les faibles traitements que touchaient les enseignants n'attiraient pas les jeunes hommes. L'école avait quelques originalités: l'enseignement y était gratuit et on offrait même de modestes bourses d'études pour les dépenses courantes. Les étudiants qui habitaient à plus de quatre-vingt-dix milles de Montréal recevaient une indemnité de déplacement. Les étudiants de sexe masculin qui obtenaient de bons résultats étaient admis au Collège, mais ce privilège n'était pas accordé aux femmes. Le but de l'école était d'abord et avant tout de former des enseignants: les étudiants devaient prendre l'engagement d'enseigner pendant les trois années suivant l'obtention de leur diplôme[50]. Ceci n'était pas très clair dans le premier prospectus: les étudiants devaient promettre de respecter le règlement numéro 23, mais on ne leur expliquait pas le sens de ce règlement. Au moins une étudiante de la première promotion voulut se soustraire à une telle obligation; son père écrivit dans ce sens à William Dawson, le principal de l'école[51]. On ignore la réponse du principal Dawson, mais une formule d'inscription ultérieure explicitait les règlements. Le postulant promettait de verser 10 livres au principal de l'école s'il ne respectait pas ses engagements, dont celui d'enseigner pendant trois ans[52].

---

[48] *Nos écoles laïques, 1846-1946: Album souvenir d'un siècle d'apostolat,* (Montréal, Imprimerie de Lamirande, 1947), 57-58.

[49] *An Account of the Schools Controlled by the Roman Catholic Board of School Commissioners,* (1893), 12-13.

[50] *Prospectus of the McGill Normal School, 1857,* Fonds Dawson, 917-1-4, Archives de l'université McGill.

[51] Fonds Dawson, 927-1-4.

[52] *Ibid.,* 927-20-34A.

L'assistance financière aux étudiants variait d'une année à l'autre. En 1857, on offrait une somme de 8 ou 9 livres [53]. Le prospectus de 1867 parle d'une somme de $36.00 pour les étudiants orientés vers le cours primaire ou le cours modèle, et d'une somme de $80.00 pour les étudiants orientés vers le cours académique [54]. L'année suivante, dix-neuf étudiantes reçurent $24.00 chacune [55].

Dans le courant du dix-neuvième siècle, l'école normale de McGill décerna des brevets d'enseignement à 1664 femmes pour le cours primaire, à 978 femmes pour le cours modèle et à 160 femmes pour le cours académique. Le nombre d'étudiants augmenta d'une façon constante, passant de onze jeunes filles (dont six de Montréal) la première année à 149 à la session de 1898-99. L'enseignement gratuit et l'octroi de modestes bourses d'études permirent à de nombreuses jeunes filles qui n'auraient pas eu les moyens de poursuivre des études collégiales d'envisager une carrière. Bien que très mal rémunéré, l'enseignement était considéré comme un travail socialement acceptable pour les jeunes filles de bonne famille. Le mystère, c'est comment elles parvenaient à tenir leur rang social avec des salaires annuels de moins de $100.00! L'enseignement était par ailleurs la seule carrière ouverte aux femmes offrant une pension. En 1899, le salaire moyen des enseignantes diplômées était de $99.00, mais le salaire annuel de certaines enseignantes au Montreal High School for Girls se situait entre $350.00 et $600.00; plusieurs d'entre elles devaient donc recevoir des salaires bien au-dessous de la moyenne. Les pensions étaient encore plus modestes que les salaires. En 1900, il y avait à Montréal vingt-trois femmes qui recevaient en moyenne, des pensions de $67.34 pour vingt-trois années d'enseignement. La pension annuelle la plus basse était de $21.87 après vingt ans d'enseignement, alors que la pension annuelle la plus élevée était de $218.77 pour les mêmes années de service [60].

Avant 1871, l'école normale de McGill était la seule institution offrant une éducation supérieure aux femmes, mais à partir de 1884, le

---

[53] *Ibid.*, 927-3.

[54] *Ibid.*, 927-19-8.

[55] *Ibid.*, 927-20-8.

[56] *Documents de la session*, Québec, 63 Vict. 1899-1900, vol. 2, 308.

[57] Fonds Dawson, 927-3.

[58] *Documents de la session, Ibid.*, app. VI.

[59] Gillian M. Burdell, *The High School for Girls, Montreal, 1875-1914*, (Thèse de M. A., université McGill, 1963), 41.

[60] *Documents de la session, Ibid.*, app. VIII, tableau 1.

McGill College admit les femmes d'une façon régulière. Les diplômées
de l'école normale et du Montreal High School for Girls, ainsi que les
dames qui avaient suivi les cours organisés par le Montreal Ladies
Educational Association, pouvaient donc poursuivre leurs études. Une
diplômée de McGill n'était pas pour autant assurée d'une ouverture
immédiate sur le marché du travail. Comme le soulignait un journaliste
en 1875, en dehors de l'enseignement, il n'y avait guère de débouchés
pour une femme instruite[61]. L'admission des femmes à McGill eut des
conséquences importantes au vingtième siècle plutôt qu'au dix-
neuvième[62]. Un très petit nombre de femmes fréquentèrent McGill
College en comparaison de celles qui fréquentèrent l'école normale. Les
femmes n'étaient pas admises aux facultés de médecine et de droit et
celles qui désiraient s'inscrire en médecine devaient le faire à l'école de
médecine de Bishop's College, à Montréal. À partir de 1890, cette
institutions accepta les femmes et dix d'entre elles y terminèrent leur
cours avant sa fusion avec l'école de médecine de McGill en 1905[63].

La Montreal School of Nursing contribua beaucoup plus à ouvrir le
marché du travail dans le domaine de la médecine. Au milieu du siècle,
Florence Nightingale avait réussi dans une large mesure à faire de la
profession d'infirmière une carrière pour femmes de la bonne société,
bien qu'à Montréal on confondait encore le métier d'infirmière avec celui
de servante. Reconnaissant de plus en plus l'utilité d'avoir des infirmières
qualifiées, le personnel médical et la direction du Montreal General
Hospital cherchèrent à mettre sur pied une école de formation. En 1874,
on fit appel à Maria Machin, une disciple de Nightingale du St. Thomas'
Hospital de Londres. L'année suivante Mademoiselle Machin arrivait à
Montréal et plusieurs infirmières diplômées la rejoignirent plus tard[64].
En raison de difficultés financières, l'école ne put être établie et plusieurs
des infirmières quittèrent. La Y.W.C.A. voulut prendre la relève en 1877
mais, l'hôpital n'ayant pu coopérer, le projet fut abandonné[65]. En 1879,
on engagea Anne Caroline Maxwell, une diplômée du Boston City

---

[61] *Montreal Herald*, 13 avr. 1875.

[62] Catherine Lyle Cleverdon, *The Woman Suffrage Movement in Canada*, (Toronto,
University of Toronto Press, 1950), 217. Cleverdon souligne que les huit diplômées de
la première classe devinrent plus tard toutes «des championnes indéfectibles du suffrage
féminin».

[63] Maude E. Abbott, *History of Medicine in the Province of Quebec*, (Montréal,
McGill University Press, 1931), 67.

[64] H. E. MacDermot, *History of the School for Nurses of the Montreal General
Hospital*, (Montréal, 1944), 17-18.

[65] *Montreal Herald*, 6 avr. 1877.

Hospital. Une circulaire annonçait l'ouverture en 1880 d'une école offrant un cours de deux ans, mais ce projet ne se réalisa pas non plus[66]. Dans les années quatre-vingts, sous la direction de Mademoiselle Rimmer, une dame intelligente et douée d'un bon sens de l'organisation, l'hôpital réussit à améliorer la situation en attirant de meilleures candidates[67].

En 1889, la direction de l'hôpital revint sur la nécessité d'une école professionnelle. Par des annonces dans les journaux locaux et dans les revues médicales américaines, on recruta Gertrude Elizabeth Livingstone, une diplômée du New York Hospital's Training School for Nurses, ainsi que deux assistantes diplômées. En avril 1890, l'école ouvrit ses portes. À Montréal, la carrière d'infirmière attira immédiatement les femmes: la première année, l'école reçut cent soixante demandes. Quatre-vingts candidates furent admises en stage et quarante-deux furent finalement acceptées[68]. D'une durée de deux ans, le cours mettait l'accent sur l'expérience pratique et le programme d'études ne comprenait que vingt-deux heures de cours. Les étudiantes travaillaient en rotation dans les différentes salles et faisaient un stage de quelques mois dans chacune[69]. En dépit des nombreuses inscriptions, seulement six infirmières de la première promotion reçurent leur diplôme.


VII

En 1900, Montréal était devenue la ville adoptive de milliers de femmes venues soit des régions rurales du Québec, soit des Îles britanniques. La demande d'une main-d'oeuvre féminine les avait attirées vers la ville, et elles avaient dû s'adapter à un environnement tout à fait nouveau. Les jeunes filles qui avaient été élevées sur la ferme, entourées de la chaleur et de l'affection d'une grande famille, s'étaient habituées à travailler en usine et à vivre à l'étroit dans une chambre ou un logement de fond de cour. De jeunes Irlandaises, quelques-unes nouvellement arrivées, d'autres, filles d'immigrants installés dans les régions au nord et au sud de Montréal, avaient appris à se soumettre aux exigences des riches familles protestantes. Ces femmes ne laissèrent aucun témoignage

[66] H. E. MacDermot, *op. cit.*, 28-30.
[67] *Ibid.*, 32.
[68] *Ibid.*, 43.
[69] *Ibid.*, 53.

de leur solitude, de leur découragement et de leur nostalgie du pays, mais peut-on supposer qu'elles échappèrent à ces sentiments?

Une des caractéristiques les plus frappantes de l'époque fut l'arrivée de la mère canadienne-française sur le marché du travail. Les répercussions de cette situation sur les relations à l'intérieur de la famille ne sont pas connues, mais elles étaient probablement très grandes. L'influence des communautés religieuses sur le développement moral et religieux des enfants canadiens-français était plus importante qu'on ne l'a cru; nous savons maintenant qu'un nombre considérable de très jeunes enfants passèrent leurs années formatrices sous la garde de religieuses, dont la préoccupation première était de leur inculquer un ensemble de valeurs enracinées dans le catholicisme québécois du dix-neuvième siècle. Les prières et le catéchisme faisaient partie de la routine quotidienne des salles d'asile et nous ne pouvons en minimiser l'importance dans la formation d'attitudes religieuses, morales et sociales.

Dans un sens, notre étude soulève plus de questions qu'elle ne tente d'en résoudre. Une des plus intéressantes a trait aux raisons pour lesquelles les mères canadiennes-françaises travaillaient, alors qu'apparemment celles d'origine anglaise, écossaise et irlandaise ne travaillaient pas. La pauvreté était-elle généralement plus répandue chez les canadiens-français ou est-ce que les familles nombreuses exigeaient un second revenu? D'autre part, est-il vrai que certains artisans canadiens-français achetaient des maisons en banlieue, comme le prétendaient les journaux? Le tableau d'ensemble tend à confirmer ce que nous avons déjà soutenu, à savoir que l'adaptation des Irlandais avait été assez heureuse à Montréal et qu'ils n'étaient plus, dans les années qui suivirent la Confédération, au bas de l'échelle économique[70].

À mesure que les communautés religieuses se multipliaient, les laïques se voyaient de plus en plus exclues d'une variété d'activités. Au sein de la communauté religieuse toutefois, il était possible pour les femmes d'atteindre des niveaux de pouvoir et de responsabilité, qui n'avaient pas leur égal dans la communauté protestante. Il fallait un grand talent administratif et un sens aiguisé des affaires pour répondre aux besoins temporels aussi bien que spirituels d'une communauté. La supérieure devait savoir faire preuve de haute diplomatie pour concilier les désirs de l'évêque, de l'aumônier et des religieuses, tout en se conformant au code civil.

---

[70] D. S. Cross, *The Irish in Montreal, 1867-1896*, (Thèse de M. A., université McGill, 1969), 261-262.

L'expansion industrielle créa de l'emploi pour les femmes et diminua leur dépendance de la domesticité. En même temps, l'existence d'une main-d'oeuvre féminine mal rétribuée encouragea la croissance de l'industrie du vêtement, de la chaussure, du textile et du tabac. Le nombre de femmes travaillant dans l'industrie atteint son maximum en 1881, au moment où presque 16 pour cent de la population féminine était employée dans des manufactures, comparativement à 8 pour cent dans le service domestique. En 1891, un peu moins de 11 pour cent de la population féminine travaillait dans l'industrie[71]. Ces chiffres sont vraisemblablement en deçà du nombre réel, pour une période donnée, car la main-d'oeuvre féminine devait être assez mobile, le mariage, les grossesses et les responsabilités familiales obligeant les femmes à passer fréquemment de l'usine à la maison.

En conclusion, on peut affirmer que le rôle des femmes à Montréal subit des changements considérables durant le dix-neuvième siècle. À la fin de cette période, elles forment une partie importante mais docile de la main-d'oeuvre. Dans l'hypothèse invraisemblable d'une grève générale des femmes, il est permis de croire que les Montréalais auraient été plus qu'étonnés par l'ampleur du bouleversement qu'elle aurait provoqué. Il se trouva que les femmes n'élevèrent pas la voix contre les difficultés incontestables de leur existence et que ceux qui parlèrent en leur nom furent peu nombreux.

---

[71] *Recensement du Canada*, (1881 et 1891), tableaux sur les industries.

# LES DÉBUTS DU MOUVEMENT DES FEMMES

Yolande Pinard

Le mouvement des femmes qui apparaît à la fin du siècle dernier au Québec émerge principalement à Montréal, dans un contexte de crise urbaine. L'expansion de l'action féminine et le développement du féminisme coïncident avec l'éclosion simultanée du mouvement de réforme urbaine qui a commencé à se structurer dans les villes canadiennes depuis les années 1880. Des femmes s'enrôlent dans ce mouvement et se dotent d'instruments de revendication autonomes parfois calqués sur le modèle des organisations masculines. Une communauté d'intérêts, favorisée par une même appartenance de classe, c'est-à-dire bourgeoise, amène les deux types d'organisation à collaborer fréquemment dans la poursuite d'actions communes.

Tributaire de l'évolution du mouvement des femmes au Canada et, d'une façon plus générale, dans le monde occidental, le mouvement montréalais articule ses principaux objectifs autour de la réorganisation du travail philanthropique dans la métropole, de la défense de l'égalité des femmes au travail et de la promotion plus globale de leurs droits.

Cette étude porte d'abord et avant tout sur le *Montreal Local Council of Women* (MLCW) fondé en 1893. Une fois le mouvement replacé dans son contexte canadien et international, nous définirons les motifs qui ont poussé des Montréalaises sur la voie du regroupement de leurs forces. Puis, nous nous pencherons plus précisément sur le MLCW en présentant les réactions que sa création a suscitées et un survol de ses premières actions entre 1893 et 1902, où se dessinent les grandes luttes du 20ᵉ siècle. Enfin, nous terminerons par l'exposé d'une nouvelle tendance au sein du mouvement, le féminisme chrétien.

\* \* \*

Le Montreal Local Council of Women est la constituante montréalaise du National Council of Women of Canada (NCWC) institué en 1893 par Lady Aberdeen, épouse du gouverneur général de l'époque [1].

La naissance du NCWC représente en quelque sorte l'aboutissement d'un vaste courant en faveur de l'unification du mouvement des femmes au Canada. Il surgit à un moment où se termine une grande période d'expansion organisationnelle qui, amorcée depuis 1870, a vu se former une kyrielle d'associations féminines pancanadiennes [2]. Les femmes qui se sont jointes au «Woman's Club Movement» proviennent pour la plupart de la bourgeoisie ou de la petite bourgeoisie. Elles ont acquis une solide expérience dans le domaine des affaires publiques et de l'action sociale.

Les clubs ou associations multiples qu'elles ont fondés débordent les frontières purement locales ou régionales qui, jusque là, constituaient le cadre plus ou moins informel de leurs groupements. Les sociétés religieuses dominent encore en force le mouvement, mais, parmi les nouvelles associations, il en est quelques-unes qui se sont données une orientation davantage laïque, bien qu'elles soient confessionnelles elles aussi [3]. Cette

---

[1] Trois études existent sur le NCWC: Rosa L. Shaw, *Proud Heritage: A History of the National Council of Women of Canada* (Toronto, Ryerson Press, 1957), 205 p.; W. L. Thorpe, *Lady Aberdeen and the National Council of Women of Canada: A study of a Social Reformer in Canada. 1893-1898* (Thèse de M. A., Queens University, 1973); la recherche la plus récente à ce sujet offre une problématique très intéressante et il s'agit de celle de Veronica J. Strong-Boag, *The Parliament of Women: The National Council of Women of Canada 1893-1929* («National Museum of Man Mercury Series», History Division, paper no. 18, 1976), 492 p. À l'avenir: V. Strong-Boag, *The Parliament of Women*. Encore du même auteur, «The Roots of Modern Canadian Feminism: The National Council of Women, 1893-1929», *Canada: An Historical Magazine*, 3, 2 (December 1975): 23-33. On peut aussi consulter Carol Lee Bacchi-Ferraro, *The Ideas of the Canadian Suffragists 1890-1920* (Thèse de M. A., Université McGill, 1970), 168 p.; Lady Aberdeen, *The Canadian Journal of Lady Aberdeen 1893-1898* (Toronto, the Champlain Society, 1960), 517 p. Voir aussi, Ramsay Cook et Wendy Mitchinson, eds., *The Proper Sphere. Woman's Place in Canadian Society* (Toronto, Oxford University Press, 1976), 334 p.

[2] Voir, V. Strong-Boag, *The Parliament of Women*, chapitres 1 et 2.

[3] Mentionnons, entre autres, l'apparition au cours de cette période de la *Women's Christian Temperance Union* (WCTU), de la *Young Women's Christian Association* (YWCA), de la *Girls' Friendly Society* (GFS), du *Dominion Order of King's Daughters* (DOKD). Quelques sociétés culturelles non-confessionnelles comme la *Aberdeen Association* (AA) et la *Women's Art Association of Canada* (WAAC) naissent dans les années 1890 avec le projet de relever le niveau culturel du pays. Dans le domaine des droits des femmes, notons la fondation dans la dernière décennie du siècle de la *Dominion Women's Enfranchisement Association* (DWEA), association suffragiste qui s'affilie au NCWC dès 1893 et qui deviendra par la suite la *Canadian Suffrage Association. Ibid.*, chap. 2.

tendance à la sécularisation deviendra majoritaire entre 1893 et 1929, seconde phase organisationnelle marquée par une diversification plus poussée de la composition du mouvement au Canada[4].

Le NCWC est un organisme confédératif. À ce titre, il souhaite unifier les associations de femmes et s'imposer comme organisation formelle afin de briser la barrière religieuse qui caractérise le mouvement des femmes. Il demeure conscient d'avoir à se situer au-dessus de toute politique partisane pour préserver l'autonomie et la diversité des sociétés qui consentent à se rallier en son sein.

Dans ces temps où l'industrialisation sape les fondements de la famille, le NCWC entend sauvegarder cette institution des périls qui la menacent et protéger la vocation traditionnelle de mère et d'épouse. La « nature » maternelle des femmes, trait unique de leur personnalité qui, dit-on, les différencierait de l'autre sexe, sert de critère pour légitimer leurs interventions dans le domaine public, hors du foyer familial. La croyance du NCWC dans la spécificité du caractère féminin et dans la doctrine de la séparation des deux sphères détermine son approche conservatrice, surtout durant les premières années de son existence.

Le « Woman's Club Movement » n'est pas un phénomène exclusif à la société canadienne. L'apparition du NCWC s'inscrit dans une perspective internationaliste qui voit s'affirmer une tendance à la formation de conseils nationaux de femmes dans les pays occidentaux. Le congrès de fondation du International Council of Women (ICW), en 1888, à Washington, en avait popularisé l'idée.

Cette volonté d'association reflète directement les changements économiques et sociaux de l'époque qui incitent les femmes de la bourgeoisie et de la petite bourgeoisie à étendre leur pouvoir d'intervention dans le domaine des affaires publiques. L'organisation de leurs forces leur apparaît la réponse idéale à une variété de problèmes engendrés par l'industrialisation croissante, l'urbanisation, l'immigration et la prolétarisation. Par la mise en commun de leurs énergies, elles veulent participer aux efforts de leurs maris et de leurs frères, qui ne cessent de créer des

---

[4] Après 1893, des associations patriotiques, des groupes professionnels, des associations rurales, des organisations politiques, des sociétés religieuses et autres élargissent le mouvement des femmes au Canada. Les femmes réorientent davantage leur action vers les buts laïcs. À partir de 1920 surtout, on remarque l'émergence d'associations politiques partisanes et un retour à l'orientation religieuse qui dominait le mouvement des femmes avant 1893 et c'est ce qui expliquera en partie le déclin progressif du NCWC après 1918. *Ibid.*, chap. 3.

associations à buts réformistes pour faire face à la montée des revendications ouvrières et à la constitution d'organisations syndicales[5]. Ces
efforts prennent de plus en plus la forme de croisades en faveur d'une
régénération morale et sociale du milieu urbain.

## Vers l'organisation des femmes à Montréal

À la fin du siècle dernier, les activités féminines se cantonnent
surtout aux sphères religieuses ou philanthropiques, particulièrement du
côté des Canadiennes françaises. Cette caractéristique définit l'ensemble
du mouvement des femmes au Québec.

Bientôt cependant, des femmes des classes bourgeoises désirent
rompre avec une conception trop étroite de leur rôle et elles remettent en
question l'organisation traditionnelle du travail charitable dans la métropole. On note un effort tangible pour sortir des sentiers battus et adhérer à
une idéologie réformiste et féministe qui se précisera au cours des premières années du 20e siècle. Chez les protestantes, on décèle une laïcisation plus grande des institutions de charité. Peut-être pouvons-nous dire
que la fondation du MLCW est venue institutionnaliser cette orientation
nouvelle dans le milieu canadien-anglais. La même tendance qu'on retrouvait dans le mouvement à l'échelle du pays a sans aucun doute
influencé des Montréalaises anglophones, d'autant plus que certaines des
sociétés pancanadiennes laïques créées à partir de 1870 établissent des
succursales dans la métropole, affiliées par la suite au MLCW. Des
Canadiennes françaises réussissent à s'ajuster au mouvement qui se déve-
loppe, mais il leur faudra attendre encore une quinzaine d'années avant
de pouvoir elles-mêmes former une action laïque véritablement organisée.
Leurs difficultés s'accroissent du fait que, depuis 1840 environ, les femmes laïques ont été peu à peu exclues des associations catholiques de
charité et d'une quantité d'occupations désormais contrôlées par le clergé
et les religieuses. Elles ne remplissent plus qu'un rôle de soutien en ce
domaine. D'après Suzanne Cross, elles jouissaient, jusqu'au milieu du 19e
siècle, d'une marge d'autonomie suffisante qui leur permettait de diriger des

---

[5] Pour une étude sur les mouvements réformistes à cette époque, on peut consulter
Paul Rutherford, *Tomorrow's Metropolis: The Urban Reform in Canada, 1880-1920*
(Canadian Historical Association/Société Historique du Canada, Historical Papers
1971/Communications historiques 1971), 203-224; Robert Craig et Ramsay Cook, *Canada
1896-1921. A Nation Transformed* (« The Centenary Series », Toronto, McClelland and
Stewart Ltd., 1974), 416 p.; Terry Copp, *The Anatomy of Poverty. The Condition of
the Working Class in Montreal 1897-1920* (Toronto, McClelland and Stewart Ltd., 1974),
192 p.

activités de charité ou des oeuvres de bienfaisance parallèles à celles des religieuses en général [6]. La prolifération des communautés de femmes à Montréal et au Québec à partir de cette date et jusqu'à l'aube du 20e siècle témoigne de la force de cet encadrement clérical [7]. Alors que les protestantes ont pu renforcer leur action dans ce secteur et dans le champ de l'éducation sans risquer une interférence de ce genre, les catholiques ont pris un certain retard qu'elles ont maintenant de la peine à combler.

Ainsi, en milieu francophone, l'anti-féminisme semble être ancré plus profondément, et ceci expliquerait que l'expérience de l'action féminine laïque ne soit pas appréciée. En 1880, la fondatrice de l'Hôpital Notre-Dame, Mme Rosaire Thibaudeau (Marie « Loulou » Lamothe), a rencontré dans son entreprise laïque une opposition tenace de l'évêché, comme le relate une de ses contemporaines [8].

Au Québec, comme partout ailleurs, le développement du capitalisme a ébranlé la structure traditionnelle de la famille et nous assistons à une modification des rôles et fonctions en son sein: avec l'organisation du travail autour de l'usine, le domaine de la production domestique est écarté de celui de la production publique et les femmes sont confinées, plus encore que dans le passé, à l'intérieur de leur sphère d'action. La division sexuelle du travail rétrécit encore davantage le rôle dévolu aux femmes. Définies essentiellement comme épouses, mères et ménagères dans la famille, elles sont présentées comme les principales dépositaires des valeurs morales et nationalistes. Au Canada français, l'importance accordée à la famille est plus considérable qu'au Canada anglais. L'idéologie clérico-nationaliste assigne une fonction supplémentaire aux femmes: celle de gardiennes de la foi chrétienne, de la langue et des traditions. Les protestantes ont une grande liberté d'action; n'étant pas exposées à la censure d'un clergé résolument hostile, elles sont moins réfractaires au libéralisme réformiste et elles peuvent être plus avant-gardistes. Des Canadiennes françaises s'intègrent néanmoins au mouvement implanté par des anglophones.

---

[6] D. Suzanne Cross, « The Neglected Majority: The Changing Role of Women in 19th Century Montreal » *Histoire Sociale/Social History*, VI, 12 (Novembre-November 1973): 215-216. (Reproduit dans ce cahier).

[7] Micheline Dumont-Johnson, « Histoire de la condition de la femme dans la province de Québec » dans *Tradition culturelle et histoire politique de la femme au Canada* (études no 8 préparées pour la Commission royale d'enquête sur la situation de la femme au Canada, Ottawa, Information Canada, 1972). Voir tableau 2, p. 44.

[8] Madame Raoul Dandurand, *Journal-Mémoires de Madame Raoul Dandurand 1879-1900*, 15 novembre 1897, 76. (APC MG31 A1 vol. 9). À l'avenir: Mme R. Dandurand, *Journal-Mémoires*.

Ces bourgeoises croient en la complémentarité innée entre l'homme et la femme et le sexe demeure le critère de distribution des rôles sociaux. Elles obéissent aux principes de l'idéologie libérale qui repose sur l'individualisme, le droit inaliénable à la propriété privée et la division dite « naturelle » de la société en classes sociales. Les femmes, autant que les hommes, proclament-elles, sont des individus qui doivent disposer du droit démocratique d'agir dans les structures de la société pour y jouer un rôle essentiel. Ainsi, acquièrent-elles la certitude d'avoir à prendre en main la lutte pour affirmer leurs droits politiques et juridiques qui sont pour ainsi dire inexistants.

L'adhésion à un double courant idéologique, le féminisme social et le féminisme de revendication de droits égaux, constitue la condition essentielle à l'organisation d'une action féministe à Montréal; c'est aussi la condition d'une entente possible entre militantes anglophones et francophones. Cette prise de conscience se rattache au féminisme bourgeois qui s'affermit dans le monde occidental à ce moment-là.

Les féministes sociales perçoivent leur participation à la vie publique comme la garantie d'un gouvernement plus sain, comme un instrument de réforme qui relèvera le niveau moral de la société et permettra de résoudre plus adéquatement les problèmes urbains. De nouveaux moyens de pression et des techniques d'investigation sont éprouvés: enquête, emploi de statistiques, référendum, envoi de pétitions et de requêtes auprès de la législature québécoise et des corps administratifs. Ceci donne une allure très légaliste à leurs démarches et se conforme à la tradition libérale de réforme. Cette génération de réformistes définit l'action collective comme un moyen pour améliorer la société, et ses aspirations tendent vers une organisation rationnelle des oeuvres de charité à Montréal. À cet effet, on espère former des experts et des professionnels spécialisés dans le règlement des problèmes municipaux.

La philanthropie scientifique qui est mise à l'essai et les méthodes de cette génération de réformistes, dont H. B. Ames est le principal initiateur pour la région montréalaise, représentent une conception nouvelle de la pratique de la charité [9]. La tentative de professionnalisation du travail social est une constante qui se dégage de l'idéologie féministe réformiste véhiculée à partir de 1890.

---

[9] Voir, Paul Rutherford, « An Introduction » dans *The City Below the Hill* de Herbert Brown Ames (Toronto, University of Toronto Press, (1897), 1972), vii-xviii; Terry Copp, *op. cit.*, chap. 1; Daniel Russell, *H. B. Ames and Municipal Reform* (Thèse de M. A., Montréal, Université McGill, 1971).

L'idéologie de la famille contient un sérieux paradoxe. Depuis longtemps déjà, l'institution familiale n'est plus le lieu privilégié de la production sociale reconnue comme telle. Tout en continuant à cantonner les femmes à l'intérieur de leur rôle premier, cette idéologie nie le changement de rôle qui affecte une autre partie de la population féminine contrainte de se prolétariser pour subvenir à ses besoins. La valorisation de la femme au foyer est cependant démentie par les nouveaux rapports sociaux qui se constituent sur une base capitaliste et qui impliquent l'exploitation de la force de travail des femmes et des enfants. La perception essentiellement négative que les hommes et les femmes partagent à propos du travail féminin semble généralisée parmi toutes les classes sociales.

## Le Montreal Local Council of Women

Créé en novembre 1893, le Montreal Local Council of Women se donne, à l'instar du NCWC, une ligne d'action non-partisane et rejette toute distinction fondée sur la race, l'ethnie ou la religion.

Premier organisme du genre à voir le jour à Montréal, il réunit sous son égide une majorité de protestantes, mais il n'est pas confessionnel. Des nominations prestigieuses de toutes les tendances politiques assurent la respectabilité du mouvement. On vise de la sorte à tuer dans l'oeuf les résistances les plus farouches [10].

Le MLCW autorise à la fois les adhésions collectives, c'est-à-dire, l'affiliation d'associations diverses, et des adhésions individuelles. Pour réussir à travailler en commun, les membres doivent proclamer la neutralité officielle du Conseil sur toute question susceptible de faire naître des controverses. De l'extérieur, principalement au niveau de sa direction, le MLCW présente une homogénéité relative. Ceci n'exclut pas l'existence de tiraillements internes entre des fractions aux intérêts parfois divergents. L'éclectisme inhérent au mouvement, et qui caractérise tout autant le NCWC, lui nuira à certains moments en favorisant une trop grande dispersion des énergies.

---

[10] Dans la réalité, l'orientation non-partisane du NCWC ou du MLCW s'est traduite par la nomination d'éléments libéraux ou conservateurs de la bourgeoisie canadienne à des postes prestigieux. Par exemple, le NCWC désigne en 1893 Lady Laurier, épouse du chef de l'Opposition, à la vice-présidence tout comme Lady Thompson, épouse du premier ministre. Ces nominations, cependant, sont d'abord honoraires. Voir, V. Strong-Boag, *The Parliament of Women,* 76. Le MLCW élit des «patrons» parmi lesquels on retrouve les épouses de grands capitalistes montréalais comme Mme Thibaudeau, Mme R. B. Angus, Mme W. W. Ogilvie, etc.

En 1899, vingt-sept associations sont affiliées au Conseil, qui rassemble au total quelques milliers de membres. Sur le nombre, on repère quelques succursales montréalaises de sociétés féminines qu'on a vues émerger à l'échelle nationale depuis 1870. Par exemple, on trouve des groupes aussi diversifiés que The Girls' Friendly Society, le Victorian Order of Nurses, la Young Women's Christian Association (la Y.W.C.A. établie à Montréal en 1874), la Women's National Immigration Society ou encore la Women's Art Association of Canada. D'autres sociétés laïques locales foisonnent au sein du MLCW. On peut citer The Alumnae Society of McGill University ou le Montreal Women's Club, associations très dynamiques. Des groupes philanthropiques plus traditionnels ou des sociétés religieuses côtoient donc des sociétés à buts typiquement réformistes. Le désir des membres du Conseil d'appliquer les principes de tolérance et de conciliation dans la conduite des activités communes s'explique dans ce contexte. Les sociétés fédérées se subdivisent en trois groupes d'oeuvres: philanthropie, hygiène et éducation, musique et art. La distribution du travail s'effectue à travers des comités locaux spécialement créés à cet effet.

Une pluralité de tendances se fait jour. Sociétés ou individus membres ne partagent pas obligatoirement les mêmes idéaux réformistes ou féministes. Certains représentent le contingent traditionnel des femmes d'oeuvres qui s'activent dans les domaines de la charité et de la philanthropie. Les chefs de file de l'organisation, par contre, personnifient un type récent de femmes qui expriment une conscience sociale neuve et que l'époque a qualifiées de « new women ».

Parmi celles-ci, on identifie quelques médecins, journalistes, professeurs d'université et autres réformistes qui ne craignent pas de se battre pour l'affirmation de leurs droits. Futures présidentes du MLCW, Carrie Derick et Grace Ritchie-England sont des activistes militantes qui sauront, au fil des années, donner le ton aux plus grandes luttes féministes du début du 20ᵉ siècle. Rompues à l'exercice d'une profession, elles font partie de cette première génération de diplômées universitaires qui ont si grandement influencé le mouvement des femmes à cette époque. D'autres femmes, comme la première présidente du Conseil, Lady Julia Drummond, épouse du président de la Banque de Montréal, partagent la conviction selon laquelle les riches ont des responsabilités envers les plus démunis et ont le devoir d'améliorer la société. Familiarisées avec les théories modernes du travail social, ces femmes agissent sur l'orientation initiale du MLCW.

Des militantes canadiennes-françaises comme Mme Rosaire Thibaudeau, Joséphine Marchand-Dandurand ou Marie Gérin-Lajoie cumulent des fonctions d'importance au sein du MLCW ou du NCWC et cela, malgré l'hostilité du clergé [11]. Ce dernier voit d'un mauvais oeil l'affiliation d'associations catholiques laïques à une organisation qui se proclame officiellement non-confessionnelle, mais qui est en réalité dominée par les protestantes. À deux reprises, en 1893 et en 1896, l'archevêque de Montréal, Mgr Fabre, repousse les requêtes de la présidente du NCWC à cet égard [12]. Il ne tolère que l'adhésion individuelle des Montréalaises catholiques au Conseil. La méfiance de l'archevêché à l'endroit du MLCW accroît l'hésitation des Canadiennes françaises désireuses d'en faire partie. La question de la prière d'usage à l'ouverture des réunions les a sérieusement inquiétées par la suite. Après négociation, il fut entendu qu'une prière silencieuse serait substituée au Notre Père (Lord's Prayer) dont le contenu varie selon les confessions religieuses [13].

Marie Gérin-Lajoie commence à jouer au MLCW un rôle qui deviendra bientôt déterminant pour l'avenir du féminisme au Canada français. Sa classe sociale d'appartenance la relie à la fraction plus libérale de la bourgeoisie. La nomination de sa mère, Lady Lacoste, comme vice-présidente au tout début montrait bien l'effort du Conseil de rallier toutes les tendances, y compris celle plus traditionnelle de l'exercice de la charité privée à Montréal et qui demeure rattachée au courant du 19e siècle [14]. D'autres personnalités comme Joséphine Marchand-Dandurand ou Mme Rosaire Thibaudeau s'illustrent de la même façon. La première

---

[11] Ainsi, Mme Rosaire Thibaudeau est vice-présidente du MLCW (1893 et 1896, 1900-1901, 1906-1907), membre du bureau présidentiel du MLCW (1901-1907), vice-présidente honoraire du MLCW (1915-1921), vice-présidente provinciale du NCWC pour le Québec (1900); Joséphine Marchand-Dandurand est vice-présidente du MLCW (1895-1896, 1900-1901, 1906-1907), membre du bureau présidentiel du MLCW (1903-1907), vice-présidente honoraire du MLCW (1918-1921), vice-présidente provinciale du NCWC (1912-1913, 1917-1918, 1918-1919); Marie Gérin-Lajoie devient membre du bureau présidentiel du MLCW en 1900 et ce, jusqu'en 1906, présidente du comité législatif du MLCW (1902-1903), vice-présidente honoraire du MLCW (1906-1907), «patron» du MLCW (1906-1907, 1907-1908) membre du comité permanent du NCWC sur la protection des femmes et des enfants (1903, 1906-1907, 1911); Caroline Béique est membre du bureau présidentiel du MLCW en 1906-1907 et 1907-1908 et est encore à l'exécutif en 1909 et en 1910, etc.
[12] Correspondance échangée entre Lady Aberdeen et Mgr Fabre, 1893-1896. Archives de la Chancellerie. Archidiocèse de Montréal.
[13] Lady Aberdeen, op. cit., xxi-xxx.
[14] Voir, Lady Lacoste, Journal intime, ms. Archives des Soeurs de Notre-Dame-du-Bon-Conseil (SNDBC).

provient d'un milieu libéral bourgeois et pratique une activité professionnelle. Par le biais de la revue littéraire qu'elle a fondée, *Le Coin du Feu*
(1893-1896), elle souhaite hausser le niveau intellectuel de ses compatriotes
qu'elle considère nettement désavantagées par rapport aux Canadiennes
anglaises, qui ont accès, du moins en partie, aux études supérieures. Elle
hésite à se qualifier elle-même de «femme de lettres», n'ayant pas la
formation académique qui justifierait ce titre [15]. Elle se taille une place dans
le journalisme en créant sa propre revue, expérience professionnelle qui lui
est facilitée par sa situation financière. À cette époque, il semble que le fait
d'écrire dans une revue littéraire ou dans des journaux, (ou à la rigueur d'en
fonder) ait constitué une sorte de débouché possible, sinon rentable, pour les
femmes instruites de la bourgeoisie [16]. La revue de Dandurand ne se veut
aucunement un organe de revendications féministes; elle reflète néanmoins
les nouvelles idéologies dont les Canadiennes commencent à se réclamer.
Même si Dandurand y prend ardemment la défense de l'appareil familial et
du rôle maternel dévolu aux femmes, il semble que son initiative n'ait pas eu
l'heur de plaire à tout le monde puisque, raconte-t-elle, «à cette époque
l'apparition du *Coin du Feu* fit en certains cercles une manière de petit
scandale. Toute hostilité cependant s'effaça bientôt devant notre attitude
innofensive» [17].

Marie Gérin-Lajoie rédige une série d'articles pour *Le Coin du Feu*
sous le pseudonyme de Yvonne. Comme Dandurand parfois, elle camou-
fle sa véritable identité sous un nom de plume. Cette habitude semble

---

    [15] «Les femmes savantes», *Le Coin du Feu,* IV, (janvier 1896): 2.

    [16] Au tournant du 20e siècle, le journalisme féminin s'affirme dans la province.
À Montréal, des femmes, issues pour la plupart de la bourgeoisie ou de la petite-
bourgeoisie, s'essayent au métier de «chroniqueuse» et la «page littéraire féminine»
devient ainsi de plus en plus à la mode. Outre ce rare débouché, celles qui sont intéressées à faire carrière en ce domaine n'ont guère d'autre choix que de fonder leur
revue. Sous le pseydonyme de Aimée Patrie, Marie-Georgina Bélanger écrit dans *Le
Monde Illustré* de 1895 à 1899. Puis, dans *La Presse,* elle signe du nom de Gaëtane
de Montreuil. Elle crée finalement une revue en 1913, *Pour Vous Mesdames* dont la
publication s'interrompt en 1915. Voir, Réginald Hamel, *Gaëtane de Montreuil, Journaliste québécoise (1867-1951)* (Coll. «Connaissance des pays québécois», Montréal,
L'Aurore, 1976), 205 p. Mentionnons également que de 1832 à 1834, il y avait dans
la métropole une revue mensuelle dont la rédactrice était une femme, Mme Gosselin.
Il s'agit de *The Montreal Museum or Journal of Literature and Arts* désigné plus com-
munément sous le nom de *Ladies Museum* puisque cette revue s'assure la collaboration
de quelques autres femmes. Voir, André Beaulieu et Jean Hamelin, *La presse québécoise des origines à nos jours* (Québec, Presses de l'Université Laval, 1973), 75.

    [17] Mme Dandurand, «Le dernier mot du Coin du Feu», *Le Coin du Feu,* IV,
(décembre 1896): 342.

avoir été pratiquée couramment par les premières Canadiennes françaises qui se sont initiées au métier de journaliste. Emprunter un pseudonyme était peut-être une sage précaution à cette époque qui acceptait difficilement que les femmes expriment ouvertement leurs opinions et même, qu'elles en aient une! Robertine Barry connut une expérience similaire: elle débuta à *La Patrie* en 1891 sous le nom de plume de Françoise. Sans être membre en règle du MLCW ou du NCWC, elle s'intéresse aux questions sociales. À un congrès annuel du NCWC, elle adopte une attitude résolue en refusant de censurer une partie controversée d'un discours qu'elle y prononce [18].

Mme Rosaire Thibaudeau, présidente de l'Hôpital Notre-Dame et épouse de l'un des propriétaires de la Montreal Cotton Co., oeuvre activement au MLCW ou au NCWC à leurs débuts. L'Association des dames patronnesses de l'Hôpital Notre-Dame qu'elle dirige est la seule association laïque canadienne-française à avoir été pendant un certain temps membre du MLCW.

La quasi-impossibilité pour les Canadiennes françaises d'accéder à des études supérieures et universitaires signifie qu'il règne en milieu francophone un anti-féminisme plus virulent et plus efficace qu'en milieu anglophone et cette situation se répercute sur la composition même du leadership du mouvement qui prend forme au Canada français. À l'opposé des Canadiennes anglaises, très peu de féministes francophones exercent une profession. Alors que Thibaudeau représente bien le courant du féminisme social à l'époque, Gérin-Lajoie, Dandurand et Caroline Béique, à partir de 1902-1903, épousent davantage la cause du féminisme de revendication de droits égaux.

## Quelques réactions

La naissance du MLCW a soulevé une tempête d'indignation et de protestations qui l'a forcé, à l'origine, à justifier maintes et maintes fois sa présence aux yeux d'une population incertaine. Dans la pratique de ses luttes, son attitude à l'égard des maux sociaux qui ravagent la vie urbaine est extrêmement prudente et les solutions envisagées sont minutieusement analysées avant de songer à les mettre en application [19].

---

[18] Renée des Ormes, *Robertine Barry en littérature: Françoise. Pionnière du journalisme féminin au Canada. 1863-1910.* (Québec, L'Action Sociale Ltée, 1949), 74.

[19] MLCW, *Second Annual Report,* 1896, 17-18. Archives MLCW. (APC MG 28 I 164).

Le MLCW tente d'éduquer et de mobiliser l'opinion publique par la mise sur pied de campagnes vigoureuses en ce sens. En 1915, la première présidente du Conseil confie que « This, perhaps, the changing and moulding of public opinion, is after all the greatest thing the Council has done. It is before all else a federation of ideas or ideals, and an educative force. » [20].

Les débuts du MLCW n'ont pas été faciles:

First it had to find itself and then it had to dissipate all kinds of queer impressions as to what it really was. [ . . .] At a garden party not far from this, someone introduced me to the late Mr. Goldwin Smith, as the President of the Local Council, whereupon he appeared to take a strong dislike to me and said, ''I distrust all such societies. They can only end in one way, to teach women to regard marriage as a sort of co-partnership to be dissolved at pleasure''. I fled from his cold and scrutinizing eye.

But suspicion and prejudice and misconception were gradually overcome, and a year or two later we read our daily press: ''The Council no longer needs justification or defence, it is itself its own vindication [21].

Du côté canadien-français, les affrontements sont plus brutaux. La permanence de la crise l'illustre. La directrice du *Coin du Feu* dénonce la mauvaise foi des forces d'opposition qui accablent le NCWC et MLCW de tous les torts. Elle s'attaque au comportement sexiste de journalistes canadiens-français qui utilisent des procédés discriminatoires nuisant à l'extension du féminisme. Ainsi, le congrès annuel du NCWC qui a lieu au mois d'avril 1894, à Ottawa, obtient une excellente publicité dans la presse anglophone qui couvre toutes les séances alors que la presse francophone omet presque d'en parler sinon en termes injurieux [22]. En 1896, le MLCW organise un concours littéraire pour développer le goût des choses intellectuelles chez les femmes. Dandurand se charge de publier les textes des deux gagnantes dans sa revue et en profite pour accuser certains journalistes « arriérés et à l'esprit borné du district de Québec » d'avoir refusé de présenter à leurs lecteurs les conditions du concours en prétextant leur désapprobation du MLCW [23]. Cette tribune littéraire sert finalement de

---

[20] Lady Drummond, « Practical Idealism » dans *Fortieth Anniversary Report* du MLCW, 16.

[21] *Ibid.*, 15.

[22] Mme Dandurand, « Chronique », *Le Coin du Feu*, II, (août 1894): 225-228.

[23] « Le concours littéraire », *Le Coin du Feu*, IV, (mai 1896): 141-149. Aussi, MLCW, *Second Annual Report*, 1896, 1.

canal pour réhabiliter ces associations auprès des lecteurs et de la population canadienne-française en général [24]. Dans le compte-rendu fait par *Le Coin du Feu* de la séance française du congrès du NCWC de mai 1896, on rapporte que l'assistance a été moindre que lors des deux derniers congrès annuels qui ont eu lieu à Ottawa et à Toronto, ce qui prouverait que « L'idée a peine à s'y frayer une voie, et c'est une infime minorité de sa population relativement immense qui profite des cours gratuits, des conférences, de toutes les occasions de s'instruire enfin qui lui sont offertes. » [25].

Ardente partisane de la cause de l'instruction publique défendue par son père, le premier ministre provincial F.-G. Marchand, la directrice du *Coin du Feu* s'oppose avec virulence à l'autoritarisme du clergé et elle revendique en des termes énergiques un élargissement de la sphère d'action attribuée aux femmes. Les pages de son journal intime témoignent de la vigueur de ses objections et elles révèlent l'antipathie croissante du clergé québécois à l'endroit du NCWC et de sa fondatrice protestante. À son avis, si au Canada anglais, on était plus disposé à accueillir une telle initiative, au Canada français, les milieux cléricaux et traditionalistes ont qualifié cet événement de véritable calamité. L'auteur souligne qu'ils craignent effectivement une laïcisation des associations de charité catholiques et des oeuvres de bienfaisance contrôlées jusque là par des religieux. Il est temps, ajoute-t-elle, que la femme intéressée à l'action sociale s'évade de son rôle passif et qu'on lui propose une alternative autre que celle de se faire religieuse ou de jouer, dans le monde, à la dame patronnesse, grande pourvoyeuse de fonds. L'apparition du NCWC lui donne des espoirs [26].

Par le biais de leur participation active à des congrès du MLCW ou du NCWC, les Canadiennes françaises se forment peu à peu à l'habitude de parler en public, acquièrent une solide expérience sur le plan organisationnel et développent des liens nouveaux avec d'autres femmes, autres que ceux créés par la famille ou le clergé. Elles sauront s'en prévaloir

---

[24] «Les femmes savantes», *Le Coin du Feu,* IV, (janvier 1896): 2-4; «La convention annuelle», *Le Coin du Feu,* IV, (février 1896): 33-34; «Le Conseil National des Femmes», *Le Coin du Feu,* III, (juin 1895): 197. «Un appel aux femmes canadiennes-françaises», *Le Coin du Feu,* II, (avril 1894): 97-98. (Invitation lancée aux Canadiennes françaises d'assister au congrès annuel du NCWC qui se tient ce mois-là dans la capitale fédérale); Mme Dandurand, «Chronique», *Le Coin du Feu,* II, (mai 1894): 129-132. (Bilan du congrès.)

[25] «Le congrès féminin», *Le Coin du Feu,* IV, (mai 1896): 131.

[26] Mme R. Dandurand, *Journal-Mémoires,* 15, 16, 18 et 19 novembre 1897, 16 décembre 1897, 10 janvier 1898, 21 octobre 1898 et 10 avril 1899.

durant les premières décennies du 20ᵉ siècle. Leurs conférences couvrent une multitude de thèmes: le travail des femmes dans les hôpitaux, la culture intellectuelle pour les femmes, la crise domestique (où elles révèlent leurs vrais intérêts de classe en prenant la défense des intérêts des bourgeoises contre les servantes), l'économie, le journalisme, le mouvement féministe, etc.

L'inauguration de la séance française du congrès annuel du NCWC qui s'ouvre dans la métropole en mai 1896 rencontre l'opposition du clergé qui refuse la présence d'un prêtre et l'utilisation par les membres de l'assemblée de la salle des conférences de l'Université Laval de Montréal, d'où l'obligation de tenir la réunion dans un *High School*[27]. Le père de Marie Gérin-Lajoie, Sir Alexandre Lacoste, préside la séance car on considère que les femmes sont incapables de le faire en ce temps-là[28]. Il s'agit de la première séance française organisée par le NCWC. À travers son journal et dans un style percutant, Dandurand a exprimé son ressentiment face à l'ambiguïté d'une telle situation et à la présence même du Juge Lacoste, qu'elle juge ultramontain et adversaire avoué du NCWC, qui a assisté au congrès par intérêt politique et parce que sa femme y était[29].

Orateurs et oratrices se sont succédés à la tribune et le discours prononcé par Marie Gérin-Lajoie pour la circonstance semble avoir été le premier qu'elle ait présenté devant une assistance publique, bien qu'elle ne l'ait pas fait comme membre officiel du MLCW, ce qu'elle n'est pas avant 1900[30]. Elle y parle de la nécessité pour les femmes de s'ouvrir à l'influence extérieure en élargissant leur champ d'action pour l'application de réformes; celles-ci, cependant, doivent être à la mesure de leur sexe. Il est temps que les femmes de l'élite, celles de la «classe aisée» comme elle les appelle, se joignent au mouvement féministe et qu'elles apprennent aussi à se débrouiller, d'une façon honorable et sans jamais s'abaisser. À ces femmes incombe le devoir de diriger le mouvement, de le conduire modérément, sans exagération, pour favoriser la promotion des femmes. Il n'est pas question de forger une véritable ligue pour la conquête de droits égaux, mais plutôt de suivre le MLCW ou le NCWC, guidées par le souci de respecter la vraie nature du sexe féminin.

---

[27] *Ibid.*, 18 novembre 1897.

[28] Jean Bannerman, *Leading Ladies: Canada. 1639-1967* (Ontario, Carrswood, 1967), 89.

[29] Mme R. Dandurand, *Journal-Mémoires,* 18 novembre 1897.

[30] Marie Gérin-Lajoie, «Le mouvement féministe», *Le Coin du Feu,* IV, (juin 1896): 164-165. Il s'agit de la reproduction intégrale du discours. Le manuscrit de ce texte se trouve aux archives SNDBC.

Pour Gérin-Lajoie, le mouvement féministe a pris naissance dans la classe ouvrière. Probablement identifie-t-elle le féminisme dans sa première expression à la pénétration des femmes sur le marché du travail, femmes qui ont dû sortir du cadre d'activité familiale.

Les journaux ont énormément critiqué la tenue d'une telle séance et les effets de cette mauvaise presse ont été longs à se dissiper:

En a-t-on assez fait de tapage autour de cette soirée française du conseil national des femmes. Après un mois, deux mois, nos journaux en ont encore quelque chose sur le coeur. Tant mieux, c'est le signe de l'importance qu'on y attache. Des curieux, gens mal disposés envers nous, ou dans tous les cas des indifférents pour la plupart assistaient à la soirée. La salle était comble. Nous avons fait cependant quelques amis. Et puis sur l'estrade étaient des hommes dont la présence certainement nous encourageait et que nous avions plaisir d'essayer de rallier à notre cause. C'était M. Laurier qui nous a expliqué que son opinion n'était pas faite sur l'opportunité d'accorder le suffrage aux femmes. Nous le convertirons. [31].

Quelque temps après, Dandurand paraît s'être attiré les foudres de l'anti-féministe Tardivel dans *La Vérité*, sans doute à cause de la teneur de ses propos féministes. Gérin-Lajoie, quant à elle, ne se formalise pas outre mesure de ces éclats:

Elle [Robertine Barry] m'a dit que Mme Dandurand prend à coeur les attaques de M. Tardivel dans *La Vérité*. C'est vraiment lui faire trop d'honneur à cet imbécile. Forte de ma cause je me soucierais peu de recevoir les épithètes ridicules dont il affuble nos femmes intelligentes. On sent son impuissance à travers ces arguments à enrayer le mouvement féministe. Du reste, Dieu merci, les femmes ne sont plus comme les enfants peureux et ne rebroussent plus chemin à la première escarmouche. [. . .] Elles font leur chemin en dépit de tout. Leurs revendications qui ne sont que justice s'imposeront. Je ne crois pas que la famille en souffre. [32].

Plusieurs membres du MLCW ont siégé au comité d'organisation chargé de préparer l'ouvrage que le NCWC a produit à l'occasion de

---

[31] Marie Gérin-Lajoie, *Une pensée par jour (pages de journal de maman, 1892 à 1898)*, Vaudreuil, 4 juillet 1896, ms. Archives SNDBC.

[32] *Ibid.*

l'Exposition universelle de Paris, en 1900, ou y ont contribué par des articles [33].

## Premières actions

Le MLCW essaie de remédier aux maux sociaux que la métropole engendre avec une rapidité toujours croissante. Mmes Thibaudeau et Learmont qui dirigent le comité de l'hygiène instituent une série de conférences publiques et des cours bilingues d'hygiène populaire dans les quartiers défavorisés de la ville; elles distribuent des brochures aux mères indiquant tous les soins à prodiguer à un enfant malade. Dans cette campagne de sensibilisation publique, certains organismes municipaux de santé acceptent de collaborer. Cette pratique laïque de la charité ouverte sur le féminisme social ne plaît pas au clergé montréalais qui se montre récalcitrant:

> Je veux consigner afin de ne pas l'oublier la conduite énergique qu'a tenue Mme Thibaudeau pour obtenir chez les canadiennes l'établissement de cours sur l'hygiène faits spécialement pour la classe pauvre. Les canadiennes ne sont pas riches c'est entendu. Aussi la tâche était grande il s'agissait d'obtenir un local où seraient suivis ces cours. On a songé aux salles des commissaires d'écoles mais comment obtenir ces salles il fallait d'abord avoir l'assentiment du président l'abbé Bruchési. Le clergé à Montréal s'est jusqu'à présent montré hostile à ce conseil. Il s'agissait donc, d'obtenir de l'abbé si attaché à l'évêque une espèce de don de faveur pour ce conseil. Il a fallu une bonne heure d'entretien entre l'abbé et Mme Thibaudeau pour que cette dernière gagna enfin sa cause. La salle obtenue, on voulait naturellement trouver des auditeurs [34].

Marie Gérin-Lajoie poursuit en relatant l'habileté de la tactique employée:

> Le tact était de commencer les conférences dans le quartier français le mieux préparé à accepter cette innovation. Nos femmes canadiennes n'ayant de volonté que celle de leur pasteur, il restait à deviner quel serait le curé le plus capable de diriger son troupeau vers les salles de la conférence. On a songé à l'abbé Auclair,

---

[33] Conseil National des Femmes, *Les femmes du Canada, leur vie et leurs oeuvres* (Ottawa, ministère de l'Agriculture, 1900).

[34] Marie Gérin-Lajoie, *Une pensée par jour (pages de journal de maman, 1892-1898)*, 1er avril 1896, ms. Archives SNDBC.

homme à l'esprit large et entreprenant, jouissant d'une influence très grande sur sa paroisse. Il fit en effet très bon accueil à Mme Thibaudeau mais il n'a pas poussé la complaisance jusqu'à annoncer la chose au prône. Cependant, il fit la promesse qu'il seconderait tous les efforts de Mme Thibaudeau en engageant les femmes de ses congrégations à aller assister aux conférences sur l'hygiène. Ce bon coup de main décida du succès et à la première conférence assistaient huit cent femmes. Les autres donnèrent pleine satisfaction. Le quartier où on recommença ensuite à travailler fut celui que dirigent les rédemptoristes. Ces religieux plus hostiles à cette oeuvre que ne l'était M. Auclair finirent cependant pas céder et prêtèrent la salle sous l'église [35].

L'initiative se poursuivra jusqu'en 1903.

Par l'entremise du Montreal Foundling and Baby Hospital qui lui est affilié, le MLCW ouvre en 1901 le premier dépôt de lait expérimental à Montréal. À peu près à la même période, grâce au prestige de Thibaudeau et au triomphe des conférences, un dépôt similaire naît dans l'est de la ville sous la surveillance de médecins canadiens-français [36]. Du lait non contaminé par la tuberculose est désormais distribué à un coût minime et une équipe de médecins dispense des soins médicaux aux mères et aux enfants nécessiteux.

D'autres initiatives voient le jour. Lady Drummond obtient le premier bain public pour la ville en 1896. Le MLCW recommande la nomination d'inspecteurs médicaux dans les écoles publiques, l'établissement d'une cour juvénile, d'une institution de réforme pour les filles et d'hôpitaux civiques, la protection et l'isolement des femmes faibles d'esprit dont la présence dans la communauté est perçue comme un danger constant et la suppression des publications dites «immorales». Car si la santé physique et la santé mentale canalisent une partie de ses efforts, la santé morale l'intéresse au plus haut point comme chez les autres réformistes. Le MLCW se réjouit en 1897 de la nomination temporaire de deux matronnes pour surveiller les détenues dans les postes de police.

La préservation de l'environnement et des espaces verts mobilise toute son attention. Quelques membres du MLCW participent activement

---

[35] *Ibid.*

[36] Carrie M. Derick, «An Historical Sketch» dans *Twenty-First Anniversary, 1893-1915* du MLCW, 9-10.

à la Parks and Playgrounds Association, qui vient d'être fondée en 1901 et qui adhère au Conseil. Grâce à leurs pressions, des terrains de jeux pour enfants sont installés en 1902.

Sept membres de l'exécutif du MLCW siègent au bureau de direction de la Charity Organization Society (COS) fondée en 1899 et dont l'ébauche semble avoir été élaborée par la présidente du MLCW [37]. Cette tentative de rationalisation et de centralisation des opérations charitables sur la scène municipale s'adresse aux deux communautés ethniques et s'inspire des projets qui sont mis en branle aux États-Unis surtout. Lady Drummond en a fort bien dégagé l'idée directrice quelques années plus tard en relatant que « Before this Society was formed, Montreal was called the Naples of Canada, and I remember thirteen men-beggars coming to my door in a single day! But the spirit of this Society is constructive before it is repressive » [38]. En fait, les concepteurs aspirent à encadrer les pauvres pour épurer leurs rangs afin d'en extraire les paresseux et de repérer les insoumis. Cette philanthropie bourgeoise répond aux intérêts de classe des promoteurs immédiats qui composent le bureau de direction et qui sont des représentants de la grande bourgeoisie et de la moyenne bourgeoisie montréalaises.

En 1895, le MLCW dirige une enquête sur les conditions de détention dans les prisons et dans les institutions de réforme et il commence à réclamer des réformes à la prison des protestantes. Collaborant avec la Young Women's Christian Association, la Prisoners' Aid Association et la Protestant Ministerial Association, des membres du MLCW, dans une pétition adressée au gouvernement québécois, demandent la construction d'une autre prison où des réformes pourraient être plus facilement appliquées [39]. Malgré l'envoi d'une autre requête en 1901, le MLCW n'obtient pas gain de cause si ce n'est la nomination de deux nouvelles matronnes.

Sur le front de l'éducation, le MLCW préconise l'institution de maternelles, le droit démocratique des femmes à l'exercice de toutes les professions et réclame une instruction industrielle et technique pour les classes laborieuses. Luttant en faveur de la professionnalisation du travail domestique, les membres veulent former des servantes qui puissent, en fait, servir adéquatement leurs patronnes. Au congrès annuel du NCWC

---

[37] Voir le rapport du Sub-Committee on Charity Organization, *Montreal Council of Women Projects, 1893-1958,* 3 p. Archives MLCW. Aussi, Carrie Derick, *op. cit.*

[38] Lady Drummond, *op. cit.,* 17.

[39] MLCW, *Seventh Annual Report,* May 1901, 10.

de 1894, Dandurand y prit si habilement la défense des intérêts des bourgeoises que sa plaidoirie lui valut une ovation monstre [40].

Le MLCW tente donc d'introduire l'éducation ménagère dans les écoles. Il se joint aux efforts de la Young Women's Christian Association qui a fondé en 1895 une école de cuisine et de couture dans la métropole. Le Conseil encourage l'action entreprise par la Women's National Immigration Society pour faire venir d'Angleterre, entre autres, des servantes qualifiées. Les intérêts des membres du MLCW se discernent aisément [41].

La filiale montréalaise du Victorian Order of Nurses, intéressé à professionnaliser le métier dévalorisé d'infirmière pour en faire une carrière féminine honorable et respectée, regroupe à son exécutif des membres du MLCW. Parmi les autres réalisations du Conseil à cette époque, signalons qu'il a obtenu l'enregistrement obligatoire des naissances et l'insertion de plusieurs de ses recommandations dans le projet de loi sur l'immigration des enfants dans la province de Québec qui fut adopté en 1899.

Si, en général, à cette période, la plupart des actions qui sont entreprises continuent de se référer à la fonction maternelle réservée aux femmes — c'est en tout cas la tendance dominante au sein du NCWC — il est deux secteurs d'intérêt où le MLCW adopte une position vraiment égalitariste. D'une part, il lutte pour l'obtention d'une véritable égalité de formation entre filles et garçons et ce, même au niveau de l'instruction générale. D'autre part, les membres, dès 1896, dénoncent le caractère protectionniste des lois qui placent les femmes et les enfants dans la même catégorie. À cet effet, il s'oppose à toute législation spéciale qui limiterait exclusivement les heures de travail pour les femmes. Il recommande l'application du principe « À travail égal, salaire égal », l'abolition de toute discrimination entre les sexes dans le milieu de travail, la journée de huit heures et de meilleures conditions de travail pour tous sans exception, hommes et femmes compris. Au sein du NCWC, son attitude déterminée, voire avant-gardiste en ce domaine, l'entraîna dans des polémiques vigoureuses avec d'autres conseils locaux favorables à l'adop-

---

[40] Mme R. Dandurand, *Journal-Mémoires,* 15 novembre 1897, 78-81.

[41] Sur le recrutement des domestiques féminins au Canada, voir, Geneviève Leslie, « Domestic Service in Canada » dans *Women at Work. Ontario 1850-1930* édité par Janice Acton, Penny Goldsmith et Bonnie Shepard (Toronto, Canadian Women's Educational Press, 1974), 95-109; Jennifer Stoddart et V. Strong-Boag, « . . . And Things Were Going Wrong at Home », *Atlantis. A Women's Studies Journal,* 1, 1 (Fall 1975): 38-44. Voir aussi S. Cross, *op, cit.*

tion de législations protectionnistes[42]. Sa prise de position ne l'empêche pas d'entériner la promulgation, en 1899, de la loi des sièges qui oblige les patrons à placer des sièges à la disposition des vendeuses.

Le Conseil obtient, en 1896, la nomination de deux inspectrices de manufacture pour Montréal et une extension de leur juridiction, cinq ans plus tard[43]. L'intérêt du MLCW envers la nomination d'inspectrices dans les manufactures, les hôpitaux ou les écoles reflète sa croyance dans le prétendu pouvoir de regénération « morale » et « sociale » qui serait l'un des « attributs féminins » par excellence.

Nous l'avons déjà souligné, la participation des femmes à la vie politique est à peu près nulle à la fin du siècle. Dans la province, la loi permet à tout électeur d'être éligible au poste de commissaire d'école et, depuis 1892, le droit de vote est accordé aux Montréalaises contribuables, célibataires ou veuves. En 1899, une extension de la loi autorise une autre catégorie de femmes à voter, les locataires, célibataires ou veuves. La femme mariée, en raison de son incapacité juridique totale, ne jouit d'aucun droit à ce niveau. Le MLCW essaie cette année-là de faire élire une femme au poste de commissaire au Protestant Board of School Commissioners puisque, en vertu de la loi, elle y est éligible. La législature québécoise lui répond durement en privant une fois pour toutes les femmes de l'exercice de ce droit.

La question du suffrage provincial ne monopolise pas encore l'attention du MLCW. Point n'est besoin de se remémorer le lien qui se tisse entre tempérance et droit de vote pour les femmes puisqu'il s'agit d'une arme dont celles-ci entendent se servir pour réformer la société. C'est d'ailleurs la Women's Christian Temperance Union de Montréal qui a présenté la première requête revendiquant le suffrage féminin dans la province, à la fin du siècle.

Un mini-sondage réalisé par *Le Coin du Feu* auprès de certaines sommités littéraires, journalistiques ou politiques du temps dévoile une

---

[42] V. Strong-Boag, *The Parliament of Women*, 196-201. En 1895, le Conseil local de Kingston réclame d'urgence une législation protectionniste établissant une journée de travail de 9 heures pour les femmes. Le MLCW s'y oppose car il perçoit une telle législation comme une source de discrimination dans l'emploi pour les femmes. Comme alternative aux demandes répétées du Conseil de Kingston au sein du NCWC à cet effet, le MLCW recommande la journée de huit heures pour tous, hommes et femmes, sur un pied d'égalité.

[43] Il s'agit de Louisa King et Louise Provencher. Voir les rapports qu'elles ont produit par la suite.

opposition majoritaire au droit de vote à environ 70%[44]. Les opposants évoquent les dangers de la cabale électorale pour les femmes, les risques de promiscuité et les atteintes morales auxquelles elles s'exposeraient!

Le MLCW, en 1902, obtient le rappel d'un projet de loi qui aurait dénié aux femmes sténographes le droit de pratiquer leur métier à la Cour suprême. Enfin, à cette époque, le MLCW, par le biais de son comité législatif présidé par Gérin-Lajoie, se penche sur la question de l'incapacité légale qui définit le statut juridique des femmes mariées dans la province et étudie des moyens d'action à entreprendre en ce domaine. Ceci présage les grandes batailles juridiques du 20e siècle.

## Le féminisme chrétien

Au réformisme libéral des féministes canadiennes-françaises, s'adjoint la pensée sociale catholique. Le catholicisme social est cette nouvelle doctrine de l'Église exposée dans l'encyclique Rerum Novarum du Pape Léon XIII et elle commence à soulever des débats au Québec. Elle transparaît de plus en plus dans leur idéologie et leurs actions concrètes.

Nous pouvons déceler un double cheminement à l'intérieur de la démarche féministe dans la province, à ses débuts. Lors d'une première étape, entre 1893 et 1902, les femmes des deux groupes ethniques coopèrent étroitement dans une organisation unique, le MLCW, seul organisme de ce type à Montréal. Mais progressivement, les militantes francophones précisent une caractéristique originale de leur idéologie, l'aspect novateur du féminisme chrétien, hérité du courant féministe français. Cette composante est incorporée à leur idéologie et constitue le trait essentiel qui les distinguera toujours des féministes protestantes. À cela s'ajoute un nationalisme grandissant qui s'épanouira dans la première décennie du 20e siècle. Fondamentalement, ces féministes ne rompent jamais avec l'idéologie globale du nationalisme de conservation. Elles s'en séparent néanmoins sur le plan de l'énonciation de leur idéologie particulière qui s'abreuve au mouvement réformiste. À ce niveau, elles rencontrent les intérêts des anglophones. Déjà s'annonce à la fin du siècle la contradiction qui va opposer leur idéologie féministe à l'idéologie clérico-nationaliste et à ses représentants officiels. L'ambiguïté de leur position se répercutera sur leurs luttes prochaines. À partir de l'année 1902, une seconde phase s'amorce avec l'affermissement de la volonté autonomiste des Canadiennes françaises dont la résultante logique sera l'édification de la Fédération Nationale Saint-Jean-Baptiste, en 1907.

---

[44] «Le suffrage féminin», Le Coin du Feu, 1, (décembre 1893): 359-362.

Facteur de division sur le plan organisationnel, la question nationale n'éliminera pas les luttes communes pour la conquête de droits égaux et une collaboration dans le domaine des réformes sociales. L'idéologie réformiste demeure aussi forte. La question sociale et la question des femmes unissent en dernière instance les francophones aux anglophones et leurs intérêts sont souvent identiques à ce sujet.

Dès 1896, les symptômes de cette évolution apparaissent avec plus de clarté. Les Canadiennes françaises ne se sont jamais senties tout à fait libres au MLCW et le clergé a contribué pour une très large part à accentuer ce malaise. Elles cherchent leur propre voie et des solutions qui puissent concilier à la fois leurs convictions féministes et leur foi catholique. Or, cette année-là un mouvement naît en France et il va exercer un puissant impact sur les francophones. Il s'agit de la Société des féministes chrétiens qui s'organise autour de la revue *Le Féminisme Chrétien* créée par Marie Maugeret. Le premier éditorial explicite le programme:

> En premier lieu, nous ferons l'éducation de la femme en vue de ce rôle nouveau dont elle rêve sans en bien comprendre la portée, dont elle a tout à la fois l'ardent désir et la vague terreur. Nous lui révèlerons son droit au droit, [. . .]. Mais plus nous lui parlerons de droits, plus nous lui parlerons de devoirs; plus nous lui répéterons que les uns sont le corrolaire et le contrepoids des autres. [. . .] Nous lui dirons que la division du travail en carrières masculines et en carrières féminines est, dans nombre de cas, purement artificielle et fondée sur l'arbitraire le plus injuste, puisqu'il n'a d'autre mobile que d'attribuer toutes les professions lucratives aux hommes, et toutes les autres aux femmes. Mais nous ne lui laisserons pas oublier que sa véritable carrière est avant tout, et quelquefois exclusivement, d'être épouse et mère[45].

Gérin-Lajoie devient optimiste quant à la réhabilitation du mouvement féministe auprès du clergé québécois et du public en général. Elle voit déjà s'effriter les oppositions puisque le féminisme épouse maintenant la cause des catholiques en s'inspirant de la doctrine sociale de l'Église. Elle écrit à Marie Maugeret et lui envoie un article élogieux qu'elle a composé pour les journaux afin de la féliciter de son initiative:

> N'est-ce pas la première tentative du genre, entreprise sous une bannière catholique.

---

[45] Marie Maugeret, sec. gén., «Notre programme», *Le Féminisme Chrétien*, 1 (25 février 1896): 5-6.

Oui, la cause de la femme est aussi la nôtre à nous catholiques. [. . .] Imputons à l'apathie seule des catholiques, les fausses solutions qu'on a.voulu y donner jusqu'ici.

Quelques-uns je le sais, s'effrayeront de voir se former au sein du catholicisme une école aux idées aussi libérales. À ceux-là je répondrai qu'il leur est loisible de conserver leurs anciennes convictions, mais qu'ils ne peuvent blâmer au-delà des limites tracées par une critique courtoise, celle qui entreprend pour notre sexe une campagne que la politique de notre chef l'illustre Léon XIII ne semble pas désapprouver, lui ce génie par excellence qui a compris notre siècle et qui s'intéresse avec une bonté si fraternelle aux besoins de toutes les classes [46].

Ces «fausses» solutions ont été produites jusqu'ici, en France du moins, par les groupes féministes appartenant à l'école de la «libre-pensée». En retour, Marie Maugeret confie à Marie Gérin-Lajoie:

[. . .] ainsi que vous l'avez bien compris, le titre de «Féminisme» que nous avons osé prendre, pouvait susciter des soupçons et sembler insuffisamment corrigé par le mot «Chrétien», aussi est-ce une véritable satisfaction pour moi quand je suis bien comprise et qu'il ne reste aucune arrière-pensée dans l'esprit de ceux, qui, en y réfléchissant un peu, doivent pourtant admettre sans peine que le christianisme a été et reste encore et pour toujours l'image de la liberté et de la justice pour tous.

[. . .] parce que j'ai déploré la tendance libre-penseuse des femmes qui les premières ont lancé l'idée en France, que j'ai cru devoir entreprendre une sorte de contrepartie, qui, tout en prêtant main-forte à l'autre camp chaque fois qu'il poursuivrait une revendication légitime et raisonnable, le tiendrait en échec et le démasquerait dans toutes ses manoeuvres franc-maçonnes car si chez vous, ce sont les protestantes anglaises qui sont à la tête du mouvement, chez nous, ce sont les libres-penseuses, les athées, les franc-maçonnes, les socialistes; or, le protestantisme, c'est encore une religion, la libre-pensée est la négation de toute religion, partant de toute morale, et, vraiment, c'est une honte depuis que la direction exclusive d'une partie qui a la prétention de ramener la justice sur la terre est entre les mains de femmes dont la vie privée laisse tout

---

[46] Yvonne, «Le féminisme chrétien», article écrit pour les nouvelles, ms. Archives SNDBC.

à désirer et qui — quelques-unes du moins — ne prêchent l'amour libre, une théorie, que parce qu'elles ont commencé par le pratiquer.

Malheureusement, de même que chez vous on se défie de ce qui est anglais et protestant, chez nous on se défie dans le monde chrétien d'une thèse qui semble identifiée avec les personnalités qui l'ont lancée tout d'abord et nous rencontrons en province surtout une grande défiance et une grande insouciance[47].

L'idéologie féministe des francophones commence donc à s'apparenter au mouvement féministe chrétien établi pour juguler les effets considérés néfastes du courant féministe radical qui sévissait dans ce pays à ce moment-là. Ici, en l'occurence, c'est le caractère protestant et non-confessionnel du mouvement qui provoque l'affirmation de cette tendance et non l'existence concrète d'une pratique féministe «révolutionnaire» même si on en a une peur féroce!

*Le Coin du Feu* souligne l'événement et reproduit plusieurs articles tirés de la revue[48]. Désormais, les Canadiennes françaises ont un point de référence pour les guider et les orienter. En 1898, Gérin-Lajoie écrit:

Je comprends tellement l'importance de la question féministe que si je n'étais résolue d'abord à donner ma vie à Dieu, elle serait exclusivement au service de cette question. Mais comme toute juste cause relève de Dieu et toute idée philanthropique part de lui qui est essentiellement justice, j'établis aisément un lien entre les deux et je donne aux intérêts humains un point d'appui puissant en les plaçant en un être immuable. Je viens de lire un article de Marie Maugeret dans *Le Féminisme Chrétien* qui me fait frémir de plaisir[49].

---

[47] Marie Maugeret à Marie Gérin-Lajoie, 1896, dans *Correspondance-Lettres d'écrivains surtout: 1896 jusqu'en 1918,* ms. Archives SNDBC.

[48] Marie Maugeret, «Le Féminisme Chrétien», *Le Coin du Feu,* IV, (juillet 1896): 211-213. Il s'agit en fait de la reproduction de l'article de Maugeret sur le Congrès féministe international qui s'est réuni à Paris au mois d'avril 1896. Aussi, un article de la revue de Maugeret écrit par Marie Duclos, «Congrès Féministe de 1896 à Paris», *Le Coin du Feu,* IV, (août 1896): 227-228. Enfin, Marie Maugeret, «Le Féminisme Canadien à Paris», *Le Coin du Feu,* IV, (novembre 1896): 327-328. La fondatrice du mouvement dissocie fermement féminisme et socialisme.

[49] Marie Gérin-Lajoie, *Une pensée par jour (pages de journal de maman, 1892-1898),* 29 mars 1898, ms. Archives SNDBC.

Ce féminisme pacifique, raisonnable et chrétien, Dandurand en rend compte en 1901 dans un article sur « Le Féminisme » intégré dans l'ouvrage qu'elle vient de publier [50].

L'engagement des premières féministes canadiennes-françaises va de pair avec l'essor de l'action sociale catholique féminine qui se manifeste à une échelle internationale à partir de 1900. Les organisations nationales des femmes à l'étranger et au Canada sont non-confessionnelles et, bien qu'admettant des catholiques, elles n'ont guère réussi à en attirer dans leurs rangs. Les catholiques veulent rattraper le temps perdu pour riposter contre le socialisme et les doctrines « athées ». Le rôle social qu'elles se définissent les appelle à un rassemblement des forces féminines catholiques.

Le congrès des oeuvres et institutions féminines qui se tient dans le cadre de l'Exposition de 1900 à Paris et auquel Lady Drummond, Françoise et Joséphine Marchand-Dandurand assistent à titre officiel, ne rencontre pas le succès prévu. Loin de favoriser la constitution d'une assemblée unique internationale, il produit une scission en trois groupements: libéral-protestant, socialiste ou « anti-religieux » et catholique, cette dernière tendance étant largement minoritaire [51]. La fondation de la Ligue patriotique des Françaises l'année suivante semble consacrer le début de l'expansion de l'influence féminine catholique sur le plan social.

Les Canadiennes françaises ont trouvé la seule voie possible qui leur permettra de revendiquer leurs droits de femmes tout en respectant la foi chrétienne. N'allons pas croire cependant que le féminisme chrétien occupe toute la place dans leur idéologie. Celle-ci se complète du féminisme de revendication juridico-politique et du féminisme social dont elles sont loin d'abandonner la pratique. Ces trois constantes composent leur idéologie et, pour les premières décennies du 20e siècle, une contradiction entre l'aspect du féminisme de revendication de droits égaux et celui du féminisme chrétien créera des frictions intenses.

* * *

Époque charnière entre deux siècles, la période qui s'étend de 1893 à 1902 se caractérise par la naissance et la consolidation d'un premier

---

[50] Mme J. M. Dandurand, « Le féminisme » dans *Nos Travers* (Montréal, Beauchemin et Fils, 1901), 223-224.

[51] Madame Marie Gérin-Lajoie, « De l'organisation sociale des énergies féminines », *La Bonne Parole*, X, 4 (avril 1922): 4-5.

mouvement organisé de femmes laïques dans la métropole. Quoiqu'un peu hésitant à ses débuts, celui-ci s'est rapidement aguerri et, en 1902, son orientation s'est précisée. Une partie des effectifs du Montreal Local Council of Women persiste à vouloir se raccrocher à une conception traditionnelle du rôle philanthropique assigné aux femmes de la bourgeoisie dans les oeuvres de charité. Une autre fraction toutefois, et non la moindre, aborde le 20$^e$ siècle avec un bagage de formation pratique qui la destine à se battre à beaucoup de paliers pour l'obtention de réformes sociales et de droits égaux. Le mouvement est sorti de l'enfance.

La diversité d'intérêts inhérente au mouvement se reflète dans le type même des actions entreprises. Au cours de la première phase d'existence du MLCW, le conservatisme de certaines démarches se trouve contrebalancé par le contenu progressiste d'autres interventions. Cette dichotomie n'est qu'apparente au sens où l'implication de ces femmes dans des champs traditionnels assure une continuité avec le passé et vient de la sorte cautionner les gestes féministes et réformistes posés à d'autres moments. Nous songeons, par exemple, à la prise de position égalitariste adoptée par le MLCW vis-à-vis le travail féminin qui le singularise dès 1896 au sein du National Council of Women of Canada. Le dynamisme du MLCW le distingue en partie de l'allure généralement conservatrice du NCWC sous le règne de sa première présidente[52].

Les membres du MLCW adhèrent fondamentalement à l'idéologie de la femme au foyer et leurs actions s'inscrivent presque toutes dans le prolongement du rôle d'épouses et de mères que l'idéologie dominante assigne aux femmes. À part sa position sur le travail des femmes ou l'égalité complète de formation entre filles et garçons qu'il préconise, le MLCW subordonne son féminisme de droits égaux à cet aspect plus conservateur de son idéologie. Il reprend à son compte, mais dans une moindre mesure, l'argument anti-féministe qui pose l'existence de différences de «nature» entre les sexes afin de justifier cette fois un élargissement de la sphère d'action féminine. Il ne rejette pas la «doctrine de la séparation des deux sphères» qui domine en Occident au 19$^e$ siècle. Ces femmes s'illusionnent sur leur prétendue «supériorité morale» sur laquelle elles s'appuient pour agir dans la société. Elles ne remettent pas en question l'institution sacro-sainte de la famille et l'enfermement des femmes dans leur rôle de reproductrices biologiques. D'où l'ambiguïté certaine de leur idéologie qui rejoint paradoxalement celle de leurs adver-

---

[52] V. Strong-Boag, *The Parliament of Women*, chap. 5.

saires dans une perception similaire du rôle des femmes. Cette valorisation de l'idéologie de la famille conditionne leurs interventions et les
amène à ne pas vouloir reconnaître le principe de la généralisation du
travail des femmes hors du foyer à cette époque.

Au sein du MLCW, les Canadiennes françaises commencent à
envisager la possibilité de se regrouper entre elles sur une base con-
fessionnelle et ethnique. Leur participation au MLCW a aiguisé leur
combativité et les a incitées à particulariser leurs vues et leurs besoins.
Le Conseil est une espèce d'école d'apprentissage qui leur permet de
s'approprier une expérience de militantisme très riche dans le secteur
laïque. Elles souhaitent se dissocier d'un demi-siècle d'encadrement
clérical des activités féminines et ébranler le monopole du clergé en
ce domaine.

# LA FÉDÉRATION NATIONALE
# SAINT-JEAN-BAPTISTE
# ET LES REVENDICATIONS FÉMINISTES
# AU DÉBUT DU 20ᵉ SIÈCLE*

Marie Lavigne, Yolande Pinard et Jennifer Stoddart

Les premières décennies du 20ᵉ siècle sont caractérisées par l'essor rapide du féminisme, mouvement s'inscrivant dans la vague réformiste que connaît à cette époque le monde occidental. Le Québec n'est pas à l'écart et les organisations féministes qui s'y développent, se rattachent à ce courant international.

L'historiographie québécoise a négligé l'importance des mouvements féministes qu'on assimile trop souvent à la seule revendication pour le droit de vote. Les premières organisations qui naissent au début du siècle ont débordé ce cadre et joué un rôle fondamental dans la lutte pour la promotion des droits des femmes. Notre étude est centrée sur la *Fédération Nationale Saint-Jean-Baptiste* (FNSJB) fondée par Caroline Béique et Marie Gérin-Lajoie [1]. Elle se limitera donc à l'aire d'influence

* Texte paru dans la *Revue d'Histoire de l'Amérique Française,* 29, 3 (décembre 1975): 353-373. Reproduit avec la permission de l'éditeur. Cette recherche est principalement basée sur la documentation recueillie aux archives de la *Fédération Nationale Saint-Jean-Baptiste* déposées à la maison de la Fédération à Montréal, et dans les archives personnelles de Marie Gérin-Lajoie conservées à la maison mère de la *Communauté des Soeurs de Notre-Dame-du-Bon-Conseil* à Montréal. Un premier dépouillement de ces archives a été effectué en 1973 par le groupe de recherche « Les premières féministes canadiennes-françaises » dont étaient membres, outre les auteurs de ce texte, Évelyne Bissonnette-Paquette, Johanne Cloutier-Boucher et Rosanne Saint-Jacques. Nous tenons à remercier Paul-André Linteau de l'Université du Québec à Montréal pour ses commentaires sur ce texte.

[1] Caroline Béique en est la première présidente. Marie Gérin-Lajoie lui succède en 1913. Cette dernière est issue de la petite bourgeoisie montréalaise. Son père, Sir Alexandre Lacoste, deviendra juge en chef de la Cour Supérieure du Québec. Sa mère, Marie-Louise Globensky (lady Lacoste), mère de treize enfants, est une femme du monde qui a fréquenté les salons très renommés de l'époque. À l'âge de vingt ans, Marie Lacoste épouse Henri Gérin-Lajoie, avocat, petit-fils d'Étienne Parent, fils d'Antoine Gérin-Lajoie et frère de Léon Gérin, sociologue.

de la FNSJB, le milieu canadien-français de Montréal. Après avoir décrit brièvement les circonstances de la naissance de la Fédération ainsi que son organisation et son idéologie, nous examinerons les grandes lignes de son action entre 1907 et 1933: ses luttes aux niveaux social, juridique et politique.

## 1 — La Fédération Nationale Saint-Jean-Baptiste: organisation et idéologie

Au tournant du siècle, de nombreuses Montréalaises deviennent conscientes des problèmes sociaux engendrés par la croissance rapide du capitalisme et sur lesquels se penchent les réformistes: santé publique, assainissement de la vie politique, travail des femmes et des enfants, éducation, délinquance juvénile, tempérance, etc. [2] Elles joignent les rangs du mouvement de réforme et mettent sur pied divers organismes d'action sociale. Ce faisant elles se heurtent quotidiennement aux limites que leur impose leur propre incapacité juridique et politique [3].

Une telle situation amène nombre de réformistes à militer en faveur des droits des femmes. Une déclaration de Marie Gérin-Lajoie met en relief la relation entre action sociale et action politique et la nécessité d'une articulation du féminisme et du réformisme:

> Mesdames, comprenez-vous l'importance qu'il y a pour vous de vous présenter pour voter aux élections municipales. . . Vous vous plaindrez ensuite de voir au coin de chez-vous une buvette qui perd votre fils, vous mourrez de chagrin à la vue de votre fille dont la vertu tombera miette à miette au milieu de représentations malsaines, vous déplorerez la mort d'un enfant empoisonné par la contamination des ordures de la rue et vous n'essayez pas de remédier à tout ce mal. . .[4]

---

[2] En ce qui concerne les activités du MLCW et le rôle spécifique que Marie Gérin-Lajoie y a joué, nous avons dépouillé les archives du MLCW, APC MG 28 I 164.

[3] Justine Lacoste-Beaubien, soeur de Marie Gérin-Lajoie, a dû affronter cette situation. Fondatrice de l'Hôpital Sainte-Justine, en 1907, elle dut persuader le gouvernement québécois de procéder à l'amendement du Code civil de la province pour permettre à une femme mariée (donc juridiquement incapable) de réaliser des transactions financières dans le cadre de son travail au comité directeur d'un hôpital sans devoir quérir l'autorisation de son conjoint. Elle aura gain de cause, le 3 avril 1908.

[4] Marie Gérin-Lajoie, Copie manuscrite d'un article sur lequel elle a écrit: «paru sous l'anonymat décembre 1902 dans plusieurs journaux anglais et français». Ms., Archives SNDBC.

Le MLCW devient, pour les féministes francophones, un lieu privilégié de militantisme pendant une dizaine d'années. Toutefois cette expérience dans l'organisation des femmes s'implante plus directement en milieu francophone à partir de 1902 avec la création de la section des Dames patronnesses de l'Association Saint-Jean-Baptiste. À l'origine, ces dames, parmi lesquelles on retrouve les représentantes les plus célèbres de la bourgeoisie francophone, se constituent en société pour aider leurs maris à sortir l'ASJB de l'impasse financière dans laquelle elle se trouve, suite à la construction du Monument National. Caroline Béique est la présidente du comité, en sa qualité d'épouse du sénateur Frédéric-Liguori Béique, libéral, avocat et grand financier, qui lui-même préside la l'Association Saint-Jean-Baptiste de 1899 à 1905.

Conscientes du rôle patriotique que les femmes doivent jouer, elles espèrent toutes aviver le nationalisme canadien-français. Issue de la section des Dames patronnesses de l'ASJB, la Fédération Nationale Saint-Jean-Baptiste (FNSJB), fondée en 1907, groupe un bon nombre de membres qui ont déjà à leur actif une expérience d'intervention sociale et politique. Acquise principalement au MLCW, cette expérience influencera pendant les premières années le style de travail et les interventions de la FNSJB.

La fondation d'une organisation catholique et canadienne-française, indépendante du MLCW, fait suite à la prise de conscience de la nécessité d'un encadrement qui respecte leurs croyances religieuses, surtout en matière d'éducation, et qui sauvegarde leur ethnie. L'idéologie cléricale et nationaliste inspire donc la FNSJB et la différencie du MLCW, organisation non-confessionnelle et anglophone. La structure de la FNSJB, exception faite de l'aumônerie[5], est toutefois la réplique de celle du MLCW.

La Fédération réunit sans les fusionner une série d'associations jusque-là isolées. Les vingt-deux sociétés affiliées, totalisant quelques milliers de membres, se répartissent selon trois types d'oeuvres, soit les oeuvres de charité surtout composées des associations de dames patronnesses déjà existantes, les oeuvres d'éducation telles l'Association des femmes journalistes ou les Écoles ménagères provinciales et enfin, les oeuvres économiques qui rassemblent des associations professionnelles pour l'amélioration de la situation des travailleuses. Chaque société regroupe des personnes ayant les mêmes intérêts, la même profession ou

---

[5] Le premier aumônier de la FNSJB est l'abbé Georges Gauthier, futur archevêque de Montréal.

provenant d'une même classe sociale. La diffusion des activités de la FNSJB s'effectue par des assemblées annuelles, des semaines sociales, des congrès et à partir de 1913, par un journal mensuel, *La Bonne Parole,* dont le tirage atteint quelque deux mille exemplaires.

La répartition des associations en trois champs d'action reflète les intérêts bourgeois des premières féministes en même temps qu'elle indique leur lien avec l'idéal réformiste et philanthropique de l'époque. L'éducation devient un instrument d'émancipation et de promotion des femmes dans la société. Par ces oeuvres, on espère faire une éducation sociale, morale et professionnelle des femmes qui corresponde à leur situation de classe respective en tant que bourgeoises ou ouvrières. La création de cercles d'études au sein des diverses associations, à partir de 1910, répond à cette attente et vise à la formation d'une élite féminine parmi les Canadiennes françaises[6].

L'emprise de l'idéologie clérico-nationaliste ainsi qu'un anti-féminisme frisant souvent la misogynie créent un climat peu propice aux changements sociaux ou à des modifications du statut des Québécoises. L'impossibilité pour le clergé d'étouffer un mouvement déjà bien enraciné amène ce dernier à l'encadrer pour mieux le récupérer. Ainsi la création de la FNSJB est entourée d'un débat entre «bon» et «mauvais» féminisme et cette association devra emprunter à l'idéologie dominante son contenu nationaliste et la pensée sociale catholique. Ceci explique l'extrême prudence de ces premières féministes et l'existence de contradictions dans leur idéologie.

L'unanimité idéologique s'opère autour de la primauté accordée à l'idéologie de la femme au foyer et de la famille. Le partage traditionnel des rôles féminins et masculins n'est jamais remis en question. Les premières féministes continuent de parler de complémentarité innée entre l'homme et la femme (antithèse d'une attitude égalitariste) et c'est en fonction de cette même complémentarité que le rôle social de la femme se définit. On se contente de s'attaquer aux effets discriminatoires qu'entraîne cette répartition des tâches entre les deux sexes, en ne s'interro-

---

[6] Ces cercles se constituent aussi dans les écoles. Le plus sélect est le cercle Notre-Dame qui recrute essentiellement les bachelières de Marguerite-Bourgeoys. Son programme est presque l'équivalent d'un programme universitaire en sciences sociales. Les cours préparent les bachelières à devenir des travailleuses sociales. Ce cours sera intégré presque dans son entier au programme universitaire lorsque l'Université de Montréal ouvrira son école de service social. Le cercle d'études représente un complément de formation pour les bachelières.

geant pas sur le sens de cette inégalité et les réflexions de ces féministes ne sont pas orientées vers une recherche des causes profondes de l'oppression des femmes[7].

Idéologiquement, la FNSJB s'alimente au *féminisme social* qui surbordonne la lutte pour les droits de la femme aux larges réformes sociales considérées comme les plus urgentes — telles la lutte contre l'alcoolisme, la mortalité infantile, etc. —, au *féminisme chrétien*, inspiré de la doctrine sociale de l'Église et à un *féminisme de revendication* politique plus directement relié à la tradition libérale.

Les intérêts de classe des femmes membres de la FNSJB vont singulièrement restreindre le contenu et la portée de leur combat spécifique en tant que femmes. Au problème de l'infériorité dans laquelle on maintient le sexe féminin, de même d'ailleurs qu'à tous les autres maux sociaux, elles n'envisageront que des solutions réformistes et légalistes. Au cours de la période étudiée, nous constaterons que la Fédération s'éloignera graduellement des revendications politiques et professionnelles les plus controversées, se dégagera des influences du mouvement de réforme progressiste et s'inspirera de plus en plus du féminisme chrétien.

Malgré tout, le contenu contestataire et progressiste de l'idéologie de la FNSJB va permettre d'ébranler certains des préjugés les plus tenaces; par son action, la Fédération ouvre la voie à l'émancipation des femmes aux niveaux politique et juridique. C'est là toute la signification politique de ce féminisme.

## 2 — Les luttes sociales

Ce sont les « oeuvres de charité » qui correspondent le plus à l'idéal traditionnel de l'action sociale féminine; cette appellation revêt aux yeux de la Fédération un sens plus dynamique qu'une simple redistribution symbolique des richesses d'une classe sociale à l'autre et s'inscrit dans le champ plus vaste des luttes sociales. Les préoccupations de la première période que nous examinons (1907-1920) vont de pair avec le féminisme réformiste et diffèrent passablement des priorités de la deuxième période (1920-1933).

---

[7] Voir les articles d'un antiféministe virulent, ceux de Henri Bourassa, qui, dans *Le Devoir*, ne se lassera jamais de dénoncer toute forme de féminisme, radical autant que modéré. Probablement à cause du caractère chrétien de son féminisme, la FNSJB obtient une colonne dans ce journal pour la diffusion des activités de ses associations.

La rationalisation de la charité face aux problèmes gigantesques de pauvreté dans les milieux industrialisés a eu partout un grand impact sur l'orientation des organisations féminines et a même suscité l'apparition d'une nouvelle fonction prestigieuse pour les bourgeoises, celle de travailleuse sociale[8]. La philanthropie scientifique qui essayait de remédier aux problèmes par une observation minutieuse de la situation, par une supervision personnelle de l'administration de l'aide et par une insistance sur la réhabilitation possible des victimes de la pauvreté, était encore relativement nouvelle pour les femmes d'oeuvres parmi la bourgeoisie francophone[9]. À ces dernières, la FNSJB a probablement ouvert de nouvelles portes sur la pratique de la charité, et par association inévitable, sur le féminisme social par le biais du mouvement de réforme urbaine. De cette manière, les luttes sociales du MLCW et de la FNSJB se recoupent d'assez près jusque dans les années vingt.

Fidèles à la définition de l'action féminine qui veut que la femme s'occupe presque exclusivement des problèmes touchant la famille et le foyer, les membres de la Fédération appuient fortement toute oeuvre qui a pour but de sauvegarder les enfants et le foyer. Ainsi, des liens étroits sont créés entre la Fédération et l'hôpital Sainte-Justine pour les enfants. *L'Oeuvre de la Goutte de lait*, établie pour tenter de diminuer le taux de mortalité infantile qui est parmi les plus élevés en Amérique du Nord, bénéficie de son aide lors de campagnes de financement ou de publicité[10]. La FNSJB fonde elle-même au moins 17 comités de *Goutte de lait* pendant la guerre et organise des conférences sur l'hygiène.

On assiste à la mise sur pied de deux comités chargés d'aider la mère de famille lors de son accouchement. Comme la Fédération considère que chaque classe a ses besoins spécifiques, les mères ouvrières

---

[8] William O'Neill, *The Woman Movement: Feminism in the United States and England* (Londres, Allen & Unwin, 1969), chapitres 2 et 3. Également du même auteur, on peut consulter *Everyone was Brave: The Rise and Fall of Feminism in America* (Chicago, Quadrangle, 1969). — Voir aussi, E. Flexner, *Century of Struggle. The Woman's rights Movement in the United States* (New-York, Atheneum, [1974]), chapitre 15. Enfin, terminons par le livre de William Chafe, *The American Woman. Her Changing Economic, Political and Social Roles, 1920-1970* (New York, Oxford University Press, 1972), chap. 15-18.

[9] Pour une énumération des organisations féminines charitables existant au Québec, au début du siècle, on peut consulter le livre publié par le Conseil national des Femmes du Canada, intitulé *Femmes du Canada, leur vie, leurs oeuvres* (Ottawa, Ministère de l'Agriculture, 1900).

[10] Terry Copp, *Classe ouvrière et pauvreté — Les conditions de vie des travailleurs montréalais, 1897-1929* (Montréal, Boréal Express, 1978), chap. 6.

sont assistées dans la maternité par l'oeuvre de charité dite l'*Assistance maternelle*. Fondée en 1909, elle se propose de venir en aide à la « ... légion de jeunes mères murées dans une existence étroite ... entre les classes privilégiées et les classes déshéritées ... » qui s'épuisent dans des accouchements rapprochés et qui, sans aide ménagère adéquate, se relèvent trop vite de leurs couches [11].

Pour les autres mères qui ont les moyens de se payer une aide maternelle à l'accouchement, on fonde, dix-huit ans plus tard, le « Comité des aides maternelles ». En effet, Marie Gérin-Lajoie est persuadée qu'une des causes du taux élevé de mortalité infantile est l'accouchement à l'hôpital. Sa volonté de garder la mère au foyer lui fait déclarer devant la Commission des assurances sociales de Québec (Commission Montpetit) que le meilleur moyen d'aider les familles dans le besoin n'est pas la construction de nouveaux hôpitaux, mais le secours direct aux mères:

> Je vous demande ... de ne favoriser aucun mouvement qui entraînerait la femme vers l'hôpital au lieu de rester au foyer. Même de son lit de souffrance, une mère peut diriger sa maison et voir à ce que tout aille bien [12].

Un autre grand champ d'action de la FNSJB est la lutte antialcoolique. D'ailleurs, on conçoit mal une organisation féminine de cette époque qui ne se prononce pas sur ce problème qui, croit-on, est à la base de la pauvreté et du vice, et ce d'autant plus que l'alcool est l'ennemi numéro un du bonheur des familles et de la paix du foyer, domaine primordial de la femme. Dès sa fondation, la FNSJB collabore avec le MLCW afin de faire réduire le nombre de débits de boissons dans la ville et formule un projet de loi pour limiter l'octroi des permis. Preuve de l'appui populaire pour la lutte antialcoolique, ce projet est appuyé par une pétition de 60,000 noms. Chaque année, le « comité de tempérance » renouvelle la bataille, souvent de pair avec les autres organisations de tempérance, telles la Women's Christian Temperance Union (WCTU). Ainsi en 1910, lors des élections municipales de Montréal, un grand appel est lancé à la solidarité féminine, afin que toutes les femmes qui possèdent le droit de vote appuient les candidats prônant le programme de

---

[11] Madeleine Huguenin, « L'Assistance maternelle », *Deuxième congrès de la Fédération Nationale Saint-Jean-Baptiste* (Montréal, Paradis, Vincent et Cie, 1909), 16.

[12] Texte de la déclaration de Marie Gérin-Lajoie, reproduit dans *Le Devoir* du 27 janvier 1931.

la Ligue antialcoolique. Ce phénomène est intéressant car il illustre bien la croyance qu'ont les féministes de cette époque dans le rôle régénérateur de la femme et dans la possibilité d'un vote solidaire des femmes.

Elles ont en outre combattu la traite des blanches. Il est difficile de savoir si celle-ci avait une importance considérable à Montréal et au Québec, mais un fait n'en est pas moins certain, c'est qu'elle a terriblement exalté l'imagination des bourgeoises, autant de la FNSJB que du MLCW. La FNSJB organise un comité de surveillance aux gares où, prétend-on, le recrutement se fait et on envoie des lettres à des curés du Bas-du-Fleuve leur fournissant la liste des foyers vers lesquels ils doivent diriger les jeunes filles en partance pour la ville afin de les protéger.

D'autres questions, telles le paiement aux épouses du salaire des maris prisonniers, l'assistance médicale aux chômeurs, la création de tribunaux pour l'enfance, le logement ouvrier, la présence de femmes policiers aux postes de police et la lutte contre la tuberculose, ont retenu l'attention de la FNSJB à différents moments. Comme les autres organisations féminines la Fédération participe à l'effort de guerre en fondant la section française de la *Croix-Rouge* et du *Fonds-Patriotique*.

Après la guerre, la lutte contre le cinéma mobilise très longtemps une partie des effectifs de la Fédération, qui s'interroge sur la valeur morale du cinéma et sur la pertinence d'en interdire l'accès aux enfants. L'incendie du cinéma Laurier, en 1927, dans lequel périrent soixante-dix-sept enfants, ne fait que raffermir leur position. La même année, la Fédération envoie une requête au premier ministre Taschereau lui enjoignant de légiférer sur la fermeture des cinémas le dimanche et sur l'interdiction de l'entrée aux enfants. Entre-temps, on lutte aussi bien contre les affiches immorales à l'entrée des théâtres et des cinémas que contre la mode indécente. Dans cette action, la FNSJB emboîte le pas aux milieux cléricaux qui essaient d'instaurer un puritanisme rigide [13].

Quoique la coupure que nous avons décelée entre la première période (1907-1920) et la deuxième (1920-1933) ne soit pas très radicale et ne s'opère qu'au cours des ans, on peut néanmoins constater un changement d'orientation dans la pratique de la charité et de l'action sociale. Ce changement est relié au sort de la Fédération à long terme. L'action de la FNSJB, dans ses premières années d'existence, ressemble à celle des

---

[13] Voir, par exemple, l'article de l'abbé Philippe Perrier «Contre le cinéma, tous», *L'Action Française* (février 1927).

autres mouvements de réforme à Montréal, quelle que soit leur appartenance ethnique ou religieuse. Cependant, après la guerre, on remarque de
moins en moins d'affinité avec les organisations non-catholiques, qu'elles
soient féministes ou réformistes, et un attachement de plus en plus solide
à la pensée sociale catholique et aux milieux cléricaux. La Fédération a
permis à des laïques de se pencher sur des problèmes sociaux et de mener
un bénévolat plus prestigieux et mieux structuré, domaine auparavant
largement dominé par les communautés religieuses. Vingt ans plus tard,
leur pratique d'un certain réformisme sera solidement encadrée par
l'Église.

## 3 — Les luttes pour la conquête de droits égaux

C'est l'absence de droits égaux qui a amené les féministes à considérer leur statut juridique et politique comme la source même de leur
oppression en tant que femmes. De grandes luttes se mèneront donc pour
l'obtention du droit de vote à tous les paliers, pour l'accès à des professions et à l'enseignement supérieur traditionnellement réservés aux hommes et pour l'abolition de la discrimination au niveau juridique. Nous
allons, dans cette partie, dégager successivement l'essentiel de ces luttes
qui ont été pour la plupart commencées sour l'instigation du MLCW puis
poursuivies conjointement avec la FNSJB.

Au tournant du siècle, aucune Canadienne ne possède le droit de vote
aux niveaux fédéral et provincial, mais les veuves et les célibataires
contribuables peuvent voter aux élections municipales, et au Québec, la
loi permet à tous les propriétaires de voter et d'être éligibles au poste de
commissaire d'école [14]. Les féministes estiment en outre que leur participation au niveau scolaire est essentielle car:

> [ . . .] l'inspection des écoles par des gardes, la santé des enfants, la
> direction des filles sont des questions qui concernent principalement
> les femmes [15].

La lutte pour l'obtention du suffrage au niveau municipal sera l'une
des plus importantes et ce, d'autant plus que la plupart des féministes

---

[14] Pour obtenir plus de détails, on peut consulter les deux ouvrages suivants: C. L.
Cleverdon, *The Woman Suffrage Movement in Canada* (Toronto, University of Toronto
Press, 1950, [1974]), 324 p. et Micheline Dumont-Johnson, «Histoire de la condition de la
femme dans la province de Québec», *Tradition culturelle et histoire politique de la femme
au Canada*. Études préparées pour la Commission royale d'enquête sur la situation de la
femme au Canada, no 8 (Ottawa, Information Canada, 1975).

[15] *Minutes de l'assemblée des déléguées*, 6 novembre 1915, Archives FNSJB.

sont grandement engagées dans le mouvement de réforme urbaine. Lorsque le Conseil municipal de Montréal tente, en 1902, de retirer ce droit aux 4,804 femmes locataires qui en jouissent, Marie Gérin-Lajoie au nom du MLCW adresse une requête aux échevins et au maire revendiquant la conservation de ce droit. Les locataires montréalaises (veuves et célibataires) purent continuer à exercer leur droit de vote et conséquemment les élections de 1904 suscitèrent une grande participation féminine.

Dans la lutte pour l'obtention du droit de vote au niveau fédéral, le rôle des féministes canadiennes-françaises n'a pas été prédominant, mais elles ont généralement appuyé toutes les actions menées en ce sens. La Fédération s'est particulièrement mobilisée sur cette question en 1917 lors de l'adoption de la Loi des élections en temps de guerre qui n'accordait le droit de vote qu'aux parents de soldats. Marie Gérin-Lajoie écrit à ce moment:

Les femmes voteront en raison des liens qui les rattachent aux soldats du front; de sorte que le suffrage est moins un privilège qu'on leur concède qu'un droit accordé aux soldats de voter plusieurs fois par l'intermédiaire de parentes [16].

Il devenait, croyait-elle, de l'intérêt même des opposants du suffrage féminin au Québec de réclamer son extension à toutes les femmes du Québec afin qu'elles puissent «devenir une aide précieuse dans l'orientation de la politique nationale», et qu'elles manifestent leur opposition à la conscription. Cette loi est dénoncée à la fois pour des motifs féministes et nationalistes.

Sur la scène provinciale, s'esquissent de vastes campagnes d'opposition aux démarches des féministes [17]. Afin de relancer le mouvement au Québec, Marie Gérin-Lajoie propose en 1921 la création d'un nouveau comité unissant Anglaises et Françaises: l'année suivante est fondé le Comité provincial pour le suffrage féminin. La participation de la FNSJB à ce comité est de courte durée car Marie Gérin-Lajoie doit céder aux pressions de l'Église et abandonner la présidence du comité.

[16] Marie Gérin-Lajoie, « La femme peut devenir une aide précieuse dans l'orientation de la politique nationale», *La Bonne Parole* (décembre 1917): 1.
[17] Le mouvement anti-suffragiste s'est manifesté sous de multiples formes: les éditoriaux enflammés de Henri Bourassa, l'opposition des Jésuites et des Oblats (copie d'une lettre de M. Gérin-Lajoie à la Vicomtesse de Vélard, 24 août 1922, Archives SNDBC), celle de l'Action Catholique, «Leur Ambition», *L'Action Catholique* (26 avril 1922), celle de groupes de femmes mis sur pied pour lutter contre le suffrage, *La Presse* (3 février 1921) et enfin, celle de la majeure partie des évêques québécois.

La vaste campagne antisuffragiste amène des catholiques à croire que préconiser le vote des femmes va à l'encontre de la doctrine de l'Église. Marie Gérin-Lajoie entreprend donc des démarches auprès des évêques québécois afin de les rallier à la cause du suffrage. Devant leur refus, elle participe au congrès de l'Union internationale des ligues catholiques féminines à Rome [18]. Elle y demande des directives précises sur l'attitude à adopter, vu l'opposition cléricale. Ce congrès confirme que l'exercice du suffrage électoral pour les femmes n'est pas incompatible avec la doctrine catholique. Toutefois une résolution stipule que toute nouvelle initiative sur le terrain du suffrage féminin devra être approuvée au préalable par l'épiscopat. La FNSJB devient ainsi soumise à la volonté de son évêque.

La question de l'accès aux professions et à l'éducation supérieure intéresse particulièrement les féministes. Cependant, sur la question de l'instruction obligatoire, les positions divergent parfois. La FNSJB suit une ligne d'action très prudente qui lui est dictée par son souci de ne pas contrarier le clergé qui s'y oppose fermement. Lorsqu'en 1909 un article de la journaliste Françoise (Robertine Barry) est censuré, suite aux pressions de Mgr Bruchési, cette dernière, dans une lettre de protestation, écrit à Marie Gérin-Lajoie:

> Je reconnais que vous avez besoin pour le triomphe de la Fédération de cette force, toute-puissante en notre pays, qu'est le clergé. Sacrifiez-lui des holocaustes. Je souhaite seulement qu'il ne vous en demande d'autres plus dures encore comme de renoncer, par exemple, au suffrage féminin. En attendant, je vous plains car, en me sacrifiant, vous allez contre ce sentiment de droiture, de loyauté, de justice, que j'ai toujours admiré en vous puisque de votre aveu vous n'avez rien vu de répréhensible à ce que j'ai écrit [19].

Cette analyse de l'influence du clergé sur la Fédération s'est avérée quasi prophétique quand on songe qu'en 1922, la lutte pour le suffrage a dû être abandonnée à cause des pressions du clergé.

---

[18] Voir les lettres des évêques de Québec, Chicoutimi, Trois-Rivières et Rimouski à Marie Gérin-Lajoie, février-mars 1922, Archives SNDBC.

[19] Françoise à Marie Gérin-Lajoie, 23 juillet 1909, *in* dossier *Congrès 1907-1909*. — Aussi Mgr Bruchési à Marie Gérin-Lajoie, 9 juillet et 5 août 1909, *in* dossier *Mgr Bruchési, Deschamps et autres*, Archives FNSJB. Une décennie plus tard, Marie Gérin-Lajoie a signé une pétition en faveur de l'instruction obligatoire.

Les projets de la Fédération face à l'éducation comportent, d'une part, la revendication en faveur de l'instruction supérieure et universitaire et, d'autre part, la mise sur pied de cours ménagers. Le premier aspect préoccupe particulièrement Marie Gérin-Lajoie qui est active dans la lutte pour la fondation de l'École d'enseignement supérieur pour jeunes filles (qui devient le Collège Marguerite-Bourgeoys en 1924). De vaines luttes se mènent pour l'admission des femmes à l'exercice de la médecine, de la comptabilité, et plus particulièrement, pour leur admission au Barreau.

Toutefois, ces revendications rejoignaient les aspirations et les intérêts d'une minorité de femmes. Conscientes de ce fait, les féministes formulent pour les femmes des autres classes de la société des projets d'éducation aux visées beaucoup plus traditionnelles. La forme d'éducation pour les filles d'ouvriers et de cultivateurs sera celle qui les préparera le plus adéquatement à remplir toutes les tâches ménagères dévolues aux femmes, c'est-à-dire une formation dans les arts domestiques. Ceci conduit la FNSJB à soutenir l'École ménagère de Montréal, projet s'inscrivant dans le sens d'une professionnalisation du travail ménager [20]. Malgré le caractère éminemment traditionnel de l'entreprise, l'école s'attire l'hostilité de certaines mères de famille: la fondatrice, Caroline Béique, raconte qu'on l'accusait de faire fausse route et d'insulter de la sorte les mères canadiennes [21].

L'éducation comme moyen d'émancipation des femmes ne leur semble donc pas désirable pour toutes les Québécoises. La formulation de ces deux projets d'éducation différents correspond aux rôles sociaux respectifs qu'on veut attribuer aux filles de la bourgeoisie et aux filles de la classe ouvrière. En outre, ces projets témoignent non seulement des différences entre les classes, mais aussi de l'opposition entre le rôle de la femme tel que perçu par l'idéologie conservatrice (école ménagère) et l'idéologie réformiste (enseignement supérieur).

L'absence de droits juridiques égaux est une composante fondamentale de la situation des femmes au début du siècle. L'incapacité juridique de la femme mariée était le principe sur lequel reposait toute l'organisation

---

[20] Elle est la seule école ménagère catholique dirigée par des laïques du moins jusqu'en 1919. Abbé O. Martin, «Les Écoles Ménagères. Quelques statistiques», *Almanach de l'Action sociale catholique 1917-1922* (Québec, Ateliers typographiques de l'Action sociale Ltée): 118-120. Pour l'historique des écoles ménagères, on peut aussi consulter l'article de Lucien Lemieux, intitulé «Fondation de l'École ménagère de Saint-Pascal 1905-1909», RHAF, XXIV, no 4: 552-557.

[21] Mme F.-L. Béique, *Quatre-vingts ans de souvenirs. Histoire d'une famille* (Montréal, Valiquette, 1939), 246.

familiale; seules les veuves et les célibataires jouissaient de leur pleine capacité civile. Dès 1902, Marie Gérin-Lajoie avait publié un *Traité de Droit usuel,* vulgarisation et simplification du droit civil et constitutionnel. Ce livre était destiné à un large public et en fait, selon les souhaits intimes de son auteur, spécialement aux femmes. Ses connaissances juridiques la font reconnaître comme la personne-ressource des féministes pour cette question. De nombreuses luttes ont été entreprises sous son instigation [22].

Une réforme globale du Code civil de la province de Québec s'avérait essentielle. Réclamée à de fréquentes occasions, cette demande ne fera l'objet de considérations qu'en 1929 lorsque le gouvernement Taschereau acceptera de mettre sur pied une commission chargée de reviser les droits civils des femmes: c'est la Commission Dorion. Malgré leur demande les femmes ne réussissent pas à siéger à cette Commission; tout au plus consent-on à créer un sous-comité de dames. Marie Gérin-Lajoie y prend la défense de la communauté légale. Le type même de modifications qu'elle préconise pendant plus de vingt ans, vise d'abord et avant tout à minimiser les effets et conséquences de cette incapacité juridique de la femme mariée: elle ne s'attaque pas directement à ce problème, ni au fait que l'incapacité demeure la règle générale pour les femmes mariées. S'attaquer ouvertement à ce principe d'incapacité aurait exigé une conception nouvelle de la famille, et cette institution n'a pas été remise en cause par les féministes bourgeoises du début du siècle qui y demeurent attachées.

En somme, les divers points sur lesquels ont porté les luttes pour les droits égaux, démontrent un niveau de conscience féministe relativement élevé. Toutefois, le refus de reconsidérer le rôle traditionnel des femmes

---

[22] Notons que la FNSJB, de concert avec d'autres organisations féminines, participe à de grandes batailles juridiques: en 1908, elle lutte contre un projet visant l'abolition de la loi du Homestead de 1897 (cette loi protège les femmes de colons en empêchant le mari d'aliéner sans leur consentement le patrimoine familial); en 1915, elle appuie la loi Pérodeau (qui inclut la femme à titre d'héritier au troisième degré, en cas de décès de l'époux sans testament); et enfin, lutte pour obtenir une modification de la Loi des Banques concernant les dépôts des femmes mariées (cette modification vise à faire passer le montant de dépôt autorisé aux femmes mariées en communauté de biens de $500. à $2,000. et permet à la femme seule de retirer cet argent), entreprise couronnée de succès en 1923. Ce dernier amendement apparaît comme une revendication très spécifique d'un groupe restreint de femmes assez fortunées pour être en mesure de déposer plus de $500. en banque alors que le salaire moyen d'une Montréalaise, selon le recensement du Canada, est de $587. en 1921.

et la formulation de projets d'émancipation à caractère bourgeois ont grandement limité le contenu et la portée de leurs demandes.

## 4 — L'organisation du travail féminin

La création à la FNSJB d'un secteur d'activité concernant le travail féminin témoigne que la participation des femmes à la production est un phénomène irréversible et révèle une certaine inquiétude de la bourgeoisie à ce sujet. Craignant une dislocation de la famille traditionnelle et voulant, par là, protéger le rôle premier des femmes en tant que reproductrices, on s'intéresse aux travailleuses d'abord et avant tout pour préserver leur vocation de mères et d'épouses.

La forme particulière d'organisation ouvrière fondée par la FNSJB s'établit à une époque où le syndicalisme est en croissance au Québec. Son idéologie féministe et réformiste bourgeoise s'exprime dans la structure et le contenu de l'association professionnelle. L'identifiant à une «famille élargie», et rejetant la lutte des classes, on en propose la définition suivante:

> [...] la réunion des personnes de même métier ou profession, qui par la mise en commun de leurs petites énergies individuelles, veulent acquérir une force collective suffisante pour opérer dans leur situation économique les améliorations désirables, pour obtenir le développement intellectuel nécessaire et trop facilement comprimé par le labeur quotidien, pour augmenter en elle-même le trésor de vie morale déposé en leur âme par l'Église et dont les associations professionnelles catholiques sont des foyers protecteurs effectifs et reconnus. [...] Hâtons-nous d'y enrôler les nôtres avant que les syndicats neutres, socialistes et franchement anticléricaux ne soient devenus une force trop grande [23].

Il faut relever la classe ouvrière féminine et en faire surgir une élite de travailleuses. On dissocie fermement l'association professionnelle d'un syndicat proprement dit qu'on assimile exclusivement à la protection des intérêts économiques de ses membres:

> [...] cette petite allure agressive ne convenait nullement au rôle pacifique que doit remplir la femme en économie politique, même lorsqu'il s'agit pour elle, de faire valoir de justes revendications.

---

[23] Évangéline Zappa, «Les associations professionnelles féminines», *La Bonne Parole*, (août 1915), 4, 6.

L'appellation de syndicat ne rencontra point l'assentiment général des esprits, et fut rejetée [24].

Cette formule tient compte de la double fonction de la travailleuse «laquelle étant femme, doit se mouvoir à la fois dans la famille et dans la profession» [25].

Hantées comme leurs contemporains par le spectre du syndicalisme révolutionnaire, les membres de la Fédération entendent récupérer une partie du mouvement ouvrier pour y empêcher toute infiltration socialiste. Les associations ont un caractère confessionnel et ont toutes à leur direction un chapelain; leur non-agressivité répond au souci de ne pas effrayer le patronat par des revendications économiques trop radicales, ce qui aurait nui au prestige de la FNSJB [26].

En dépit de cette optique axée sur une perception harmonieuse des relations entre le capital et le travail, la création des associations professionnelles s'attire une grande suspicion de la part des autorités cléricales et nationalistes. Enfin, autant par leur idéologie que par leurs moyens d'action, les associations professionnelles se démarquent nettement du syndicalisme politique et du syndicalisme d'affaires.

Établies pour améliorer les relations tendues entre les patrons et leurs employées, les associations professionnelles regroupent diverses catégories de travailleuses, sur une base catholique et canadienne-française: employées de manufactures, employées de magasins, employées de bureau, servantes, institutrices et même «femmes d'affaires». Chaque association ou presque jouit de la «protection» d'un comité de dames patronnesses, indice significatif de l'idéologie bonne-ententiste de la FNSJB. Mme Albert Dupuis, épouse du propriétaire de «Dupuis Frères», préside le comité des dames patronnesses de l'Association professionnelle des employées de magasins, alors que Mme Damien Rolland, épouse du président de l'Association des manufacturiers canadiens, assume la direction de celui de l'Association professionnelle des employées de manufactures. Politique qu'on croit habile puisque dans l'esprit de Marie Gérin-Lajoie,

---

[24] Marie-Claire Daveluy, «Caractère des associations professionnelles», *La Bonne Parole*, (avril 1917), 23.

[25] *Ibid.*, 23.

[26] Marie Gérin-Lajoie (fille), «Le syndicalisme féminin», extrait d'un cours donné à la Semaine Sociale de 1921 et reproduit dans le livre de Michèle Jean, intitulé, *Québécoises du 20ᵉ siècle* (Montréal, Éditions du Jour, 1974), 103-116.

[. . .] ayant avec nous et pour nous les femmes de nos Patrons, nous pourrions plus sûrement être entendues et il serait sans doute plus facile de faire passer certaines réformes dans notre travail. [27].

Ces associations, qui sont en quelque sorte des sociétés d'entraide, offrent à leurs membres, en plus du respect de leur croyance religieuse, toute une série de cours ménagers et professionnels en conformité avec leur vocation première et, dans certains cas, les bénéfices d'une caisse de secours en cas de maladie. Toutefois, l'établissement de tels cours s'organisera toujours en fonction de ce qu'on croit être les intérêts professionnels immédiats de la travailleuse. Au fil des années, les associations abandonneront progressivement leurs préoccupations à l'endroit de l'instruction professionnelle de leurs membres au profit d'un intérêt plus marqué dans l'institution des cours ménagers et ceci, à la mesure de l'évolution et du déclin de la FNSJB. Si les employées de bureau, de magasins et de manufactures bénéficient de secours en cas de maladie, cette aide ne réussira à rejoindre que peu d'associées.

Malgré cette soumission évidente de leurs activités à l'idéologie de la femme au foyer, chaque association s'est d'une façon ou d'une autre consacrée à la défense des intérêts économiques de ses membres. L'Association professionnelle des employées de magasins lutte surtout pour l'utilisation de sièges par les vendeuses et la fermeture des magasins tôt dans la soirée. L'Association professionnelle des employées de bureau obtient en 1912, grâce en bonne partie aux efforts de Marie Gérin-Lajoie, le rappel d'un projet de loi qui aurait fermé aux femmes la carrière de sténographe à la Cour Supérieure.

L'Association professionnelle des employées de manufactures (APEM), fondée en janvier 1907, est la plus dynamique et la plus considérable des oeuvres économiques de la FNSJB. Au moment de son affiliation à la Fédération, en mai 1907, ses effectifs se chiffrent déjà à 471 membres qui proviennent de la Dominion Textile d'Hochelaga, de la fabrique de chaussures Tétreault et de la maison de confection John P. Black, entre autres. Elle enrôle principalement des contremaîtresses des grandes maisons industrielles, ce qui cadre bien avec l'élitisme qui guide la FNSJB.

Il faut que notre coeur se fonde dans notre association, il faut en faire une association d'élite, par leur éducation et leur entraînement c'est de faire surgir l'élite. Elle soulève les autres et les élève dans

―――――――――
[27] *Premier livre des minutes de l'Association professionnelle des employées de manufactures. 17 février 1907-13 septembre 1908* (21 novembre 1907), Archives FNSJB.

les classes de la société. Celles-là, ne les arrêtons pas, ne les jalousons pas, ce sont elles qui élèvent la condition de la femme qui travaille [28].

L'APEM lutte pour l'observance des fêtes religieuses par les patrons, réalise des enquêtes sur le travail des femmes, inaugure une Fête du travail féminin en 1908 [29] et fait des pressions afin qu'on remédie à l'installation défectueuse de la lumière artificielle dans les filatures de coton d'Hochelaga; elle demande que les hommes soient séparés des femmes en leur attribuant des départements respectifs et que des contre-maîtresses surveillent les femmes au travail. Elle insistera aussi en 1915 pour que soient affichés les noms des inspectrices de manufactures.

Elle craint beaucoup l'influence du syndicalisme international sur ses membres. Une partie de ses effectifs qui travaille dans les buanderies en 1913 refuse de changer d'allégeance au profit d'une union internatio-nale, l'International Union Landry Workers [30], indice de son rejet de cette forme de syndicalisme. Cette association ne se transformera jamais en syndicat: en 1932, elle devient la Société des Ouvrières catholiques (SOC), autre dimension de la subordination définitive de la FNSJB envers le clergé.

L'Association des institutrices catholiques, section de Montréal, groupe une cinquantaine d'enseignantes et travaille de concert avec les institutrices anglophones. Cette association en 1921, suite aux pressions des commissaires d'écoles, constitue la section féminine de l'Alliance catholique des professeurs de Montréal.

Si les bourgeoises ont été parmi les premières à s'intéresser à la promotion des droits des femmes, elles le doivent en partie à des condi-tions matérielles leur permettant de se libérer des tâches ménagères par l'engagement de domestiques. L'acuité de ce qu'elles ont appelé la crise domestique nous permet de cerner la véritable nature de classe de leurs revendications [31].

---

[28] *Deuxième livre des minutes de l'Association professionnelle des employées de manufactures. 20 septembre 1908-7 mars 1912* (20 février 1910), Archives FNSJB.

[29] *Ibid.* (4 septembre 1910). La foule a été évaluée entre 12,000 et 20,000 ouvrières. Voir *Le Devoir* et *La Patrie* du 6 septembre 1910. Cette fête est supprimée après 1913.

[30] *La Gazette du Travail* (octobre 1913): 465.

[31] Joséphine Marchand-Dandurand, Robertine Barry et surtout, lady Lacoste, ont été des bourgeoises très préoccupées par la crise domestique. À cet effet, la lecture du *Journal-Mémoires de Madame Raoul Dandurand 1879-1900*, d'un article de Françoise, « Le congrès féminin », *Le journal de Françoise* en date du 15 juin 1907 et du *Journal intime* de lady Lacoste nous permet de mesurer, entre autres, l'intensité de l'intervention respective de ces femmes dans ce domaine.

La fondation en 1908 de la *Société des aides-ménagères* vise à aider les dames de la FNSJB, entre autres, à se recruter de meilleures domestiques et à améliorer la qualité de leurs services. La mort de cette société en 1911 s'explique par la mobilité des servantes et les difficultés de recrutement qui en découlent. Les dames de la Fédération n'ont pas songé à remettre en cause la pertinence d'offrir à leurs domestiques, comme loisirs, des cours d'art ménager. . .

Se définissant comme une association féminine commerciale appelée à guider la femme dans la conduite des affaires, l'*Association des femmes d'affaires* aspire à former une élite féminine dans le monde commercial, entend lui fournir un centre d'étude sur des questions économiques du ressort des femmes tout en développant leurs intérêts moraux et professionnels. C'est autour d'une revendication précise qu'elle concentre ses efforts: prenant la défense du petit commerce soumis à une concurrence déloyale de la part des grands magasins, elle obtient un amendement d'exception à la loi nouvelle adoptée en faveur de la fermeture de bonne heure des magasins. Comme nous le voyons, les revendications de cette dernière association entrent en contradiction avec celles de l'Association professionnelle des employées de magasins.

La FNSJB, dans le mémoire qu'elle a présenté à la Commission royale d'enquête sur la formation industrielle et l'enseignement technique en 1911, dévoile l'une des contradictions majeures de son idéologie: tout en demandant l'égalité politique pour les femmes, elle préconise l'établissement d'une législation protectionniste à l'égard du travail féminin. Les membres de la Fédération ne semblent pas considérer, contrairement à leurs consoeurs anglophones, que le protectionnisme contient implicitement l'institutionnalisation de la marginalité du travail féminin et la consécration des bas salaires octroyés aux femmes. Les démarches pour hâter l'application de la loi du salaire minimum pour les femmes, votée en 1919, s'inscrivent dans la même perspective. Une autre contradiction de l'attitude de la Fédération face au travail féminin est l'encouragement qu'elle donne au travail à domicile, entre autres, en créant un comité d'Assistance par le travail qui avait pour but de fournir du travail de couture à domicile aux chômeuses. Les conditions du travail à domicile sont souvent bien proches de celles du «sweating system», cependant la Fédération juge nécessaire d'encourager le premier et de dénoncer le second.

Le fléchissement des activités des associations professionnelles à partir de 1920 peut s'expliquer par l'appui que le clergé accorde aux syndicats catholiques naissants. Les associations auraient pu aboutir à la création de véritables syndicats féminins; mais de tels syndicats exclusivement féminins ne semblaient pas cadrer avec les conceptions que les autorités cléricales se faisaient du syndicalisme. La Fédération a tenté de concilier des intérêts aussi contradictoires que ceux de dames patronnesses, épouses de manufacturiers, avec ceux d'ouvrières; de domestiques avec leurs patronnes; de vendeuses avec leurs employeurs «femmes d'affaires». Il est probable que dans la direction bourgeoise des associations professionnelles réside l'explication de la faible portée de ces groupements de travailleuses et du contenu protectionniste et timoré de leurs revendications au niveau du travail féminin.

\* \* \*

Marie Gérin-Lajoie cesse toute activité à la FNSJB en 1933 après en avoir présidé les destinées pendant plus d'un quart de siècle. Son départ marque non seulement la régression de la Fédération en tant que regroupement des forces féministes, mais illustre l'impossibilité de survie à long terme, dans la société québécoise, de ce type d'association s'abreuvant simultanément à l'idéologie traditionnelle conservatrice et au réformisme.

Dès la naissance de la FNSJB, cette contradiction se manifeste clairement: pour se développer dans la société canadienne-française, le mouvement féministe doit se ménager des appuis, faire des alliances avec les représentants de l'idéologie officielle et plus particulièrement le clergé. Les alliances impliquant des compromis, les revendications centrées sur une plus grande autonomie des femmes dans la société sont subordonnées au maintien intégral de la famille et le refus d'y contester le rôle des femmes entraîne l'échec relatif de nombreuses revendications. Un des paradoxes de l'idéologie de la Fédération est d'avoir adhéré à une idéologie de la famille basée sur le conservatisme tout en réclamant des droits politiques pour les femmes. Cette composante de son idéologie, héritée du féminisme de revendication, l'amène à s'inscrire en faux contre l'idéologie dominante. L'abandon des luttes politiques par la Fédération consacre la victoire du féminisme chrétien, seul admissible dans l'idéologie conservatrice.

Le féminisme bourgeois engendre lui-même de nombreuses contradictions en opérant une division des membres de la société selon les sexes et non en fonction d'une position économique et de rapports de production, car cette idéologie affirme l'existence d'une solidarité «naturelle» des femmes entre elles. En conséquence, la FNSJB a tenté de regrouper des femmes d'appartenance de classes différentes au nom d'intérêts communs «féminins», ce qui l'a parfois amenée à adopter des positions qui paraissent incohérentes.

La perte d'influence de la FNSJB dans la société québécoise semble coïncider avec la démarcation qui s'effectue dans les années vingt entre les intérêts conservateurs et réformistes. L'émergence d'une part, d'associations féminines résolument catholiques et conservatrices, tels les Cercles de Fermières au cours de la deuxième décennie du siècle, et d'autre part, de groupements réformistes de femmes laïques, organiquement indépendants du clergé, telles La ligue des droits de la Femme et l'Alliance canadienne pour le vote des Femmes du Québec, témoigne de l'impossibilité de fusionner ces deux pôles de l'action féminine. La Fédération se retranche derrière son conservatisme catholique, tandis que d'autres organisations féminines charitables ou politiques continuent d'évoluer. Dès lors, on ne saurait s'étonner de voir la nouvelle génération de femmes bourgeoises militer davantage dans des associations autres que la FNSJB et de trouver cette dernière confrontée au délicat problème du vieillissement de ses effectifs.

Malgré l'histoire de sa récupération, dont les modalités sont propres à l'histoire du Québec, il est nécessaire de situer ce déclin du féminisme de revendication dans la perspective de celui du mouvement réformiste et féministe en Occident durant les années 20, et de ne pas sous-estimer l'influence de cette première génération de femmes qui ont joué le rôle d'éveilleuses de conscience dans une société sexiste.

# HENRI BOURASSA ET
# LA QUESTION DES FEMMES *

Susan Mann Trofimenkoff

Au cours des années 1960, les Canadiens anglais ont redécouvert Henri Bourassa et en ont fait un avant-gardiste, un prophète du bilinguisme et du biculturalisme, un baume pour la conscience canadienne harcelée qu'elle était par les signes de plus en plus nombreux d'insatisfaction au Québec. D'autres générations de Canadiens anglais l'avaient aussi connu. Surtout ceux qui avaient vécu au cours des années 1900, 1910. Ceux-ci voyaient en lui un traître à la cause du Canada; on le craignait, on s'en méfiait, on le détestait même. Dans les deux cas, la tendance de Bourassa à toujours s'opposer à la majorité faisait de lui une force avec laquelle il fallait compter, une force radicale d'ailleurs et ce, tant aux yeux des francophones que des anglophones. Par conséquent, l'image de Bourassa, qu'elle nous ait été transmise par nos grands-parents ou par nos professeurs, a toujours été celle d'un *rouge*.

Mais Laurier, qui le connaissait bien, avait appelé Bourassa un *castor rouge*. Les historiens ont en général attribué l'aspect *castor* de Bourassa à son ultramontanisme et se sont empressés de passer à des aspects plus passionnants de sa carrière. Il est peut-être temps d'examiner de plus près ce côté *castor* de Bourassa et où pourrait-on mieux le découvrir et l'étudier que dans ses attitudes par rapport aux femmes?

En trois occasions différentes, en 1913, 1918 et 1925, Bourassa trempa sa plume dans le vitriol pour dénoncer ce que la société moderne semblait vouloir faire à ses femmes. D'ailleurs, selon la logique de Bourassa, chaque occasion entraînait inexorablement la suivante; il aurait pu écrire tout ce qu'il avait à dire sur la «question des femmes» en 1913. Il attendit plutôt que les circonstances se présentent, s'empressa d'aller sous presse en grommelant sans doute «Je vous l'avais bien dit» puis, après 1925, n'écrivit plus un mot sur le sujet. Les trois questions qui

* Texte paru dans *Journal of Canadian Studies / Revue d'Études Canadiennes*, X, 4 (novembre 1975). Reproduit avec la permission de l'éditeur. La traduction est de Rose-marie Bélisle.

avaient suscité sa colère étaient le féminisme en 1913, le suffrage des
femmes en 1918 et le divorce en 1925. Dans chaque cas, les circonstances, les idées de Bourassa et les réactions suscitées par ces idées révèlent
une perception particulière des hommes et des femmes et un aspect
particulier, bien que partiel, de Bourassa le *castor*.

Des trois aspects de la « question des femmes » traités par Bourassa,
le féminisme avait le cadre géographique le plus vaste. Le féminisme
était « dans l'air » internationalement et tout lecteur de journal québécois
devait en avoir pris connaissance. Bien sûr, c'est le féminisme militant
qui recevait le plus de publicité; les suffragettes britanniques en étaient
aux beaux jours de leur recours à la « violence » et pas un seul détail
truculent n'était épargné au lecteur québécois [1]. Certaines suffragettes
britanniques les plus en vue étaient même venues à Montréal [2] faire des
discours et secouer un peu les timides coloniales. « Ne soyez plus soumi-
ses. Ne soyez plus dociles. Ne soyez plus raffinées. N'ayez pas peur de
vous faire remarquer », clamait Madame Barbara Wylie [3], à la plus
grande consternation des castors canadiens comme Henri Bourassa.

Cette « plaie des femmes », comme l'appelait la *Gazette* [4], finit par
s'abattre sur nos têtes. En février 1913, le Montreal Local Council of
Women organisa une exposition de deux semaines portant sur le suffrage;
en mars, un contingent canadien se rendit à Washington pour participer à
une marche en faveur du suffrage féminin [5]; en avril, la Montreal Suffrage Association fut fondée [6]; en mai, le National Council of Women
organisa des assemblées d'une semaine pour discuter, entre autres, du
suffrage et du statut légal des femmes du Québec [7]. Enfin, en novembre,

---

[1] *La Gazette* couvrit de façon exhaustive les activités des suffragettes londoniennes
en publiant presque quotidiennement des articles à la une au cours des mois de mars et
d'avril 1913. Les rares commentaires éditoriaux condamnaient le militantisme des femmes.
Voir aussi *Le Devoir*, 22 janvier, 28 janvier, 7 avril et 7 mai 1913.
[2] Mme Philip Snowden prit la parole à Montréal en déc. 1909, Mme Emmeline
Pankhurst en déc. 1911, Mme Barbara Wylie en nov. 1912, Mme Forbes-Robertson Hale
en déc. 1912. C. Cleverdon, *The Woman Suffrage Movement in Canada*, (2e édition,
Toronto, U.T.P., 1974), 221-222.
[3] Citée dans *ibid.*, 113 et aussi dans *Canadian Annual Review*, 1912, 305.
[4] Titre d'un éditorial, 5 avril 1913.
[5] *C.A.R.*, 1913, 736.
[6] Cleverdon, 221-222. Ironie du sort, cette association fut fondée le jour de la parution
du dernier article de Bourassa dans la série « Le suffrage féminin », *Le Devoir*, 24 avril
1913.
[7] *C.A.R.*, 1913, 471, 734.

le *Montreal Herald* eut l'audace de publier un numéro spécial sur la femme et de le faire vendre dans la rue par des femmes.

Au coeur de toute cette fièvre féministe, Bourassa écrivit, de son pupitre d'éditorialiste, une série d'articles qui répliquaient, d'une part, à la provocation d'une suffragette montréalaise mais qui lui permirent, d'autre part, de présenter ses arguments contre le féminisme et le suffrage[8].

Aux yeux de Bourassa, le féminisme était un autre de ces produits de l'étranger propres à semer l'agitation et la discorde au Canada français. Malgré tout son respect pour les principes politiques et constitutionnels britanniques, il trouvait parfaitement inutile cette récente exportation anglo-saxonne. Il retraça donc les racines du féminisme dans le protestantisme, l'inscrivit sous la rubrique du socialisme et le condamna en bloc, le considérant comme une menace pour la famille et la civilisation canadiennes-françaises. Voyez les pays où prospère le féminisme; on y voit, prétendait Bourassa, des ivrognesses, des filles-mères, des divorcées et des «faiseuses d'anges»[9]. Bien sûr, aucune de ces viles créatures n'existait au Québec! Ce qui existait, toutefois, au Québec et qui risquait le plus d'être ébranlé par le féminisme, était le vaste édifice idéologique qui s'élaborait depuis au moins les années 1840. Cette «idéologie officielle» avait fait du Québec un havre de culture dans un océan matérialiste, un modèle des plus hautes vertus religieuses, morales, éducatives et familiales. Et la gardienne de tout ceci était la femme. Que la femme change, et le féminisme allait sûrement la faire changer, et tout l'édifice s'écroulerait. Qu'adviendrait-il alors?

Il importait tellement de préserver cet édifice et la place qu'y occupait la femme, que Bourassa produisit tout un arsenal d'arguments destinés à écraser le féminisme. De la religion au ridicule, des principes à la décence, de lois soi-disant scientifiques à une aversion personnelle pour les pratiques politiques, tout y passa dans l'espoir que de cet amalgame ressorte une thèse irréfutable. Le plaidoyer fut pour le moins

---

[8] Mme Minden Cole avait dit, au cours d'un débat au Club des femmes de Montréal, que les femmes du Québec n'avaient pas suffisamment d'instruction pour faire bon usage du droit de vote. Malgré ses protestations (*Le Devoir*, 5 avril 1913) à l'effet que ses propos étaient cités hors contexte, Bourassa en fit le tremplin des deux premiers de ses quatre articles sur la question du suffrage: «Déplorable ignorance des Canadiennes françaises», *Le Devoir*, 31 mars 1913; «Éducation et instruction», *ibid.*, 5 avril 1913; «Rôle social de la femme — conception française et tradition anglaise», *ibid.*, 23 avril 1913; «Le suffragisme féminin — son efficacité, sa légitimité», *ibid.*, 24 avril 1913.

[9] L'euphémisme de l'époque, semble-t-il, pour désigner les avorteuses.

exhaustif. Ève s'y trouvait, à l'origine de tous les maux qui s'étaient abattus sur l'humanité à cause de son désir d'être l'égale de Dieu; la jupe s'y révoltait contre le pantalon et osait même devenir le pantalon; il s'y trouvait le principe immuable de l'ordre et de l'unité et, par conséquent, du rôle éternel et immuable qu'y tenait la femme; il s'y trouvait le propre sens du décorum de Bourassa qui se voyait offensé à l'idée que les femmes puissent prendre une part active à la vie publique [10]; il s'y trouvait les notions soi-disant scientifiques de l'époque, selon lesquelles chacun s'épanouissait en harmonie avec ses lois internes et naturelles, et, bien sûr, l'espace interne de la femme était son utérus; on y trouvait, enfin, le dégoût personnel de Bourassa pour la corruption, l'intimidation, le chantage et la grossièreté générale qui caractérisaient, à ses yeux, l'activité politique. Dès que les femmes auraient le droit de vote, elles seraient exposées à toutes ces horreurs.

Les arguments de Bourassa recèlent un certain nombre de singularités. D'abord, Bourassa possédait un sens aigu de l'histoire mais dont il ne faisait usage, semble-t-il, que lorsque celui-ci servait ses intérêts. Il argumentait d'emblée, par exemple, qu'à l'époque païenne le christianisme avait secouru la femme de son état d'esclave de l'homme, mais se refusait à pousser plus loin ce sens de l'histoire et à se demander si la position subséquente de la femme — sur son piédestal de pureté, de virginité et de spiritualité — ne méritait pas d'être révisée vingt siècles plus tard. Enfin, Bourassa connaissait apparemment bien peu de féministes et les comprenait encore moins. Car les féministes de son époque, qu'elles soient de la Grande-Bretagne, des États-Unis, du Canada ou du Québec n'auraient aucunement contesté le principe des différences *innées* entre les hommes et les femmes et de la supériorité des femmes dans les domaines de l'affection, de l'amour et du soin des enfants. D'ailleurs, elles ne demandaient accès au domaine public que pour faire profiter l'ensemble de l'humanité de toutes ces qualités.

Comme Bourassa partageait, en fait, un certain nombre des opinions des femmes qu'il décriait, il n'est pas étonnant de retrouver les mêmes idées dans les journaux et les prêches de l'époque. Les pages féminines

---

[10] J'ai l'impression que ceci découle du fait qu'à l'époque on appelait les femmes « les personnes du sexe ». L'épithète implique que les femmes représentaient le côté sexuel de la vie et, comme cet aspect des choses était tout à fait refoulé, il aurait été révoltant de le rendre public.

des journaux d'alors vantaient toutes la mère et l'épouse dévouée, casa-
nière, introspective, émotive, le coeur (et l'esprit) léger[11]. Fadette, dans
*Le Devoir,* mettait les femmes en garde contre le rêve féministe d'être la
rivale de l'homme[12]; Colette, dans *La Presse* sanctionnait la répartition
de la gent féminine en *femmes* (les vraies, dévouées à leur vocation de
mère, la parure de leur foyer), en *suffragettes* (les modérées, dans
l'erreur mais autorisées à exprimer leurs opinions) et en *furies* (les
suffragettes violentes qui avaient tout bonnement cessé d'être des femmes)[13]. Mêmes les lettres des lecteurs disaient que l'émancipation politique de la femme entraînerait le démembrement total de la société[14]. Ce
qui dut plaire encore davantage à Bourassa, ce fut la parution, quelques
années plus tard, d'une série d'articles sur le féminisme rédigés par le
théologien réputé Mgr L.-A. Pâquet. Non seulement Pâquet puisa-t-il à
toutes les sources théologiques possibles, mais il cita même Bourassa
pour dénoncer la liberté dont jouissaient les jeunes filles, l'audace avec
laquelle elles contestaient l'autorité de leurs parents, la facilité avec
laquelle elles se voyaient exposées à des doctrines et à des activités
opposées aux traditions familiales et même leur façon de se vêtir qui,
selon lui, faisait fi de toute décence[15]. Un peu plus loin, au Canada
anglais, Bourassa aurait découvert, s'il s'était donné la peine d'y jeter un
coup d'oeil, que les rédactrices d'une nouvelle revue intitulée *Canadian
Woman's Annual* propageaient la même vision de la femme «gardienne
de la vie, tutrice naturelle des enfants et créatrice du foyer»[16].

Avec tous ces gens qui répétaient les mêmes idées que lui, pourquoi
Bourassa sentait-il le besoin d'être aussi véhément? Probablement parce
que, à ses yeux, le féminisme n'était qu'une première brèche; le pire était
encore à venir: d'abord il y aurait le suffrage puis ce serait le divorce.

---

[11] La lecture de ces pages est assez déprimante; l'image de la femme qui ne s'intéresse
qu'à la couture, la cuisine, les travaux d'aiguille, la mode, la décoration intérieure et la
lecture légère est encore véhiculée par les pages féminines de nos journaux. La notion du
genre de créature que sont les femmes a peut-être changé, mais en degré seulement: elles
étaient alors fragiles, sujettes aux troubles nerveux et avaient besoin d'être remontées par le
composé végétal de Lydia E. Pinkham; aujourd'hui elles sont laides, malodorantes et
requièrent tous les parfums et potions que peut réussir à fabriquer l'industrie des cosmétiques.

[12] «Lettre de Fadette», *Le Devoir,* 2 jan. 1913.

[13] *La Presse,* 8 mars 1913.

[14] Lettre de Joseph Moffatt, de Verdun, à la *Gazette,* «Woman and the vote», 22
avril 1913.

[15] L.-A. Pâquet, «Le féminisme», *Canada français,* I. 4 (déc. 1918), 235.

[16] *Canadian Woman's Annual and Social Service Directory,* (Toronto, 1915), IX.

Cinq ans plus tard, en 1918, le gouvernement canadien débattait effectivement un projet de loi visant à étendre aux femmes le droit de vote aux élections fédérales. Contrairement au féminisme qui avait eu des proportions internationales, la question du suffrage était beaucoup plus locale. La guerre occupait la scène internationale et si le Canada était conscient de l'intérêt que portaient les autres pays à la question, le gouvernement s'inspira de certaines provinces canadiennes et de sa propre loi des élections de guerre, passée en 1917 [17]. Le projet de loi sur le suffrage fut déposé discrètement, débattu courtoisement et promptement voté.

La presse, inondée elle aussi par les nouvelles de la guerre, fit à peine mention de ce nouvel aspect de la « question des femmes ». Elle reconnaissait, avec le premier ministre Borden, que les femmes s'étaient engagées publiquement et de façon bien visible dans le travail de guerre; mais que cela les autorise, comme le disait Borden, à être récompensées par le droit de vote était une toute autre histoire. Il y eut un journaliste pour exprimer son inquiétude à la vue d'une délégation de femmes déferlant sur Ottawa pour la Conférence féminine sur la guerre en1918: elles sont peut-être charmantes, mais elles causent plus d'appréhension que n'importe quelle délégation de fermiers de l'Ouest ou d'ouvriers syndiqués [18]. La Gazette, pour sa part, beaucoup moins alarmée par la loi sur le suffrage, commenta que cette « loi historique » semblait faire l'objet d'un consensus général [19].

C'est peut-être là ce qui poussa Bourassa à agir. Sans attendre le débat principal (peut-être même en espérant l'influencer) Bourassa se lança dans la mêlée avec une série d'articles dénonçant le droit des femmes au suffrage [20]. Extrêmement révélateur de l'importance qu'accordait Bourassa à la question de l'ordre social, attaqué maintenant pour

---

[17] Bourassa se disait parfois que cette loi, au lieu de s'appeler « War-time Elections Act », aurait dû porter le nom de « Mad-time Elections Act », en ce qu'elle introduisait une double erreur dans la société canadienne: le principe du suffrage féminin et celui d'une caste militaire. « Le dernier accès », Le Devoir, 11 sept. 1917.

[18] Ernest Bilodeau, « Une délégation féminine », Le Devoir, 22 fév. 1918.

[19] « A week in Parliament », Gazette, 25 mars 1918.

[20] Le projet de loi fédérale sur le suffrage était passé en seconde lecture (22 mars) mais n'en était pas encore à l'étape de la discussion article par article, en comité où eut lieu le débat principal (11 avril). Les articles de Bourassa étaient les suivants: « Désarroi des cerveaux — Triomphe de la démocratie », Le Devoir, 28 mars 1918; « Le « droit » de voter — La lutte des sexes — Laissons-nous avilir nos femmes? », ibid., 30 mars 1918; « L'influence politique des femmes — pays « avancés » — femmes enculottées », ibid., 1er avril 1918.

la deuxième fois, est le fait qu'il écrivit ces articles à l'époque où avaient lieu, à Québec, les émeutes de la conscription. Bourassa n'en souffla pas un mot, laissant à son second, Omer Héroux, le soin de commenter ces tristes événements.

Comme son ancêtre le féminisme, le suffrage était une importation de l'étranger. Il était la résultante logique de la Réforme, de la rupture des Anglo-saxons d'avec la tradition, le véritable christianisme, la famille et la société. L'individualisme effréné en découlait inexorablement. Une fois sanctionné le «chacun pour soi», pourquoi s'objecter au «chacune pour soi»? Par ailleurs, les Anglo-saxonnes étaient depuis longtemps déparées de leurs charmes propres et de leurs moyens naturels d'influence; il était donc normal qu'elles cherchent à obtenir des moyens politiques d'exercer une influence sur la société. Bien sûr, rien de tout ceci ne s'appliquait aux Canadiennes françaises qui, elles, avaient conservé les véritables traditions, la véritable foi, le véritable sens de la famille (grâce à leur «glorieuse fécondité») et, par conséquent, leur réelle sphère d'influence.

Puis, Bourassa entreprit d'établir une distinction entre le vote en tant que privilège et le vote en tant que fonction. Le droit de vote, dit-il, n'était en aucune façon un privilège mais plutôt une fonction qui incombe à ceux dont c'est le devoir de protéger la société. Inutile de préciser que ce devoir appartenait aux hommes. Le devoir de la femme était tout autre; il s'agissait de la maternité et devait, par conséquent, s'exercer dans l'intimité. En fait, la maternité était une si haute mission que les femmes, comme les juges, se voyaient accorder le droit de ne pas voter. En dépit de toute cette façade intellectuelle, Bourassa n'exprimait, en fait, que des lieux communs selon lesquels les différences sexuelles non seulement entraînent mais déterminent les différences sociales.

Puis, au cas où ses lecteurs n'arriveraient pas à suivre ses raisonnements historiques et philosophiques, Bourassa se lança dans l'insulte. Les femmes, dit-il, avaient peut-être un sens moral plus poussé que celui des hommes, mais seulement dans la vie privée et seulement s'il était soutenu par la maternité. En public, l'intuition, l'émotivité et la passion ne leur causeraient que des ennuis. Elles pouvaient exercer une très grande influence morale sans voter; à vrai dire, ce n'était qu'en évitant de devenir des «femmes publiques» qu'elles pourraient exercer de l'influence. Et les femmes qui refusaient de se plier à la règle que Bourassa établissait pour elles (la nécessité de la maternité, quel que soit leur état civil) étaient des «monstres»!

La loi fédérale sur le suffrage allait, semble-t-il, créer toutes ces «femmes publiques», tous ces «monstres». Le droit de vote obtenu, les femmes allaient devenir cabaleurs, souteneurs d'élections, députés, sénateurs, avocats, bref, de véritables «femmes-hommes», des hybrides qui détruiraient la femme-mère et la «femme-femme». Rendues là, les femmes cesseraient de se marier, d'avoir des enfants, de voir au soin et à l'éducation des jeunes. Après avoir repoussé tous ces privilèges, les femmes retrouveraient l'esclavage d'il y a vingt siècles. Le droit de vote, donc, que les suffragistes considéraient comme une marque de liberté, était, aux yeux de Bourassa, l'agent le plus actif de retour à l'esclavage.

C'est à la Chambre des communes, au cours de la discussion en comité du projet de loi, que l'on put entendre le plus grand nombre de propos reflétant les idées de Bourassa. Ce débat eut lieu après la parution des articles de Bourassa et s'il ne s'en trouvait que peu pour répéter mot à mot ses propos, tous les adversaires du projet de loi, et la plupart étaient canadiens-français, se seraient ralliés d'emblée à son point de vue. Les opposants étaient épouvantés à l'idée que les femmes puissent être tirées de leurs foyers[21]. Il n'en résulterait rien de bon: les hommes et les femmes deviendraient semblables, il s'ensuivrait des conflits qui briseraient les foyers, le taux de natalité baisserait, les liens familiaux seraient rompus, l'autorité parentale sapée et les femmes n'inspireraient plus le respect[22]. Qui plus est, il était bien connu que la constitution de la femme ne lui permettait pas de supporter l'agitation de la vie politique; elles succomberaient aux «miasmes de la politique»[23]. Un député, qui réussit d'ailleurs à se contredire aussitôt ses arguments présentés, parvint néanmoins à résumer en une seule phrase ce que tous les autres adversaires, Bourassa compris, avaient pris plusieurs pages à élaborer:

Les Saintes Écritures, la théologie, la philosophie antique, la philosophie chrétienne, l'histoire, l'anatomie, la physiologie, l'économie

---

[21] Nellie McClung répondit délicieusement à ce genre d'argument dans un texte qui débutait par: «Il semble que le vote ait suscité un grand nombre de malentendus ...» et se terminait par: «...vous serez surprises de constater combien peu de temps vous aurez été absentes de la maison. Vous aviez mis les pommes de terre au feu avant de partir et vous revenez à temps pour les égoutter». *In Times Like These*, (2e éd. Toronto, U.T.P., 1972), 50-51.

[22] C.-A. Fournier prenant la parole le 11 avril 1918. *Débats de la Chambre des communes*, 1918, t. I, 672-73. Parmi ceux qui répétaient le même genre d'arguments, citons H.-A. Fortier, 669-670; J.-J. Denis, 677-678; L.-T. Pacaud, 680; A. Trahan, 683-684; R. Lemieux, 688-689; J.-E. D'Anjou, 696; J.-E. Lesage, 708.

[23] C.-A. Fournier, *ibid.*, 673.

politique et la psychologie féminine s'accordent à reconnaître que la place de la femme est non pas l'arène politique mais le foyer [24].

Que pouvait-on dire de plus? Les adversaires eurent beau faire, le débat fut conclu en l'espace de quelques heures et la loi ratifiée sans difficulté. Plus tard, les sénateurs tentèrent bravement de faire amender le texte, mais ce fut peine perdue. Les Canadiennes auraient le droit de vote en dépit de, et peut-être même grâce à ce que la *Gazette* appelait les « idées moisies » qui avaient servi à s'y opposer [25].

Les Québécois, toutefois, continuèrent d'épouser ces « idées moisies » en refusant d'accorder aux femmes le suffrage provincial jusqu'en 1940. Et de nouveau, comme en 1913, Bourassa eut la satisfaction de voir sa province demeurer dans le sentier de la vérité qu'énonçaient les journalistes, les politiciens et les théologiens [26].

Les « idées moisies » cachaient quelque chose que personne ne reconnut à l'époque [27]. Les adversaires du suffrage féminin ne parlaient pas du tout de la femme mais plutôt de son image. Tous ces anges, ces reines, ces parures et ces objets de respect n'étaient pas de vraies femmes mais les images que les hommes se faisaient d'elles. Le projet de loi sur le suffrage impliquait que cette image clochait; une femme qui vote ternirait l'image de la femme dans l'esprit des hommes. On pourrait même aller plus loin et dire que le débat autour du suffrage féminin portait, en fait, sur la propre virilité des députés. Toute leur façon de se percevoir comme des chefs, des protecteurs, des leaders, de galants et

[24] J.-J. Denis, *ibid.*, 678.

[25] *Gazette*, 12 avril 1918, 10. La *Gazette* releva aussi la remarque du *Toronto Daily News* au sujet du « bon vieux tempérament conservateur qui règne dans la province de Québec », *ibid.*, 19 avril 1918, 8.

[26] Voir J.-A. Albert Foisy, série d'articles sur « Le suffrage féminin », l'*Action Catholique*, 7-15 fév. 1922; il y a mention des vues d'Arthur Sauvé sur la question dans deux lettres, d'Abel Vineberg, député conservateur, à Arthur Meighen et de Meighen à Vineberg, 3 mars 1925, A.P.C., Fonds Meighen; Mgr Bégin (archevêque de Québec) à Mgr Roy (coadjuteur de Québec), 19 mars 1922, *Semaine Religieuse du Québec*, 20 avril 1922, 536. Au cours des années 1920, tous les adversaires évitèrent soigneusement de relever le fait que le 9e congrès de l'Alliance internationale pour le suffrage féminin s'était tenu à Rome, que le Pape avait adressé ses salutations et qu'il avait accordé des audiences à plusieurs déléguées. Compte-rendu publié par le *Franchise Committee* du Club des Femmes de Montréal dans APC, Fonds Meighen, s.d.

[27] A.R. McMaster semble avoir eu vaguement conscience de ce qui se passait lorsqu'il opposa à l'image de la « reine du foyer » véhiculée par les députés, celle, plus souvent vraie, de « reine du baquet et des casseroles ». *Débats de la Chambre des communes*, Canada, t. I, 11 avril 1918, 699.

courtois descendants de la Création initiale de Dieu était attaquée et je crois qu'inconsciemment, ils le savaient. Le droit de vote pour les femmes détruisait non seulement l'image de la femme mais aussi la propre image de l'homme. D'où la violence verbale de Bourassa et des autres adversaires du suffrage féminin.

Comme Bourassa l'avait prédit en 1913 et comme les adversaires du suffrage féminin le prévoyaient en 1918, l'étape suivante dans cette dangereuse «question de la femme» serait l'éclatement de la famille — le divorce. En effet, dès 1925, le sujet était ouvertement débattu. Des trois occasions où Bourassa traita de la «question des femmes», celle-ci fut la moins discutée publiquement. Le sujet était peut-être encore tabou, tandis que les années vingt voyaient le taux de divorce augmenter lentement mais sûrement chaque année. La question était compliquée, au plan constitutionnel, du fait que le gouvernement fédéral exerçait le contrôle final mais que certaines provinces avaient un tribunal de divorce, que d'autres (comme l'Ontario et le Québec) n'en avaient pas et devaient par conséquent porter leurs causes devant le Parlement fédéral, et que d'autres encore (dans l'Ouest) étaient en train d'en établir. La question était aussi complexe au plan légal du fait que les critères permettant d'obtenir un divorce différaient d'une région à l'autre du pays. Enfin, les diverses sanctions religieuses et sociales entourant le mariage venaient, elles aussi, compliquer le tableau. Rien d'étonnant à ce que peu d'orateurs aient eu envie d'aborder la question!

Par ailleurs, pour ceux qui s'arrêtaient à ce genre de chose, le débat à la Chambre des communes était marqué par de mauvais augures: le projet de loi avait été déposé un vendredi 13 et quelques jours après sa ratification, un tremblement de terre avait secoué l'est de l'Amérique du Nord. Trois femmes en étaient même mortes de peur [28]. Alors que quelques années plus tôt il s'était trouvé des personnes sérieuses pour croire que la Première Guerre mondiale avait été infligée à l'humanité en châtiment de ses péchés, comment s'étonner de ce que certaines personnes puissent maintenant prétendre que la terre elle-même s'objectait à cette récente atteinte à l'ordre social?

La charge, cette fois, venait de l'Ouest canadien. Joseph Shaw, un progressiste de Calgary, eut enfin l'occasion de présenter un projet de loi qu'il proposait depuis des années: un projet de loi visant à uniformiser les

---

[28] Les journaux étaient remplis d'articles sur le séisme. *La Presse* reproduit même des photos du séisme beaucoup plus grave qui avait dévasté la ville de Tokyo en 1923. *La Presse*, 2 mars 1925, 1.

critères permettant d'obtenir un divorce dans les quatre provinces de l'Ouest. Avant 1925, les hommes de l'Ouest pouvaient obtenir un divorce pour cause d'adultère de leur épouse, mais les femmes devaient non seulement prouver l'adultère de leur mari, mais aussi sa désertion pour obtenir le divorce[29]. Ce pauvre Shaw ne voulait que corriger une légère anomalie dans la loi et comme il jouissait de l'appui de la plupart des députés et de certaines grandes associations[30] et même du précédent d'une récente loi britannique[31], il est possible qu'il ne se soit pas douté de l'avalanche de mauvaises humeurs qu'allait déclencher son projet de loi, surtout chez les Canadiens français.

Ces mêmes Canadiens français avaient déjà été sensibilisés à la question par deux causes maritales célèbres: la cause Dépatie-Tremblay qui avait traîné devant les tribunaux de 1909 à 1921 et que les journalistes comme Bourassa ne manquaient jamais de ramener sur le tapis, et la cause Plante-Zannis, de 1918 à 1925; ces deux causes soulignaient la sécularisation croissante du mariage, la mainmise civile et, par conséquent, la perte d'importance de la sanction ecclésiastique sur le mariage[32]. C'était le plus sûr chemin vers la damnation[33] — et maintenant le Parlement canadien se mêlait de souligner davantage la nature purement civile, légale et profane de cette institution divine.

Cette fois, Bourassa n'exprima son opinion qu'après le débat principal à la Chambre des communes, se joignant à la minorité substantielle qui s'était opposée à la seconde lecture du projet de loi et qui en exigeait le rejet par le Sénat[34].

---

[29] Les femmes de l'Ouest pouvaient toujours présenter leur cause devant le Parlement fédéral pour être traitées «également». Mais le coût d'une telle démarche était prohibitif.

[30] Le 6 mars 1925, le jour même où Bourassa défendait la nécessaire inégalité des hommes et des femmes devant le divorce, le Conseil canadien de l'agriculture, représentant les agriculteurs unis du Québec, de l'Ontario, du Manitoba, de la Saskatchewan et de l'Alberta, adressa une série de résolutions au gouvernement du Dominion dont l'une exigeait que soient apportés des amendements à la loi de façon que les motifs justifiant le divorce soient les mêmes pour les hommes et les femmes. A.P.C., Fonds Meighen, C.C.A. to Dominion government, 6 mars 1925.

[31] «Divorce in Canada», *Gazette*, 2 mars 1925, 12.

[32] *Le Devoir*, 17-18 fév. 1921; 5-11 fév. 1925; 7 mars 1925. La *Canadian Annual Review* des années en question contient les détails de ces deux causes.

[33] Ou, comme l'avait écrit Mgr P.-E. Roy dans une lettre pastorale en 1920: «Tout acte législatif instituant ou facilitant le divorce est une oeuvre de perversion morale et de décadence sociale». *Semaine Religieuse du Québec*, 22 juillet 1920, 741.

[34] Le projet de loi passa en seconde lecture par un vote de 109 à 68. Les articles de Bourassa furent les suivants: «Divorce et mariage — Quelques réflexions en marge d'un débat», *Le Devoir*, 5 mars 1925; «Imbroglio constitutionnel — où nous mène-t-on?» *ibid.*, 6 mars 1925; «Préservatifs et remèdes — la plaie du mariage civil — poutre et paille», *ibid.*, 7 mars 1925.

Comme le féminisme et le suffrage, le divorce était une importation de l'étranger, venant cette fois des États-Unis et de la France. Et si le Canada acceptait un tel produit d'importation, le pays s'engagerait lui aussi sur le chemin de la désagrégation nationale et du suicide, ce dernier entraîné par la « stérilité volontaire », euphémisme alors en vogue pour parler du contrôle des naissances. Le divorce allait ébranler les fondements mêmes de la famille, or, va la nation comme va la famille.

Comme la plupart des adversaires du projet Shaw, Bourassa contourna l'objet principal en cause — une simple question d'égalité des sexes dans un domaine législatif bien précis — afin de dénoncer le principe même du divorce. Il agit ainsi délibérément pour démontrer ce que, selon lui, les représentants des catholiques et du Québec avaient négligé de faire depuis la Confédération. Bourassa était renversé par le peu d'importance qu'avaient accordé les Pères québécois de la Confédération à la répartition des pouvoirs fédéraux et provinciaux en matière de mariage et de divorce. Le Québec n'avait gardé que les « détails » — la seule célébration du mariage — tandis que le gouvernement fédéral pouvait passer toutes les lois qu'il voulait au sujet du mariage et du divorce. Le texte de la Confédération de 1867 avait donc décrété la validité légale du divorce pour tout le Canada et les Québécois du temps n'avaient pas dit un mot. Rien d'étonnant, disait Bourassa, à ce que depuis lors le reste du Canada ait mal accepté les points de vue sociaux des catholiques. Puis il entreprit de relier tous les coups durs subis par les Canadiens français hors du Québec au manque de caractère manifesté par leurs représentants des années 1860 sur la question du divorce. Pour remédier à cette situation, il fallait que les Canadiens français proclament très haut les principes sociaux catholiques qui, théoriquement, les guidaient et mettent de l'ordre dans les propres lois québécoises sur le mariage qui permettaient de plus en plus au mariage civil de se substituer au mariage religieux. Le mariage civil menait droit au divorce.

Bourassa ne pouvait, bien sûr, éviter complètement la question de l'égalité des hommes et des femmes qui se trouvait au coeur même du projet Shaw. Il n'y tenait d'ailleurs pas, puisque cette question lui permettait de sortir à nouveau tous les arguments sur le thème du déterminisme biologique dont il s'était servi pour combattre le féminisme en 1913 et le suffrage en 1918. L'égalité des hommes et des femmes devant le divorce, affirma-t-il péremptoirement, ne peut découler que de l'abolition du divorce lui-même [35]. Mais comme cette solution semblait impraticable en 1925,

---

[35] Ce que Bourassa tentera d'obtenir en 1930, lorsqu'il sera député, par un projet de loi destiné à faire révoquer toutes les lois sur le divorce. Le projet sera rejeté et Bourassa tentera autre chose: une résolution demandant au Parlement de ne plus entendre les causes de divorce. La résolution ne sera même pas discutée, *C.A.R.,* 1929-1930, 58.

Bourassa entreprit de justifier l'inégalité des hommes et des femmes devant la loi en matière de divorce. L'adultère était effectivement bien différent pour les hommes et pour les femmes; ses conséquences sociales étaient bien différentes (Bourassa n'osa pas préciser que les hommes pouvaient s'en tirer plus facilement tandis que les femmes risquaient la grossesse). Et comme la maternité sans tache (une autre expression dont il faut pénétrer le mystère!) était le plus grand honneur d'une femme, un honneur qui ne pouvait échoir à aucun homme, il était normal que la chute d'une telle cime entraîne pour la femme une peine plus lourde que pour l'homme. Les lois en vigueur ne faisaient donc que sanctionner une vérité naturelle et sociale. Ajoutant à cela les paroles du Christ à l'effet qu'un homme pouvait renvoyer sa femme adultère, Bourassa eut la certitude qu'il venait d'établir une preuve irréfutable de l'inégalité des hommes et des femmes devant le divorce.

Les milieux canadiens-français reprirent pendant un certain temps les propos de Bourassa. Ses articles suscitèrent d'ailleurs tellement d'intérêt que *Le Devoir* les réunit en un fascicule qui semble s'être vendu vite et bien [36]. Les débats à la Chambre avaient, bien sûr, précédé la parution des articles, mais les adversaires du projet de loi sur le divorce avaient néanmoins utilisé sensiblement les mêmes arguments. D'ailleurs, l'un des députés, C.-A. Fournier, atteignit, en décrivant les conséquences du divorce, des sommets de lyrisme que même Bourassa n'égalerait pas:

> Le libertinage légalisé, l'adultère consacré par la loi, le concubinage appuyé par la Constitution, tous ces aspects du divorce de nos jours étant sanctionnés, florissant à l'extrême, leurs effets délétères s'élèvent comme les exhalaisons (sic) d'un bourbier fétide qui répand à tous les vents la peste croissante qui empoisonne la nation [37].

Si la plupart des députés n'allaient pas aussi loin, il régna tout au long du débat et ce, même chez les défenseurs du projet de loi, l'impression que le monde des années vingt se désintégrait tandis qu'augmentaient en nombre les crimes, les femmes hors du foyer et les divorces [38]. Le débat au Sénat, qui eut lieu trois mois après la parution des articles de Bourassa, vit s'élever quatorze adversaires du projet Shaw, dont trois avaient de toute

---

[36] *Le Devoir,* 9 mars et 17 mars 1925.
[37] *Débats de la Chambre des communes,* vol. I, 26 fév. 1925, 553.
[38] En 1925, il y eut 13 divorces au Québec! *C.A.R.* 1926-27, 109.

évidence lu et assimilé les arguments de Bourassa [39]. Mais ils n'obtinrent pas le rejet du projet comme Bourassa l'aurait voulu.

Preuve additionnelle de l'approbation générale qu'obtenaient les idées de Bourassa, les pages féminines de la presse francophone de l'époque mettaient régulièrement l'accent sur le rôle maternel et subordonné de la femme [40]. L'«intelligentsia montréalaise» se rendit en foule entendre un prêtre français parler du féminisme en 1925. Le chanoine Coubé défendit lui aussi la supériorité masculine, mais de façon fort charmante, il faut l'admettre. Si les femmes de son auditoire n'avaient pas déjà été convaincues de leur infériorité, elles s'en seraient laissé persuader par tant de flatteries [41]. Enfin, les idées de Bourassa ne différaient pas beaucoup de celles qui étaient exprimées, plus sèchement, dans le code civil québécois et selon lesquelles un homme pouvait obtenir la séparation, sinon le divorce, pour cause de l'adultère de son épouse tandis que la femme, pour sa part, n'avait droit à la séparation, pour le même motif, que si son mari insistait pour faire vivre sa concubine au domicile conjugal [42].

À l'exception d'une longue série d'articles faisant l'historique juridico-religieuse du divorce et publiés en 1929 au moment où l'Ontario

[39] Les sénateurs T. Chapais, L. Béique et N.-A. Belcourt. Voir *Débats du Sénat*, 10 juin 1925, 433-437; 11 juin 1925, 458-462. Bourassa rendit la pareille en publiant la totalité du discours du sénateur Belcourt dans *Le Devoir* et en le qualifiant de thèse la plus forte jamais présenté contre le divorce du double point de vue du droit naturel et de la Constitution canadienne. *Le Devoir*, 11 juillet 1925, 1.

[40] «Colette» dans *La Presse*, 1925; «La vie au foyer» dans *La Presse*, 1925; «Fadette» dans *Le Devoir*, 1925; la revue du samedi de *La Presse*, *La Presse revue illustrée*, publiait toujours quelques photos de familles nombreuses (12 enfants ou plus) avec la légende «Une belle famille canadienne-française».

[41] Coubé prit la parole à Montréal les 17 et 18 mars 1925. *La Presse* fit un reportage complet des deux discours, 18 mars 1925, 23; 20 mars 1925, 26 et les commenta favorablement en éditorial, 20 mars 1925, 6.

[42] La ténacité de ce «deux poids, deux mesures» revient beaucoup plus tard dans les études sociologiques, où les femmes elles-mêmes acceptent le principe que leurs fautes soient plus sérieuses que celles des hommes. Voir Colette Moreux, «The French Canadian Family», dans K. Ishwaran, *The Canadian Family* (Toronto, 1971), surtout 137-40. Bourassa appartenait, bien sûr, à une longue et respectable tradition d'écrivains qui, en parlant des femmes, mettaient l'accent sur «les deux sphères», séparées, distinctes mais équivalentes. Bourassa et Ashley Montagu se seraient probablement plus dans la compagnie l'un de l'autre, mais Bourassa n'aurait probablement pas prisé le titre du livre de Montagu: *The Natural Superiority of Women*, (New York, 1952).

établissait des tribunaux de divorce[43], ce furent là les dernières paroles de Bourassa sur la «question des femmes». Que révèlent-elles?

D'abord, Bourassa entretenait une image particulière de la femme. Pour lui, les femmes étaient des êtres délicats, intuitifs, nobles et dignes. Elles étaient émotives mais avaient aussi beaucoup de bon sens. Elles étaient douces, pures, charmantes, les reines du foyer, les gardiennes de la tradition, les éducatrices de *fils*. Leur fonction première était le mariage et la maternité. Grâce à l'intercession de l'Église en leur faveur, elles étaient les agents de rédemption de l'homme et de la société. Image charmante et rôle de taille, qui comporte néanmoins une singularité. Bourassa n'envisageait les femmes qu'en termes de leur relation sexuelle à l'homme, que celle-ci soit spécifique (épouses, mères de fils), refusée (les religieuses) ou négative (les vieilles filles). Autrement dit, pour Bourassa, les femmes n'existaient qu'en tant que complément sexuel de l'homme.

Il se cache derrière cette vision particulière de la femme, une vision particulière de l'homme. Aux yeux de Bourassa, les hommes étaient des êtres de raison et de logique; il leur appartenait donc d'être les leaders de la société. Bourassa avouait toutefois que l'homme était aussi brutal, corrompu et passionné. L'image ici en est une de force, peut-être même de contradictions. Inutile de préciser que le rôle compensateur — l'apaisement, l'adoucissement, la modération, la réconciliation des contraires et des aspérités de l'image — revenait aux femmes.

Toujours dans le domaine des images, la relation homme-femme prend ainsi beaucoup d'importance même si elle n'a de valeur que pour l'homme. Bourassa semble suggérer l'existence d'une lutte latente entre les hommes et les femmes, qui n'est tenue en échec que par le strict partage, par l'opposition même, de leurs natures, de leurs rôles, de leurs tâches, de leurs moyens d'action, de leurs méthodes. Pour les hommes comme Bourassa, d'ailleurs, tous les contraires, toutes les dichotomies se réduisaient à des dichotomies sexuelles: raison/émotion; autorité/obéissance; culture/nature; tête/coeur; intérieur/extérieur; etc., etc. Freud peut bien avoir déclaré qu'il était inutile d'attribuer ainsi un caractère sexuel à des qualités et à des caractéristiques, cela ne sert qu'à démontrer la ténacité de l'image et explique peut-être l'hostilité intense que l'on vouait au féminisme. S'il était vrai que la société se maintenait en un tel équilibre, toute

---

[43] Quarante-deux articles présentent les antécédents constitutionnels, religieux et juridiques de son opposition. *Le Devoir*, 3 mars 1929, de façon intermittente jusqu'au 18 juillet 1929.

rupture de l'équilibre la détruirait certainement. Bourassa pouvait bien se moquer des femmes qui voulaient rivaliser avec les hommes, ce qui l'inquiétait le plus, dans cette «question des femmes», c'était la mise en cause de l'image qu'il se faisait des femmes. Si la femme abandonnait son rôle idéal, la société s'écroulerait. Aussi longtemps que les femmes assumeraient leur rôle de rédemptrices, les hommes pourraient poursuivre leurs basses activités, pourraient être ambitieux, égoïstes, envieux, brutaux; leur méchanceté serait toujours tempérée par les qualités opposées chez la femme et l'équilibre social tant vanté serait sauvegardé. Par conséquent, on devait combattre le féminisme avec toutes les armes disponibles afin de maintenir l'image de la femme qui soutenait l'image de l'homme qui soutenait, à son tour, l'ordre social que, selon Bourassa, l'on devait défendre à tout prix[44]. Un vrai *castor,* quoi!

Bourassa est encore plus *castor* que ça, toutefois. L'homme qui se révèle ici est amer, rigide, dépourvu d'humour, pharisaïque. Il entretenait une vision statique d'un monde régi par des lois et des règlements, ordonné en une hiérarchie où chacun avait sa place et jouait un rôle bien défini, établi d'avance. Il prenait les données de la situation sociale pour des lois immuables de la nature. Il est possible, d'ailleurs, qu'une partie de l'horreur qui lui inspirait le féminisme soit due au fait que cette question l'avait obligé à discuter publiquement de sujets que, normalement, il n'aurait jamais osé aborder en privé. Encore là, un vrai *castor*!

Henri Bourassa est loin d'être la seule personne à avoir exprimé de telles opinions. Un grand nombre de ces idées sont encore monnaie courante aujourd'hui, une constatation qui en dit long sur le rythme auquel s'opèrent les changements dans la société. Les historiens et les sociologues qui s'intéressent à la question du changement se sont aperçus que le sujet était tellement complexe qu'ils ont dû renoncer à leurs méfiances réciproques. L'une des plus grandes difficultés inhérentes à ce sujet vient probablement du fait que l'humanité consacre la majeure partie de ses énergies à résister au changement plutôt qu'à le susciter[45]. En ce domaine, Henri Bourassa constitue certainement un cas d'espèce, avec sa façon véhémente de s'opposer à tout changement de son image de la femme. Et le fait qu'un grand nombre de ses opinions soient encore courantes de nos jours donne à penser que nous sommes peut-être tous quelque peu *castors.*

---

[44] «Le divorce», *Le Devoir,* 11 juillet 1925, 1.

[45] À ajouter dans les catégories masculin/féminin: les hommes en tant qu'agents de changement, les femmes en tant qu'agents de conservation! Certaines études sur la femme laissent entendre qu'il s'agit peut-être là du rôle de la femme dans la civilisation. Voir Jessie Bernard, *Women and the Public Interest,* (Chicago, 1971).

# OUVRIÈRES ET TRAVAILLEUSES MONTRÉALAISES 1900-1940 *

## Marie Lavigne et Jennifer Stoddart

> . . . la grande industrie, tuant l'atelier familial, prit les rouets et les
> métiers et les riva à la manufacture, la femme et l'enfant qui
> avaient faim prirent le chemin de l'usine, et c'est là que nous les
> retrouvons aujourd'hui [1].

Au début du siècle, on parle du travail féminin comme d'un fait nouveau. Pourtant les femmes n'avaient pas attendu l'ouverture des usines pour retrousser leurs manches et gagner leur vie. Depuis toujours, elles participent au travail agricole, au travail domestique; au Québec elles ont assumé, dans le cadre des communautés religieuses, la plus grande partie du travail dans le domaine de la santé et de l'éducation.

Ce qui est nouveau depuis la fin du 19e siècle [2], c'est leur participation « visible » au travail, c'est-à-dire une participation non plus dans le cadre d'une économie familiale ou conventuelle, mais dans la production sociale en échange d'un salaire.

Tant que le travail féminin demeurait « invisible », à l'abri des regards dans une famille ou dans un couvent, il ne heurtait nullement l'image de l'épouse-mère-ménagère. Mais cette image s'effrite et paraît anachronique à partir du moment où des milliers de travailleuses et d'ouvrières se dirigent au lever du jour vers l'atelier ou le bureau.

Cette nouvelle réalité, qui suscite pourtant de nombreux débats, ne modifiera pas en substance le discours sur le rôle social de la femme. On assistera dans la première moitié du 20e siècle à un élargissement progressif du fossé entre la réalité vécue par les travailleuses et la femme idéale selon l'idéologie dominante. Ce sont les travailleuses qui seront les

---

* Une partie de cette étude a fait l'objet d'un article, « Les travailleuses montréalaises, 1920-1940 », *Le travailleur*, 2 (1977).

[1] Marie Gérin-Lajoie, « Le travail des femmes et des enfants dans la Province de Québec », *La Bonne Parole*, (octobre 1920): 5-6.

[2] Voir dans ce recueil l'article de S.D. Cross.

premières victimes des contradictions entre d'une part les besoins d'une économie qui ne saurait se passer de leur travail, et d'autre part une idéologie qui leur nie jusqu'à un certain point le droit au travail salarié.

Dans les pages qui suivent, nous examinerons les modalités générales de la participation des Montréalaises au travail et leurs conditions de travail dans certains secteurs particuliers de 1900 à 1940. Nous verrons les réactions des travailleuses et le contexte social dans lequel le travail féminin a évolué. Enfin nous tenterons de déceler certains effets de l'opposition au travail féminin sur les travailleuses elles-mêmes.

\* \* \*

À Montréal, point central de la production industrielle canadienne, la participation féminine au travail croît sans cesse depuis la fin du 19e siècle. Guerres et crises économique n'interrompent pas ce mouvement irréversible. En 1941, les femmes forment 27% de la main-d'oeuvre montréalaise [3]. Ces travailleuses sont pour la plupart des célibataires [4] qui gagnent leur vie parce qu'elles sont seules pour subvenir à leurs besoins, ou parce qu'à Montréal la pauvreté généralisée de la classe ouvrière oblige les familles à avoir plus d'un gagne-pain [5]. L'éventail des emplois est assez mince: la majorité des travailleuses se retrouvent dans les manufactures, dans les services ou dans le travail de bureau.

En ce qui concerne les revenus, la discrimination salariale est de rigueur au cours de toute la période. Les femmes touchent en moyenne la moitié des salaires masculins: 53.6% en 1921, 56.1% en 1931 et 51% en 1941 [6]. Cette stabilité dans les écarts de gains confère à la main-d'oeuvre féminine un statut incontestable de main-d'oeuvre à bon marché.

---

[3] *Recensement du Canada*, (1941), vol. 7, t. 7 et vol. 3, t. 5. Notons que parmi la population montréalaise âgée de plus de 14 ans, 29.4% des femmes et 83.3% des hommes font partie de la population active.

[4] En 1931 à Montréal, 87.7% des travailleuses sont célibataires alors que seulement 12% sont veuves ou mariées. 55% des travailleuses ont moins de 25 ans. Calculé d'après le *Recensement du Canada*, (1931) vol. 6, t. 44 et vol. 3.

[5] Cette situation a été étudiée dans le livre de Terry Copp «*The Anatomy of Poverty, The Condition of the Working Class in Montreal 1897-1929*, (Toronto, Mc Clelland and Stewart, 1974), 192 p.

[6] Ces pourcentages ne sont que légèrement modifiés par les taux d'activité moyenne annuelle. En 1921, les femmes travaillent 1.8 semaines de plus que les hommes, en 1931, 4.6 semaines de plus et en 1941, 0.2 semaines de moins. L'écart de salaire selon les semaines d'activité est alors pour ces années respectivement de 56.6%, 50.1% et 51.1%. Calculé d'après le *Recensement du Canada*, (1941), vol. 6, t. 7. Les données comparables ne sont pas disponibles pour les années 1901 et 1911.

## Les manufactures

Le secteur qui engage la plus grande partie des femmes est le secteur manufacturier. La structure industrielle du Québec est basée sur une industrie légère qui requiert une abondante main-d'oeuvre à bon marché; ainsi en 1911, 27% et en 1941, 30% des ouvriers de la production sont des femmes [7]. Ces ouvrières sont cantonnées dans des industries bien spécifiques: la confection, les textiles, le tabac et la chaussure. Ces industries sont en l'occurence celles qui paient les moins bons salaires [8].

**Répartition procentuelle de la main-d'oeuvre féminine selon les principaux secteurs occupationnels, Montréal, 1911-1941**

| Secteur occupationnel | 1911 | 1921 | 1931 | 1941 |
|---|---|---|---|---|
| Manufactures | 40,1 | 33,5 | 23,4 | 29,6 |
| Services personnels | 32,6 | 20,2 | 29,3 | 26,9 |
| Commis de bureau | * | 18,5 | 18,9 | 19,9 |
| Services professionnels | 9,6 | 14,2 | 11,6 | 10,0 |
| Commerce | 13,9 | 8,8 | 8,4 | 10,0 |
| Transports | 2,7 | 3,6 | 4,4 | 1,5 |
| *Pourcentage de femmes dans la main-d'oeuvre totale* | *21,6* | *25,2* | *25,4* | *27,4* |

Source: *Recensement du Canada*, (1911, 1921, 1931 et 1941). En 1911 et 1921, il s'agit des femmes âgées de 10 ans et plus; en 1931 et 1941, il s'agit des femmes âgées de 14 ans et plus.
* Le recensement de 1911 ne compte pas les commis de bureau; cette catégorie de travailleurs est intégrée aux autres secteurs occupationnels.

L'industrie de la confection, qui ne nécessite que de faibles investissements de capitaux, est reconnue pour son instabilité et sa tendance à

---

[7] *Recensement du Canada*, (1911), vol. 6, t. 6; (1941), vol. 7, t. 7.
[8] Ainsi en 1911, 63% des ouvrières sont dans les textiles et la confection, 6% dans le cuir et les produits du caoutchoux et 7% travaillent dans les tabac. Cette répartition demeure sensiblement la même jusqu'en 1941. D'après *Recensement du Canada*, (1911), vol. 6, t. 6. Parmi les 40 industries les plus importantes du Québec, la presque totalité de celles qui emploient plus de 50% de main-d'oeuvre féminine se range parmi celles payant les plus faibles salaires, ce qui implique que la surexploitation des ouvrières est un élément important de la structure de l'économie québécoise. Voir *Manufacturing Industries of The Province of Québec 1930*, (Ottawa, Dominion Bureau of Statistics, 1932).

ouvrir des petits ateliers spécialisés dans la réalisation de sous-contrats. L'instabilité de cette industrie n'est pas étrangère au chômage périodique qui atteignait les midinettes parfois même six mois par an [9]. Les salaires dans la confection seront l'objet d'ordonnances de la Commission du salaire minimum des femmes. Les règlements de la Commission fixaient des salaires variables selon l'expérience des ouvrières: celles qui ont de l'expérience touchent près du double de celles qui sont considérées comme apprenties [10]. Près de la moitié des ouvrières de la confection sont classées dans les travailleuses inexpérimentées même si en réalité elles connaissent leur métier car on note que:

> Beaucoup d'industriels rangent dans la catégorie des apprenties toutes celles qui se présentent pour travailler chez eux pour la première fois en leur disant que l'apprentissage est indispensable. Pendant ce temps ces ouvrières pourtant expérimentées ne gagnent qu'un salaire d'apprenties. Trop souvent après les six mois d'apprentissage on les renvoie sous un prétexte ou sous un autre pour recommencer le même jeu [11].

Cette manoeuvre n'est pas la seule manière de donner les salaires les plus bas possibles: selon une contre-maîtresse, «. . . des ouvrières elles-mêmes aident à tromper la surveillance des inspecteurs du Comité du Salaire Minimum (sic) sous prétexte que l'usine serait forcée de fermer ses portes s'il fallait mettre la loi en vigueur (suggestion des patrons)» [12]. Une autre méthode employée est celle qui force «deux et parfois trois femmes de la même famille à poinçonner la même carte de présence de sorte qu'un seul salaire était versé pour le travail de deux ou trois personnes» [13].

---

[9] *Le Nationaliste,* (13 janvier 1918).

[10] D'après le «Rapport de la Commission de la Province de Québec sur les salaires minima des travailleuses», les ouvrières expérimentées en 1930 sont au nombre de 5 431 et touchent en moyenne $16,95 par semaine alors que les 4 079 apprenties touchent $8,37. *La Gazette du Travail* (1931): 36. La loi du salaire minimum pour les femmes fut votée en 1919. Elle prévoyait la mise sur pied d'une commission chargée d'établir les heures de travail et salaires des femmes dans diverses industries. Cette commission ne fut instituée qu'en 1925.

[11] Laura Robert, «Conditions de travail à l'usine — Salaire Minimum», Conférence prononcée à l'Association professionnelle des employées de manufactures, (c. 1932), Archives de la Fédération Nationale Saint-Jean-Baptiste (FNSJB).

[12] *Ibid.*

[13] Rapporté dans Evelyn Dumas, *Dans le sommeil de nos os, quelques grèves au Québec de 1934 à 1944*, Montréal, Leméac, 1971): 47.

La confection est surtout caractérisée par le travail parcellaire effectué à domicile et dans des petits ateliers plus ou moins clandestins (*sweating system*). Cette forme de travail est très répandue; on a estimé que les trois quarts des vêtements fabriqués dans la métropole l'étaient, en 1898, sous ce système:

> 10 000 Juifs et Canadiennes françaises à Montréal (sont) engagés dans la confection d'habillements dans des conditions de surmenage, dans des petits établissements dépourvus d'hygiène, à des salaires très bas et avec des heures de travail excessives [14].

Les revenus d'un tel travail sont si bas que le rapport de Mackenzie King sur la question juge qu'avec «les prix accordés à un grand nombre de femmes travaillant à domicile, il n'y a pas de doute qu'il leur aurait été impossible de vivre à même leur gagne-pain résultant de soixante heures de travail par semaine» [15]. L'aide des jeunes enfants et des personnes âgées était essentielle pour joindre les deux bouts. Avec les résultats de cette enquête, le gouvernement fédéral légiféra sur les contrats d'habillement qu'il octroyait. Mais dans l'ensemble, les conditions de surexploitation de cette forme de travail se sont maintenues. En 1935, une autre commission d'enquête fédérale rapporte qu'une douzaine de pantalons courts confectionnés à domicile rapporte $0.25 à la couturière alors que le même travail effectué dans une usine syndiquée est payé $1.50 [16].

Il n'existe pas de données permettant de mesurer l'ampleur réelle du travail à domicile; celui-ci s'est toujours fait plus ou moins clandestinement et souvent avec la complicité de ménagères qui n'avaient pas le choix. Pour de nombreuses femmes, la confection à domicile était la seule forme de travail compatible avec le travail ménager et l'élevage des enfants. Par ailleurs, la position des féministes sur le *sweating system* était ambiguë: tout en le condamnant, elles n'en souhaitaient pas moins la mise en place d'une certaine forme de travail à domicile qui aurait permis un juste salaire tout en évitant aux mères de famille d'aller travailler en usine.

Dans les textiles, la situation n'est guère meilleure. Les témoignages recueillis par la Commission royale d'enquête sur les relations entre le capital et le travail à la fin du 19e siècle révèlent des conditions de travail

---

[14] *La Gazette du Travail*, (1904-1905): 506.

[15] D'après le rapport soumis par W.L. Mackenzie King (futur premier ministre du Canada) au gouvernement fédéral en 1898, *La Gazette du Travail*, (1900): 8.

[16] *Report of the Royal Commission on Price Spreads*, Wm. W. Kennedy, chairman, (Ottawa, King's Printer, 1935): 112.

qu'on retrouve encore en 1938 lors de l'enquête sur l'industrie textile. Parmi les plaintes, on note les conditions malsaines des filatures: mauvaise ventilation, poussière, humidité, malpropreté, bruit et insuffisance des lieux sanitaires [17]. Les ouvrières de la Dominion Textile d'Hochelaga se plaignent d'être obligées d'enfiler les navettes par succion buccale, ce qui était une pratique dangereuse car elle accroissait les risques de contacter la tuberculose. Dans cette même usine, on note «le mauvais état des toilettes (malpropreté sans nom), les crachoirs dégagent une odeur infecte. . . et il n'y a qu'un gobelet pour tout le personnel» [18]. Comme les ouvrières étaient payées à la pièce, tout arrêt de machinerie entraînait des pertes de temps et de revenus, obligeant par la suite les ouvrières à travailler les soirs et les dimanches.

La semaine de travail dans les filatures est fixée à 58 heures en 1910 et à 55 heures en 1912, mais la loi prévoyant des possibilités d'extension des heures de travail, les ouvrières travaillent souvent au-delà du maximum légal:

Actuellement dans le département des tisserands à Hochelaga, on ne travaille pas seulement 60 heures par semaine, mais 67½ heures. Car trois soirs on travaille jusqu'à neuf heures du soir sans désemparer avec une pauvre petite demi-heure pour souper [19].

Comment les ouvrières ont-elles réagi à de telles conditions de travail et à de tels salaires qui étaient à peine suffisants pour les loger et les nourrir? N'y avait-il pas une limite à la surexploitation? Certains indices nous permettent de croire que les ouvrières, lorsqu'elles étaient organisées en syndicats, [20] ne se soumettaient pas allègrement à cette exploitation.

---

[17] *Rapport de la Commission Royale d'enquête sur l'Industrie textile.* W.F.A. Turgeon, président, (Ottawa, Imprimeur du Roi, 1938): 156.

[18] «Plaintes formulées par les ouvrières travaillant à la filature Dominion Textile d'Hochelaga», enquête menée par l'Association professionnelle des employées de manufactures, (c. 1915), Archives FNSJB.

[19] Lettre d'une ouvrière, *La Presse*, (15 novembre 1910).

[20] Les données concernant la syndicalisation des femmes sont très partielles car la plupart des organisations syndicales ne tiennent pas d'états distincts des membres selon le sexe. Ainsi à partir des données disponibles, les femmes ne formeraient que 2.6% des syndiqués canadiens en 1923 et 5.6% en 1937, ce qui est sûrement inférieur, de l'avis même du ministère du travail, à la proportion réelle des femmes syndiquées. Calculé d'après le *Rapport annuel sur l'organisation ouvrière au Canada*, (Ministère du Travail, Ottawa, Imprimeur du Roi, 1924): 252 et *Annuaire du mouvement syndical ouvrier au Canada*, (Ministère du travail, Ottawa, Imprimeur du Roi, 1938): 187.

D'après le ministère du travail, entre 1901 et 1915 au Québec, les textiles et le vêtement ont été, après les transports, les secteurs les plus affectés quant au nombre de journées de grève ou de lockouts [21]. Quand on sait qu'à cette période, les femmes forment 58% des employés des textiles et 60% de ceux de la confection à Montréal, il est permis de croire que sans leur participation active et militante, l'agitation ouvrière n'aurait pas connu une telle ampleur [22].

Les journaux ont couvert la grève de la filature de la Dominion Textile à Hochelaga en 1908. Aux assemblées syndicales «les femmes parées de leurs vêtements de fête étaient au premier rang de l'assemblée et formaient la grande majorité de l'assistance»; on remarque que «les femmes surtout, font preuve de beaucoup de courage et de solidarité» [23]. Le syndicat qui mène cette grève, la Fédération des Ouvriers du Textile du Canada, est composé d'ailleurs aux deux tiers de femmes. Celles-ci participent pleinement à la structure syndicale et sont généralement les vice-présidentes des cellules locales [24].

La Gazette du Travail rapporte de nombreuses grèves, principalement dans les textiles et la confection où hommes et femmes débrayent ensemble. Rares cependant sont les grèves n'impliquant que des femmes puisque rares sont les usines n'engageant que des femmes. Même les célèbres «grèves de la guenille» de 1934 et 1934, qualifiées de grèves de femmes, sont des grèves où travailleurs des deux sexes luttent côte à côte [25].

Peu de revendications concernant l'égalité salariale ont été élaborées à cette période et la discrimination était à la base des négociations collectives [26]. Certaines revendications liées à l'oppression spécifique des femmes eurent cependant quelques succès. Il arrivait que des ouvrières subissent des sollicitations indésirées de la part de contremaîtres et même de collègues de travail. Ainsi, dans une usine, l'usage des ascenseurs fut,

---

[21] *Report on Strikes and Lockouts in Canada, 1901-1916*, (Ottawa, King's Printer, 1918), rapporté dans J. Rouillard, *Les travailleurs du coton au Québec, 1900-1915*, (Montréal, P.U.Q., 1974): 107.

[22] Calculé d'après *Recensement du Canada*, (1911), vol. 6, t. 6.

[23] *La Presse*, (3, 4, 5 mars 1908).

[24] J. Rouillard, *op. cit.*: 93.

[25] Pour un récit de ces grèves, voir E. Dumas, *op. cit.*

[26] Les conventions collectives sanctionnaient l'inégalité salariale; mentionnons à titre d'exemple cette convention de l'Union internationale des ouvriers du vêtement pour dames signée en 1940 qui prévoyait aux presseurs $0,54$^{1/2}$ l'heure et aux presseuses $0,36$^{1/4}$. *La Gazette du Travail*, (1940): 1020.

à la demande des ouvrières, interdit aux ouvriers parce que ceux-ci y importunaient les femmes. C'est dans le même esprit que des ouvrières demandent d'être surveillées par des contre-maîtresses plutôt que par des contremaîtres et de travailler dans des départements où seules les femmes sont admises. Il est même arrivé que des usines permettent aux femmes de quitter le travail midi et soir 5 minutes plus tôt que les hommes [27]. Ce n'est certes pas la seule morale chrétienne qui amenait des ouvrières à réagir de la sorte. L'usine reproduisait sans doute concrètement les mécanismes de l'oppression sexuelle et contribuait ainsi à diviser davantage entre eux les ouvriers et les ouvrières d'un même lieu de travail.

## Les services personnels

Le deuxième grand secteur à main-d'oeuvre féminine est celui des services dits «personnels» qui emploie une Montréalaise sur trois. Les domestiques dans les maisons privées constituent la majeure partie de ce groupe [28].

La plupart d'entre elles sont des jeunes filles fraîchement arrivées de la campagne québécoise ou d'Europe qui s'engagent dans des familles résidentes du «Mille carré doré» du quartier Saint-Antoine ou des nouvelles banlieues d'Outremont ou de Westmount. Elles quittaient le domicile familial pour aller vivre dans une famille de la ville qui les protégerait des dangers moraux de la vie urbaine. Leur séjour dans une même famille ne semble pas avoir été long et la mobilité paraît avoir été élevée chez les domestiques si on en croit les plaintes des femmes de la bourgeoisie.

Cette catégorie de travailleuses ne verra jamais ses gages fixés par la loi. Le Syndicat professionnel féminin de Jonquière a demandé, mais en vain, au congrès de la CTCC de 1937 que des pressions se fassent pour que la loi du salaire minimum s'applique aussi aux domestiques [29]. La situation est similaire pour les «femmes de peine», ces domestiques à la journée. Parmi celles-ci, il semble qu'un certain nombre aient été mariées:

---

[27] *Labour Gazette*, (1911): 608 et (1907-1908): 462, ainsi que «Plaintes formulées par les ouvrières de la Dominion Textile d'Hochelaga» *op. cit.*

[28] Par travailleuses des «services personnels» les catégories de recensement entendent les domestiques, «femmes de peine», cuisinières, matronnes, gouvernantes, manucures, filles de table et coiffeuses. Les domestiques forment la majeure partie de ce groupe de travailleuses, soit 63% en 1921, 68% en 1931 et 58% en 1941. *Recensement du Canada*, (1931), vol. 5, t. 8, et (1941), vol. 6, t. 7.

[29] *Procès-verbal*, Congrès de la CTCC (1937): 106. Archives de la CSN.

La statistique officielle ne donne pas le nombre de femmes mariées qui travaillent, mais nous savons, par le témoignage des inspecteurs et de nos associations professionnelles que la femme mariée qui a besoin de gagner sa vie ne se dirige pas vers la manufacture ou le magasin. On la retrouve trop souvent hélas parmi les femmes de peine. Une seule annonce dans nos quotidiens nous en dit long à ce sujet. Une partie des femmes qui vont en journée sont des femmes mariées qui même pendant leur grossesse acceptent des travaux au-dessus de leurs forces [30].

Alors que les femmes de la bourgeoisie montréalaise intercédaient fréquemment en faveur des ouvrières d'usine ou à domicile en dénonçant leurs conditions d'exploitation, elles n'avaient que rarement conscience du sort de leurs propres domestiques ou femmes de ménage qui sont les travailleuses recevant les plus bas salaires et effectuant probablement les plus longues journées de travail. Les reproches concernant l'irresponsabilité et l'indépendance des domestiques qu'on retrouve dans les revues féminines démontrent le caractère de classe des projets des premières féministes. En effet, pour celles-ci le militantisme féministe et social n'est possible que si d'autres femmes font le travail ménager à leur place [31].

Évidemment peu de domestiques ont laissé des témoignages de leur expérience. Cependant les nombreuses campagnes de recrutement de domestiques faites par l'intermédiaire de curés de villages québécois ou par le ministère de l'immigration sont significatives du mécontentement des servantes qui étaient rapidement attirées vers les meilleurs salaires des manufactures, ou vers d'autres emplois socialement plus valorisés [32].

Cette tendance se confirme d'ailleurs par les variations dans la participation aux services personnels (voir tableau). Lorsque la guerre crée une grande demande de main-d'oeuvre, on constate une chute de 10 points de pourcentage dans ce secteur. Cependant, lors de la crise des

---

[30] Marie Gérin-Lajoie, *op. cit.: 4.*

[31] Voir l'étude sur les domestiques de V. Strong Boag et J. Stoddart «. . . And Things Were going Wrong at Home», *Atlantis, A Women's Studies Journal*, (fall 1975) 1,1: 38-44.

[32] D'après la féministe Carrie Derrick, les vendeuses considéraient que leur travail était socialement «supérieur» à celui de la domestique. Concrètement cela se vérifiait par le fait que la domestique se fait interpeller par son prénom alors que la vendeuse est appelée «Madame» ou «Mademoiselle». Carrie Derrick, «General Report on Women's Work», *Royal Commission on Industrial Training and Technical Education*, (Ottawa, King's Printer, 1913): 1976.

années trente, ce secteur se gonfle à nouveau de 10 points aux dépens d'une baisse équivalente dans le secteur manufacturier. Le travail des domestiques, cuisinières, femmes de ménage semble jouer le rôle de réserve de main-d'oeuvre pour le secteur manufacturier. Prévoyant un fort taux de chômage après la guerre de 1939-1945, des associations féminines proposent:

> Considérant que l'emploi domestique représente un des meilleurs moyens d'absorber les surplus de chômage féminin après la guerre, et que l'on y trouve la formation la plus apte à préparer la jeune fille aux soins du foyer, là où l'industrie tend à l'en détacher, la Conférence prie le gouvernement de créer un système uniforme pour toute la province d'entraînement domestique [33].

Le service domestique apparaît ici clairement comme un réservoir de main-d'oeuvre ouvrière extensible à volonté. C'est probablement cette extensibilité, conjuguée à la possibilité de certaines chômeuses de se transformer en ménagères non-salariées à la maison et aux faibles salaires féminins, qui explique que, durant la crise, le chômage féminin ne soit que de 9.7% alors que le chômage masculin est de 20.3% [34]. En outre nous remarquons que non seulement le taux global de participation féminine à la main-d'oeuvre est stable à cette période de crise, mais aussi que les taux d'activité moyens des travailleuses sont plus élevés que ceux des hommes.

## Le travail dans les bureaux et dans les magasins

Le travail dans les bureaux est un des rares métiers féminins qui exige un minimum d'instruction. À cause de cela, les jeunes filles issues de milieux ouvriers plus à l'aise ou de la petite bourgeoisie entreront dans cette profession alors en pleine croissance.

Cependant l'entrée des femmes dans les professions cléricales ne va pas de soi. Elles sont la cible idéale d'attaques contre le travail féminin

---

[33] «Résolutions sur l'entraînement et l'orientation de la jeunesse féminine actuellement au travail en prévision du chômage d'après guerre», m.s., Archives FNSJB.

[34] Il est effectivement possible qu'un certain nombre de travailleuses soient retournées au travail ménager non-salarié en période de chômage. Cependant, il ne nous semble pas que le phénomène puisse expliquer à lui seul le taux moins élevé de chômage féminin. Car si tel était le cas, nous pourrions nous attendre à ce que les travailleuses adoptent systématiquement ce comportement ce qui ne se vérifie pas à la décennie suivante où l'écart chômeurs/chômeuses est beaucoup moins élevé: il y a en 1941 7.3% de chômeuses à Montréal et 10% de chômeurs. Pourcentages tirés du *Recensement du Canada* (1931), vol. 7, appendice, t. 2 et (1941), vol. 6, t. 15.

parce qu'elles envahissent un secteur qui jusque là était strictement masculin. On brandit le spectre des dangers moraux; le *Journal de Françoise,* revue féminine progressiste, dira même « La vie de bureau pour les jeunes filles est périlleuse à l'excès » [35]. L'opposition prend aussi la forme d'une tentative d'expulsion des femmes de la carrière de sténographe au tout début du siècle. Plus tard, on voudra interdire l'accès de la fonction publique aux femmes et dans les années trente une association de « collets blancs » veut effectuer une enquête sur le travail féminin avec le but avoué de remplacer graduellement les femmes par des hommes [36]. Mais là aussi les salaires féminins sont inférieurs aux salaires masculins [37].

Quant aux vendeuses, leurs conditions de travail sont passablement pénibles: elles ont de longues heures de travail, fréquemment des journées de douze heures qu'elles passent debout à servir la clientèle dans des endroits où les courants d'air sont fréquents. Ces conditions attirent l'attention de réformistes qui fondent l'Association des Demoiselles de magasin. Les deux premières décennies du siècle verront s'organiser des campagnes pour la fermeture des magasins à bonne heure le soir et pour l'observance de la Loi des sièges. Cette loi prévoyait la provision de sièges aux vendeuses pour qu'elles puissent s'asseoir en l'absence de clients. Les pressions eurent peu de succès car en 1927 « une enquête approfondie nous a forcé de constater que si la loi existe, elle n'est observée nulle part ou à peu près » [38].

Le personnel employé à temps partiel se retrouve surtout dans les magasins à rayons. Les magasins Woolworth's engagent jusqu'à 40% de femmes à temps partiel, ce qui d'après la Commission sur les écarts de prix empêche les femmes de se trouver du travail à temps plein ailleurs et de vivre décemment de leur salaire [39]. S'opposant à la généralisation du travail à temps partiel, une travailleuse écrit:

Vous . . . suggérez qu'on ait deux équipes pour le jour et sans doute
la nuit; la seconde équipe ravirait à la première ses heures de travail
par conséquent retrancherait aussi le mince salaire qui est souvent

---

[35] *Le Journal de Françoise*, (21 février 1903): 270.

[36] D'après une lettre de Thérèse Casgrain mentionnée dans Bureau de direction de la FNSJB, 12 janvier 1934, Archives FNSJB.

[37] Notons cependant que c'est dans ce secteur que l'écart salarial est le moins prononcé; en 1931, les travailleuses de bureau touchent 73% des salaires masculins. Calculé d'après *Recensement du Canada*, (1931) vol. 15, t. 17.

[38] Mme A. Gibeault, « Les employées de magasin », *La Bonne Parole*, (mai 1927): 13-14.

[39] *Report of the Royal Commission on Price Spreads:* 122.

bien juste pour payer ses dépenses d'honneur... Je sais que votre idée n'est pas assez logique pour être considérée car le patron d'aujourd'hui est trop mesquin et ambitieux pour faire la moindre addition à ses dépenses; faire travailler bien fort et payer très peu cela fait son affaire [40].

Cette réponse en dit long sur l'opinion de travailleuses sur le travail à temps partiel, depuis longtemps préconisé comme la solution idéale qui «donnerait (à la femme) la seconde partie de sa journée pour exécuter son travail ménager» [41].

## Les professions

Partout dans le monde occidental les femmes durent mener des luttes acharnées pour pénétrer dans les professions libérales, mais au Québec les succès furent lents à venir. L'admission des femmes à la pratique de la médecine et de la comptabilité ne se fit qu'en 1930, à la pratique du droit en 1941 et à la pratique du notariat qu'en 1956. Les élites conservatrices canadiennes françaises ont su contrôler l'accès des professions libérales les plus prestigieuses et ainsi garder leurs femmes et leurs filles à la maison.

Reste donc pour le dernier 10% des travailleuses montréalaises l'enseignement et la carrière d'infirmière. Là aussi l'entrée des femmes laïques catholiques ne sera pas facile car les services de la santé et l'éducation sont en bonne partie contrôlés par les communautés religieuses. Que ce soient les Soeurs Grises, les Hospitalières de Saint-Joseph ou les Soeurs de la Congrégation pour n'en nommer que quelques-unes, elles font une difficile concurrence aux laïques. Ainsi ce n'est qu'en 1897 qu'un cours d'infirmière est offert en langue française à des laïques à l'Hôpital Notre-Dame [42].

Pour les «femmes du monde» qui doivent gagner leur vie en enseignant ou en soignant les malades, l'éthique de bénévolat et de sacrifice qui caractérise le travail des religieuses effectué en marge de la produc-

---

[40] Lettre d'un «membre de la Fédération» à Marie Gérin-Lajoie, c. 1932, Archives des Soeurs Notre Dame du Bon Conseil. (SNDBC).

[41] Conférence de Henri Joly citée dans «Le coin du Travail», *La Bonne Parole,* (avril 1919): 8-9.

[42] M. Dumont-Johnson, «Histoire de la condition de la femme dans la Province de Québec», *Tradition culturelle et histoire politique de la femme au Canada,* Études préparées pour la Commission royale d'enquête sur la situation de la femme au Canada, no 8 (Ottawa, Information Canada, 1971): 27-31.

tion sociale fera partie de leurs conditions de travail. Cette «vocation» que doivent partager malgré elles les institutrices avec leurs consoeurs religieuses explique en partie que les protestantes, qui ne subissent pas une telle concurrence des religieuses, gagnent le double du salaire des institutrices catholiques en 1905[43]. C'est aussi à cette époque que s'amorce la laïcisation de l'enseignement; alors qu'il y a six fois plus de religieuses que de laïques en 1905, ces dernières forment 43% des enseignantes de la CECM en 1938[44].

Au début du siècle, les salaires des institutrices montréalaises sont inférieurs aux salaires moyens féminins dans la province. Des luttes seront menées par l'Association des Institutrices catholiques fondée en 1907, qui obtiendra avec les anglophones le relèvement de 50% du montant de leur pension. Les salaires seront majorés lors de l'obtention d'une nouvelle échelle par l'*Association de Bien-Être des Instituteurs* en 1919. Cette échelle qui restera en vigueur jusqu'en 1944 est l'exemple parfait de l'application du principe à travail égal, salaire inférieur. L'enseignante à sa première année touche $625 et le jeune homme $900; si ce dernier a la bonne fortune de convoler en justes noces, son salaire monte à 1200. Si par contre l'institutrice se marie, elle doit quitter la Commission scolaire . . .[45]

Le travail social et le travail d'infirmière seront quant à eux, dans plusieurs de leurs aspects, une chasse-gardée des religieuses pour toute la première moitié du siècle.

Enfin reste aux femmes instruites la carrière journalistique: profession fort mal payée mais qui jouissait d'un certain prestige et permettait à des courriéristes comme Fadette, Colette, Françoise ou Madeleine d'avoir une certaine influence dans la société[46]. La plupart des quoti-

---

[43] *Rapport du surintendant de l'Instruction Publique de la Province de Québec pour l'année 1905-1906* (Québec, 1907): 273, 301.

[44] *Ibid.*, et «Fiches de dénombrement du personnel», Archives de la Commission des Écoles Catholiques de Montréal (CECM).

[45] «Échelle des traitements adoptée par le Bureau Central de la Commission à sa séance du 13 avril ajournée au 16 avril 1920», Archives CECM. À la CECM nous n'avons pas retracé de règlement empêchant les femmes mariées d'enseigner comme il en existait en Colombie-Britannique. Mais il semble bien que seules des célibataires enseignaient d'après les fiches de dénombrement de personnel à cette période, il n'y a qu'en 1929 qu'on relève du personnel féminin marié (des veuves?) qui constituent 1,4% du personnel féminin.

[46] Il est symptomatique que ces journalistes aient à travailler sous un nom de plume, prénom par surcroît. Il s'agit respectivement d'Henriette Dessaules (*Le Devoir*), Édouardina Lesage (*La Presse*), Robertine Barry (*Le Journal de Françoise*) et Madeleine Gleason-Huguenin, (*La Patrie*, puis fondatrice de *La Revue Moderne*).

diens montréalais ont à cette époque une page féminine, mais il faut bien voir que cette carrière ne pouvait constituer un débouché important pour les femmes instruites, confinées qu'elles étaient aux seules pages féminines ou aux journaux féminins.

À toutes fins pratiques, l'accès au monde du travail est réservé aux seules femmes d'origine ouvrière ou rurale qui devront se contenter de salaires très peu élevés. Le travail de bureau ou les professions dont nous venons de parler, à cause de l'instruction qu'ils exigent, recrutent probablement des femmes des couches les plus aisées de la classe ouvrière ou celles de la petite bourgeoisie.

Quant aux femmes de la bourgeoisie, peu d'emplois leur sont accessibles. Les professions libérales leur sont fermées et elles sont exclues du «monde des affaires» à cause de l'incapacité juridique des femmes mariées. Elles n'auront donc guère tendance à entrer sur le marché du travail.

## La société et le travail féminin

Pour de nombreux idéologues de la première moitié du 20$^e$ siècle, le travail féminin était un phénomène nouveau. L'insertion des femmes dans la production sociale capitaliste au même titre que les autres travailleurs a été traitée comme un problème social auquel on a tenté d'apporter de nombreuses solutions pour l'enrayer, le contrôler ou même l'interdire. C'est dans un climat de réprobation si ce n'est d'hostilité que des milliers de travailleuses ont dû gagner leur vie.

Cependant les attitudes face au travail féminin n'ont pas été uniformes au cours des années 1900-1940. Avant la première guerre mondiale, le mouvement de réforme, mené par des bourgeois progressistes, entraîne une remise en question des abus les plus flagrants du capitalisme industriel. Parmi ces abus, la situation des femmes au travail: dans quelles conditions travaillent-elles? Leurs salaires sont-ils suffisants? Comment peuvent-elles harmoniser travail et rôle familial? Doit-on protéger les travailleuses? Tous les métiers peuvent-ils leur être ouverts? Ces questions ont été vivement débattues. Elles ont donné lieu à des enquêtes sur la situation des travailleuses, à des pressions pour une législation protectionniste, à la nomination d'inspectrices d'usines, à la formation d'associations professionnelles et à la création de cours de perfectionnement.

Des traces de ces débats et de cette agitation se retrouvent autant chez des organisations féministes que réformistes ou ouvrières [47].

Cette remise en question s'inscrit dans un contexte où la constatation de nouvelles conditions sociales nécessite un ajustement. Même les femmes changent:

> Les femmes ne craignent plus de s'assurer une fière indépendance par le travail, si humble qu'il soit... travailler n'est pas déchoir... Le nombre de filles qui se marient n'est plus ce qu'il était autrefois... Autres temps... autres moeurs et il faut toujours parer aux éventualités qu'il apporte [48].

Rarement cependant on remettra en cause la rôle des femmes dans la famille; des progressistes rêvent d'une harmonieuse conciliation du travail salarié et du travail ménager:

> Je voudrais que rien ne l'empêchât dans la mesure de ses devoirs d'épouse et de mère de faire place au foyer, pour un bureau d'affaires, un atelier, une étude, soit des professions libérales, de la science ou des arts... et cela non comme simple amateur mais comme professionnelle. La femme créerait donc sa situation économique, mais oui, là est la condition de son développement [49].

D'autre part, les féministes saisiront l'importance de l'organisation parmi les travailleuses. Elles mettront sur pied une série d'associations professionnelles de travailleuses qui réuniront dans les mêmes associations des dames patronnesses, souvent épouses de patrons, et des travailleuses. Le caractère très ambigu de ces associations se reflète aussi dans les moyens d'action préconisés qui diffèrent passablement de ceux du mouvement ouvrier de l'époque [50].

Malgré les limites inhérentes à ce réformisme, on assiste avant la guerre de 1914-1918, à une tentative de redéfinition du rôle des femmes et à l'élaboration d'une certaine notion du droit au travail des femmes.

L'après-guerre sera la période du retour en arrière avec la résurgence du conservatisme. La mainmise des élites clérico-nationalistes s'affirme

---

[47] Voir entre autres les documents des syndicats, les comptes rendus des *Semaines Sociales du Canada*, les articles de *l'École Sociale Populaire* et les archives d'associations telles le National Council of Women of Canada et la Fédération Nationale Saint-Jean-Baptiste.

[48] *Le Journal de Françoise*, (21 février 1903): 269.

[49] Lettre de Marie Gérin-Lajoie à Léonie Morel, brouillon, juillet 1903, Archives SNDBC.

[50] Voir dans ce recueil l'article «La Fédération Nationale Saint-Jean-Baptiste et les revendications féministes au début du XXᵉ siècle».

au cours des décennies suivantes sur la plupart des institutions politiques, des associations et des organisations ouvrières. Surtout véhiculée par le clergé et une partie de la petite bourgeoisie, l'idéologie conservatrice s'oppose fermement à tout changement dans le rôle féminin susceptible de bouleverser le pouvoir paternel dans la famille et la division rigide des tâches entre homme et femme. Cette vision de la femme, gardienne de la langue, de la foi et des traditions, fait partie intégrante d'une vision d'un Canada français catholique et aura des porte-parole prestigieux: l'arche-vêque de Montréal, Mgr Gauthier, le cardinal Villeneuve, Maurice Duplessis, Henri Bourassa et Georges Pelletier, directeurs du *Devoir*.

En temps de prospérité relative, cette opposition au travail féminin s'exprime dans un souci exagéré pour le bien-être du foyer qui pourrait être compromis si la mère prend des goûts de luxe, d'indépendance ou est mal préparée à sa tâche domestique par son expérience de travail[51].

Dans le mouvement ouvrier, les travailleuses sont perçues comme des concurrentes. La tendance généralisée à remplacer des hommes par des femmes afin d'abaisser les salaires avait d'ailleurs suscité de vifs mouvements d'opposition; des syndicats avaient même mené des grèves pour le renvoi des femmes[52]. Mais, de façon plus générale, une telle stratégie d'opposition systématique à l'emploi des femmes était irréalisa-ble: seule était possible une lutte qui ferait que le patronat n'aurait plus intérêt à engager des femmes aux dépens des hommes.

Quelquefois cette politique s'est traduite par la revendication de l'égalité salariale, mais dans la plupart des cas, elle s'est exprimée par le biais de revendications visant à protéger la main-d'oeuvre féminine. Les syndicats canadiens, avant la crise des années trente, formulent donc des revendications protectionnistes telles la fixation de salaires minima pour les femmes, des allocations aux mères afin qu'elles ne soient pas obligées de travailler, une réglementation du travail féminin avant et après l'ac-couchement, et une protection et une sécurité accrues pour les femmes et les enfants dans l'industrie[53].

---

[51] Voir dans ce recueil l'article « Henri Bourassa et la question des femmes »; ainsi que les articles des *Semaines Sociales du Canada* (1920-1940) et de *l'École Sociale Populaire*. (1911-1940)

[52] Les relieurs de Montréal entrent en grève en 1904 parce que des femmes sont engagées pour effectuer un travail précédemment réservé aux hommes., *La Gazette du Travail*, (1904-1905): 190. Madeleine Guilbert a analysé pour la France ce phénomène qui fut fréquent dans les débuts de l'industrialisation dans son ouvrage *Les femmes et l'organi-sation syndicale avant 1914*, (Paris, CNRS, 1966), 555.

[53] D'après les résolutions des congrès annuels des diverses centrales syndicales cana-diennes telles que rapportées dans *La Gazette du Travail* de 1921 à 1930.

La nouvelle Confédération des travailleurs catholiques du Canada (CTCC), très influencée par le clergé, considère les travailleuses comme des concurrentes qui prennent des emplois «au détriment des pauvres pères de famille»[54], tout en votant des résolutions pour protéger le travail féminin. Mais la division créée entre travailleurs et travailleuses est telle que, durant la crise la CTCC dénoncera systématiquement le travail féminin:

> Attendu que l'une des causes principales du chômage est le développement exagéré du travail féminin, le congrès demande à la législation (sic) provinciale de restreindre à de justes proportions l'emploi de la main-d'oeuvre féminine... et spécialement en commençant par le congédiement des femmes mariées[55].

La dénonciation du travail des femmes mariées a une signification plutôt symbolique, vu le faible nombre de femmes mariées au travail. Mais il faut bien un bouc-émissaire pour canaliser le mécontentement provoqué par le chômage aigu: on a donc prôné le droit des hommes au travail par la négation de ce même droit aux femmes.

Cette dénonciation, alimentée par une idéologie conservatrice atteint un certain sommet lors de la présentation du projet de loi Francoeur en 1935. Les débats autour du projet de loi «... décrétant que les femmes ou les jeunes filles sollicitant un emploi devront faire la preuve qu'elles ont réellement besoin de le faire...»[56] sont révélateurs de l'importance relative des différentes attitudes existantes sur le rôle des femmes et plus spécifiquement sur leur participation au marché du travail. Si, pour le clergé, le travail des femmes menace l'unité morale qu'est la famille, pour les laïques, il remet en cause tout simplement les rôles sexuels traditionnels au détriment du prestige et de l'autorité masculine. Selon le député de Hull:

> Il faut corriger une situation complètement anormale: on en est rendu à voir des jeunes filles et même des mères quitter la maison pour le travail, tandis que le mari et les jeunes gens restent chez eux prenant soin des enfants et font même la cuisine[57].

Malgré l'adhésion du premier ministre Taschereau et d'autres députés à l'esprit du projet de loi, il est rejeté par un vote de 47 voix contre

---

[54] *Procès-verbal*, Congrès de la CTCC, résolution 34 (1921), Archives de la CSN.
[55] *Ibid.*, résolution 15, (1935).
[56] *La Presse*, (23 janvier 1935).
[57] *Ibid.*

16. Son rejet, malgré cette adhésion de plusieurs membres de l'Assemblée législative à «son esprit», reflète curieusement la contradiction entre une idéologie conservatrice et les nécessités économiques d'une province qui ne peut se passer du travail féminin.

*    *    *

L'étude de ces décennies d'histoire du travail féminin montre une lente mais continuelle progression de la participation des femmes au travail. On y constate assez peu de changements au niveau de la répartition de la main-d'oeuvre, si ce ne sont des déplacements des travailleuses des services personnels et des manufactures selon la conjoncture économique. La discrimination salariale est tenace et l'éventail des emplois féminins fort restreint: on est midinette, domestique, secrétaire, vendeuse ou enseignante. Les lois de travail sont peu respectées et par leur caractère protectionniste, elles contribuent à marginaliser le travail féminin. Enfin, l'attitude de certains syndicats et les porte-parole de l'idéologie officielle maintiennent la primauté du rôle de la femme au foyer.

Cette idéologie qui s'affirme surtout après la première guerre mondiale a affecté les femmes au travail. Tant que les élites conservatrices posent leur véto à l'entrée des femmes dans les universités et les professions, tant qu'elles maintiennent les femmes mariées dans un état d'incapacité juridique, femmes et filles de la bourgeoisie sont à toutes fins pratiques exclues du monde du travail. La seule échappatoire reste le travail professionnel, mais bien sûr gratuit et invisible dans les communautés religieuses; il est beaucoup trop rentable socialement pour qu'on s'y oppose.

Mais cette idéologie de la mère au foyer ne pouvait changer le cours de l'histoire et influer de façon significative sur la participation féminine au travail salarié. Le travail des ouvrières était essentiel à l'économie: le commerce et l'industrie étaient détenus par une bourgeoisie qui avait besoin du travail des femmes et qui ne voulait se payer le luxe de s'embarasser des concepts conservateurs en vigueur dans la société québécoise. Cependant cette idéologie a eu aussi des effets réels sur les travailleuses, car, en caractérisant leur travail comme marginal et anormal, elle les conditionnait à se soumettre aux injustices et à la discrimination. Assumé par une importante partie du mouvement ouvrier, ce chauvinisme a fait que de nombreux syndicats n'ont pas véritablement contesté la politique des bas salaires et des mauvaises conditions de travail de la main-d'oeuvre féminine, privant ainsi les travailleuses d'un instrument de lutte essentiel. L'idéologie dominante de la mère au foyer a favorisé le maintien de l'ère du «cheap labor» féminin en soulignant l'illégitimité du travail féminin, et les premières victimes de cette situation ont été les travailleuses elles-mêmes.

En dépit de cette opposition au travail, les femmes ne sont pas retournées à la maison, et elles ont même lutté pour l'amélioration de leurs conditions de travail. Cette résistance s'est exprimée de multiples façons. Que l'on songe à la timide protestation d'institutrices réclamant une augmentation de salaire, [58] ou à la participation d'ouvrières au 1er mai dans les années dix, [59] ou à l'adhésion de midinettes à la Ligue d'unité ouvrière, syndicat d'inspiration communiste, et il nous sera possible d'imaginer que l'histoire des travailleuses est autre chose que l'histoire de leur exploitation. C'est aussi celle de leur résistance qui a dû passer par un processus d'auto-identification en tant que travailleuses. Cette prise de conscience qui s'effectue durant des décennies était une étape nécessaire à franchir dans l'histoire du travail des femmes avant l'élaboration à une période ultérieure de revendications plus systématiques contre la discrimination.

---

[58] Mlle A. Bibaud, présidente de l'Association des Institutrices de Montréal aux commissaires de la CECM, 16 avril 1920, Archives CECM. Dans cette lettre l'association proteste contre une nouvelle échelle de traitements qui accroît l'écart salarial hommes/femmes, tout en se défendant de réclamer un salaire égal pour un travail égal.

[59] *Le Devoir* et *La Presse* ont commenté la présence des femmes à ces manifestations. Voir C. Larivière, *Le Premier Mai, fête internationale des travailleurs*, (Montréal, Éd. Albert St-Martin, 1975), 45 p.

# LES FEMMES DANS LE MOUVEMENT SYNDICAL QUÉBÉCOIS *

## Mona-Josée Gagnon

Il aura fallu la résurgence des mouvements féministes pour que des chercheurs s'intéressent à la place des femmes dans les diverses organisations, dont le mouvement syndical. La recherche concernant l'activité féminine dans tous les secteurs semble appelée à s'intensifier au cours des prochaines années, à cause du caractère d'actualité de la discussion sur la condition féminine. Mais le chercheur québécois, et cela est encore plus vrai dans le domaine du syndicalisme, a bien peu à se mettre sous la dent. Le mouvement syndical québécois, comme entité, s'est trouvé peu d'historiens. Conjugué au féminin, ce sujet n'a inspiré qu'un nombre infime de thèses et d'enquêtes parcellaires et autant de publications syndicales qui ont eu plus ou moins de retentissement. On n'a pas beaucoup non plus écrit sur la femme québécoise au travail: quelques statistiques (fédérales pour la plupart), des bribes d'articles ou d'ouvrages traitant du sujet de façon tangentielle... Si d'autre part des ouvrages sérieux ont été faits en d'autres pays sur le travail féminin, les études sur la femme dans le mouvement syndical ne commencent qu'à apparaître de façon générale.

Ce vacuum bibliographique dont nous faisons état conditionne forcément la rédaction d'un article consacré à la femme dans le mouvement syndical québécois. Puisqu'il faut bien commencer quelque part, au risque de ne rien dire du tout, cet article tente surtout de lancer des hypothèses, à la lumière des informations que nous détenons sur les organisations syndicales et à l'intérieur d'un cadre d'analyse féministe. Puisse-t-il susciter d'autres recherches. Car les femmes ne peuvent se permettre encore très longtemps d'être absentes, tant physiquement qu'au niveau idéologique comme catalyseurs de discussion sur la condition féminine, dans le mouvement syndical québécois et dans les organismes militants qui gravitent autour de ce dernier. L'affirmation de la présence féminine dans le syndicalisme semble d'ailleurs heureusement être la tendance qui s'est dessinée au fil des derniers mois. Mais ceci seul ne

* Texte paru dans *Sociologie et sociétés*, VI, 1 (mai 1974); 17-36. Reproduit avec la permission de l'éditeur.

saurait conférer à la collectivité syndicale féminine un «poids» politique qu'elle n'a pas encore su gagner.

## 1. La société québécoise: idéologies sociétales et dynamique du mouvement syndical

On ne peut étudier la dynamique de notre mouvement syndical sans mettre ce dernier en parallèle avec la société dans laquelle il s'incarne. Même si le mouvement syndical, par la voix de ses leaders et militants, se définit de plus en plus comme agent de changement à l'intérieur de notre société et porte-parole de la contestation et de la remise en cause de l'ordre établi, il n'en demeure pas moins qu'il s'est révélé tributaire, dans la formulation de son attitude vis-à-vis des femmes (niveau idéologique) et dans la place qu'il a réservée aux femmes (niveau politique), de cette même société. C'est à partir de ce postulat de base que nous allons maintenant faire un bilan de ces idéologies sociétales qui ont marqué, à des degrés divers, le mouvement syndical dans son attitude face aux femmes [1]. Cette étude nous amènera à formuler deux hypothèses.

### 1.1. La femme dans les idéologies sociétales québécoises

La perception du travail féminin n'est qu'un aspect d'un sujet plus vaste: la définition du rôle social attribué aux femmes et aux hommes, ces deux rôles étant généralement définis de façon complémentaire. De même la perception du militantisme syndical féminin est reliée à la perception du travail féminin. C'est pourquoi les notes qui suivent sur les idéologies québécoises englobent toute la question du statut des femmes: le «destin» féminin est indivisible [2].

L'étude de la place de la femme dans nos idéologies nous fait faire une lecture privilégiée de notre histoire idéologique. Cette étude nous permet de lire en filigrane les angoisses et les craintes qu'éprouvèrent les

---

[1] Il nous est difficile de faire, en si peu de pages, les distinctions qui s'imposent entre «mouvement syndical officiel» et attitudes individuelles des leaders et militants syndicaux. Les deux niveaux d'analyse se recoupent souvent, en raison du caractère très «impliquant» d'un sujet comme la condition féminine, et de l'hégémonie masculine sur le mouvement syndical. Sauf indications contraires, nous nous en tenons ici aux positions officielles véhiculées par le mouvement syndical.

[2] La section 1.1. s'inspire d'un travail de l'auteur: *la Femme dans l'idéologie québécoise et dans la C.S.N.: étude idéologique et monographie syndicale*, thèse de maîtrise (Relations industrielles), Université de Montréal, 1973, 280 p.

Québécois à accepter l'urbanisation et l'industrialisation; on peut d'ailleurs opérer certains rapprochements entre idéologies globales et idéologies partielles concernant la femme.

S'il est difficile de déterminer dans le temps avec précision l'éclosion et la disparition d'une idéologie, il nous est toutefois loisible de déterminer les périodes où une idéologie est en position dominante. Jusqu'aux années 60, une idéologie traditionaliste centrée sur la femme au foyer domine incontestablement le Québec: cette idéologie fait partie intégrante du système idéologique global appelé ailleurs «idéologie de conservation». De même qu'on refuse les progrès et les changements dûs à la transformation de notre structure industrielle, au nom de notre authenticité canadienne-française, on refusera de voir apporter quelque changement à la condition féminine. La famille étant alors considérée non seulement comme la cellule de base de notre société mais encore comme la raison de notre survivance miraculeuse comme peuple, on refusera d'accepter que les femmes puissent avoir d'autre vocation que d'être au service de la famille, rempart contre l'envahisseur matérialiste et anglo-saxon. On en déduira que les activités extérieures au foyer ne siéent pas aux femmes et on opposera un refus global au travail féminin.

Les élites cléricales et nationalistes ne manqueront pas d'ailleurs d'accrocher le grelot lors de l'envahissement des usines de munitions par la main-d'oeuvre féminine en temps de guerre (39-45). Ce besoin qu'avait le marché du travail de la main-d'oeuvre féminine en raison de la conjoncture politique et économique apparaît alors comme un complot anti-canadien-français visant à tuer l'institution familiale et à diffuser parmi les âmes féminines des idées matérialistes et égoïstes. Les ouvrières sont présentées par nos élites comme des femmes calculatrices ne pensant qu'à gagner de l'argent, abandonnant leurs enfants ou peu intéressées à procréer. Toujours la présence de la femme au foyer est présentée comme la condition indispensable à notre survivance nationale. Et c'est sur un ensemble de raisons d'ordre religieux, moral, politique (nationaliste), que l'on appuiera le refus du travail féminin.

Avec la révolution tranquille et la fin du duplessisme, l'idéologie traditionaliste doit faire place pendant les années 60 à l'idéologie globale de rattrapage, et qui constitue en fait un conglomérat idéologique assez diffus; ses tenants se regroupent surtout autour d'une volonté d'adaptation à la réalité, d'un refus de la conception purement traditionaliste du rôle de la femme en société. Les valeurs fondamentales ne sont toutefois pas remises en question; ainsi, tant dans l'idéologie traditionaliste que dans l'idéologie d'adaptation idéalisant une «femme-symbiose», la famille et

la division traditionnelle des rôles ne sont-elles pas contestées sérieusement. On définit encore la place de la femme à partir de son rôle dans
l'institution familiale. L'idéologie de rattrapage est exigeante envers les
femmes. On demande aux femmes d'être des maîtresses de maison et des
mères tout aussi douées que celles des générations précédentes. Mais on
ne veut pas les voir confinées, ni physiquement ni mentalement, aux
limites du foyer. On réclame des femmes socialement éveillées, intelligentes et cultivées.

En continuité avec certains éléments de la définition des vertus et
aptitudes féminines à laquelle s'adonnaient les définisseurs de l'idéologie
traditionaliste, on considérera que les femmes ont le devoir d'apporter au
monde une contribution proprement féminine; leur douceur, leur amour
de la paix, leur esprit de sacrifice, leur altruisme, leur sens du travail bien
fait, leur compréhension de la psychologie enfantine, leur instinct maternel, etc., toutes ces qualités leur dessinent des vocations sociales particu-
lières. On réclame donc la contribution des femmes dans la société et on
l'acceptera dans la mesure où cette contribution s'exerce dans les cadres
d'une féminité bien comprise. Même les mouvements dits féministes
insistent sur le caractère éminemment «féminin», au sens traditionnel, de
la contribution des femmes dans la vie politique; ex.: mouvement féminin pour la paix.

Au niveau de l'acceptation du travail féminin, les attitudes varient
tout au long d'un continuum mais se fondent sur un même dénominateur
commun. Ce dénominateur, c'est la prépondérance que l'on accorde
toujours au rôle familial et domestique des femmes. De façon générale,
on acceptera le travail féminin dans la mesure où les femmes en cause
s'acquittent bien de leur responsabilité première. Les opinions varient au
niveau des modalités: on conditionnera le droit des femmes au travail à
l'âge des enfants, au revenu du mari ou à l'état civil bien sûr. Il s'agit
d'un droit individuel au travail. Cette notion de féminité débordant les
cadres du foyer, que l'on appellera parfois «maternité spirituelle» des
femmes, donne naissance à la valorisation des métiers «féminins», ceux-
là mêmes où les femmes peuvent donner libre cours à ces qualités
intrinsèquement féminines. En bref, la femme-symbiose est une femme
qui, si elle ne travaille pas, est du moins en mesure de le faire ou l'a déjà
fait; elles est active dans diverses organisations (comités d'école, bénévolat, partis politiques...), mais son activité socio-politique est d'autant
plus appréciée qu'elle ne heurte pas l'accomplissement de ses responsabilités premières (famille et foyer) et qu'elle se fait dans le cadre d'une

féminité dont la définition se situe dans le prolongement de l'idéologie traditionnelle et de conservation.

Cette idéologie de rattrapage qui nous semble encore largement dominante est depuis peu attaquée par une idéologie de l'indifférenciation sexuelle, qui remet en cause la division même des rôles sociaux entre hommes et femmes. À partir de cette remise en cause fondamentale, les notions de féminité et de masculinité se vident de leur contenu pour se limiter à la constatation des différences physiologiques et des différences au niveau de la fonction de reproduction aisément observables. Cette idéologie aboutit à la description d'une société d'individus; le marché du travail serait transformé de fond en comble, l'institution familiale également ment [3].

C'est donc autour de ces trois systèmes idéologiques qu'a oscillé la société québécoise pendant ces dernières décades. Le mouvement syndical lui-même s'est défini par rapport à ces idéologies; si en certains cas la recherche idéologique syndicale est pour le moins peu articulée, il est généralement possible de la catégoriser, pour fins d'analyse, en fonction de ces systèmes idéologiques que nous avons définis plus haut.

## 1.2. Le mouvement syndical québécois face aux idéologies sociétales: deux hypothèses

### 1.2.1. *Influence de l'origine des centrales syndicales*

Nous savons que le mouvement syndical québécois, s'il se présente aujourd'hui sous la forme de trois principaux regroupements [4], C.S.N., C.E.Q. et F.T.Q., est d'origine diverse. Québécoise bien sûr, mais aussi canadienne et américaine. On a assez décrit d'autre part les particularités sociologiques du Québec en terre nord-américaine pour qu'il ne soit besoin d'insister longuement sur l'influence qu'ont pu exercer les pays d'origine, et ce que cette réalité charrie en termes de différenciation des valeurs, sur nos centrales syndicales. Ces différenciations apparaissent

---

[3] Voir *le Rapport de la Commission royale d'enquête sur la situation de la femme au Canada,* (Ottawa, Information Canada, 1970), 540 p.

[4] Nous ne parlerons pas ici de la Centrale des syndicats démocratiques (C.S.D.), dont la présence est intéressante d'un point de vue politique, mais qui, aux fins d'une étude sur le mouvement syndical et les femmes, ne saurait mériter une attention particulière. Elle se rattache au rameau du syndicalisme catholique et à la C.T.C.C.-C.S.N. sur cette question.

particulièrement évidentes lorsque l'on compare les attitudes des deux centrales ouvrières, F.T.Q. et C.S.N., par rapport à la question féminine. Nous avons tenté d'expliquer précédemment le caractère central du rôle social conféré aux femmes par les définisseurs d'idéologie québécoise; cette importance accordée à la famille et à la femme se manifestera nettement à la C.S.N. et beaucoup moins à la F.T.Q. Nous reviendrons sur ces différenciations dans les analyses que nous ferons de ces différentes centrales. Nous étudierons dans un premier temps le syndicalisme d'origine québécoise et dans un second temps le syndicalisme d'origine canadienne ou américaine. Par-delà l'identité fondamentale au niveau du *membership,* les membres de chacune des centrales étant tous aussi Québécois les uns que les autres et à ce titre porteurs des mêmes valeurs et des mêmes ambiguïtés, des différences très nettes se firent jour. Ces différences sont toutefois en voie de s'estomper si elles ne sont pas complètement disparues, et nous croirions volontiers que les deux centrales ouvrières, C.S.N. et F.T.Q. jadis si différentes, vont suivre des chemins parallèles au niveau de la réflexion sur la condition féminine.

### 1.2.2. *Décalage entre le niveau d'articulation de l'idéologie syndicale globale et le niveau d'articulation de la réflexion sur la condition féminine*

Le mouvement syndical a, croyons-nous, participé de l'incapacité de la gauche québécoise à articuler une idéologie de contestation sur la condition féminine, en réponse à l'idéologie traditionaliste puis à l'idéologie de rattrapage (femme-symbiose). Plus précisément, on observe un décalage considérable, dans le temps, entre la remise en question de notre système politique et économique, et la remise en question de la division traditionnelle des rôles sexuels et la constatation des liens unissant ces deux réalités. C'est ainsi qu'on a pu voir le mouvement syndical, ou du moins certains de ses éléments, amorcer une contestation globale de la société, en remettre les fondements en cause, sans pour autant cesser de véhiculer des valeurs, relativement à la condition féminine, qui sont objectivement reliées à un système idéologique traditionaliste. Nous reviendrons également sur cette hypothèse dans les sections subséquentes.

## 2. Le mouvement syndical québécois d'origine québécoise

### 2.1. C.T.C.C.-C.S.N. [5]

#### 2.1.1. *Idéologie de la C.T.C.C.-C.S.N. sur la question féminine* [6]

Pour la C.T.C.C.-C.S.N., la cellule familiale est l'unité sociale fondamentale. Elle transcende l'individu. Les politiques socio-économiques doivent être subordonnées à ses besoins. On considère qu'une société qui n'a pas de sollicitude particulière pour la famille et le foyer, ne peut se prétendre une société chrétienne et civilisée [7].

À l'origine, la C.T.C.C.-C.S.N. se présente porteuse d'une double tradition qui confirmait son authenticité québécoise: catholicisme et nationalisme. Sa fondation (1921) permit de regrouper les syndicats qui avaient germé au Québec, grâce à l'appui actif du clergé, en réponse à la pénétration de syndicats d'origine étrangère, qualifiés de matérialistes (non-catholiques) et parfois de communistes. Les travailleurs membres de la C.T.C.C. se définissaient comme membres d'une collectivité culturelle (religieuse, ethnique, linguistique), cette collectivité englobant aussi les patrons canadiens-français, conformément à l'idéologie corporatiste qui imprégna fortement la C.T.C.C. jusqu'aux années 50. Le travailleur membre de syndicats d'origine américaine et/ou canadienne était par contre défini par opposition à l'employeur.

Le travail féminin devint donc rapidement une préoccupation chez la C.T.C.C., à cause des répercussions qu'il était susceptible d'avoir sur l'institution familiale. La C.T.C.C. fut toujours extrêmement attentive aux conditions de travail des femmes, qu'elle ne considérait pas comme des travailleurs «ordinaires [8]». La C.T.C.C. délaissa une attitude relativement sereine face à la réalité du travail féminin lors de la seconde guerre mondiale. On la vit alors suivre les élites cléricales et nationalistes

---

[5] Les sigles désignent respectivement la Confédération des travailleurs catholiques du Canada et la Confédération des syndicats nationaux, soit un seul et même organisme. Le changement de nom et la déconfessionnalisation ont eu lieu en 1961.

[6] Cette section est inspirée d'un chapitre de la thèse déjà citée de l'auteur.

[7] Louis-Marie Tremblay, *Le syndicalisme québécois,* (Montréal, Les Presses de l'Université de Montréal, 1972), 99-100.

[8] Lucie Dagenais, «Participation des femmes aux mouvements syndicaux», *XXII<sup>e</sup> Congrès des relations industrielles de l'Université Laval sur le travail féminin,* (Québec, Les Presses de l'Université Laval, 1967), 146-157.

(bourgeoises) dans leur dénonciation de l'utilisation de main-d'oeuvre féminine. La C.T.C.C. s'opposait au travail féminin au nom de valeurs familiales et morales, dénonçait même les garderies mises sur pied par l'État, réclamait un salaire «familial» suffisant pour dispenser la femme de l'obligation de travailler.

> L'heure est grave. Notre pays est menacé à la source même de sa vitalité: la famille. Des mesures destinées à nous sauver, peuvent au contraire nous perdre si elles sont appliquées sans tenir compte du plan providentiel[9].

> Enfin, la femme mariée qui a de jeunes enfants ne devrait pas être admise dans les usines de guerre ( . . .) La tâche primordiale de nos mères est de bien élever leurs enfants ( . . .). Au nom des femmes canadiennes-françaises, nous nous adressons aujourd'hui au ministre provincial du Travail et nous le prions d'user de son autorité pour préserver la femme de tout travail qui, soit par sa nature même, soit par sa durée, dépasse ses forces, ou encore qui l'expose à de graves dangers d'ordre moral . . . [10]

En 1942, les délégués au congrès de la C.T.C.C. se prononcèrent pour l'emploi de tout homme valide avant l'embauche de femmes, parallèlement à une revendication de parité salariale pour les femmes. Ce congrès demandait aussi au gouvernement de classifier les emplois féminins et masculins, mesure évidemment susceptible de maintenir les salaires des travailleuses à des niveaux très bas. À l'issue de la guerre, la C.T.C.C. fit campagne, toujours de concert avec les élites cléricales et nationalistes, pour le retour des femmes au foyer et demanda une action gouvernementale en ce sens. Dans une publication[11] d'après-guerre, la C.T.C.C. marquait nettement que le travail des femmes était anormal, mais qu'il ne pouvait être défendu à toutes (mères abandonnées, jeunes filles soutiens de famille, veuves) à cause de considérations d'ordre humanitaire. «La C.T.C.C. estime qu'il est impossible de concilier l'ordre naturel des choses avec la présence des femmes dans les activités industrielles et commerciales. Sans doute que des contingences sociales viennent tempérer l'énoncé ci-dessus . . . »

À vrai dire, cette attitude de refus fondamental du travail féminin devait dominer la C.T.C.C. jusqu'en 1953, et laisser des traces jusqu'en 1964. Ceci n'empêchait pas la C.T.C.C. de se préoccuper, à l'occasion, de ses membres féminins, par la revendication de la parité salariale à travail égal, et continuer l'élaboration d'une politique protectionniste à

---

[9] Discours sur le travail féminin de M. Alfred Charpentier, président de la C.T.C.C., prononcé à l'occasion du congrès de la C.T.C.C. en 1942; cf. procès-verbal, 134.

[10] Procès-verbal du congrès C.T.C.C., 1942, 132-135.

[11] C.T.C.C., *tract n° 8*, non daté (après-guerre), 10.

l'endroit des femmes (horaires allégés). D'ailleurs, si on regarde le journal de la C.T.C.C. pendant cette période, on se rend compte que *jusqu'en 1960,* les pages féminines et les articles consacrés aux femmes s'adressaient presque uniquement aux épouses de syndiqués et étaient consacrés à la mission maternelle et familiale de la femme.

La période 1953-1964 constitue à l'intérieur de la C.T.C.C. une époque de discussion sur le travail féminin. Ces discussions eurent un écho notamment au niveau du congrès: création d'un comité, rapports sur le travail féminin. On parle des conditions difficiles des femmes sur le marché du travail, de la non-représentation des femmes à la direction de la C.T.C.C. De 1953 à 1964, toutefois, ces discussions semblent être davantage le fait d'individus (nommément M\ :sup:`lle` Jeanne Duval, vice-présidente de la C.T.C.C.) que de la centrale elle-même. C'est seulement en 1964 que la C.T.C.C. devait «officialiser» cette préoccupation, par la voix de son président Jean Marchand dans son rapport moral.

Nous ne sommes pas contre le travail féminin. D'ailleurs ça ne servirait à rien. Nous voulons seulement que leur «nature» soit respectée. Les femmes qui travaillent ont droit à un statut qui les protège non seulement comme individus salariés mais qui tienne compte aussi des besoins particuliers de leur condition de femmes ayant des responsabilités familiales [12].

C'est avec les années 60 également que le journal de la C.S.N. devait délaisser les épouses de ses membres [13], les recettes de cuisine et les trucs de ménage, pour s'intéresser aux problèmes vécus par un tiers de ses membres, les travailleuses.

En 1964, la C.S.N. s'engagea résolument dans une attitude protectionniste à l'endroit de ses membres féminins. Cette attitude protectionniste, sur laquelle nous reviendrons plus loin, se fonde sur les responsabilités familiales et domestiques des femmes; parce que les femmes au travail ont en plus la charge du foyer, elles doivent bénéficier d'un certain nombre de privilèges au cours des négociations comme pour ce qui est des lois du travail. Le travail féminin est encore souvent présenté de façon négative: on proclame que les femmes qui travaillent le font par obligation, mais que même si cette situation est essentiellement anormale, il faut accepter cette réalité.

De 1953 à 1966, la C.T.C.C.-C.S.N. discuta beaucoup, d'abord au niveau de son congrès et ensuite dans les pages de son journal (à partir de

---

[12] Procès-verbal du congrès 1964, *Rapport du président,* 8.
[13] Pendant plusieurs années, les rédactrices des pages féminines étaient effectivement des «épouses» de militants et écrivaient à ce titre.

1960), et souvent par l'intermédiaire d'un «comité féminin», le problème du travail féminin. À ce niveau, la C.S.N. fut véritablement novatrice dans la société québécoise: elle fut la première à poser les problèmes pratiques engendrés par le travail féminin, et à dénoncer les inégalités subies par les femmes sur le marché du travail. En 1966, toutefois, le «comité féminin» de la C.S.N. devait se dissoudre officiellement, ses membres alléguant que les membres féminins de la C.S.N. n'étaient pas fondamentalement différents de ses membres masculins et que par conséquent, elles devaient s'intégrer aux structures mixtes de la C.S.N. [14]. Depuis, la C.S.N. comme centrale n'a pris de position comme telle sur le travail féminin, si ce n'est dans son mémoire à la Commission Bird [15], mémoire qui n'a pas véritablement suscité de discussions à l'intérieur du mouvement. Ce mémoire s'inscrit dans l'optique protectionniste décrite plus haut.

On doit viser à abolir les conditions de vie ou de bas revenu de la famille qui obligent la femme mariée à travailler de façon à ce que son choix soit totalement personnel et non lié uniquement à des contingences financières. La femme pourra alors participer réellement et s'intéresser davantage au monde du travail puisque son entrée y sera une affaire de choix personnel entièrement assumé [...] Mais comme le B.I.T. [16] le proclame, une fois ce choix fait, les femmes doivent pouvoir jouir des conditions de travail telles qu'elles puissent s'acquitter pleinement de leurs responsabilités sans discrimination aucune et sans inconvénient pour la santé et le bien-être de leur famille [17].

À partir de ces positions, le mémoire réclame des mesures avantageant les femmes au travail (garderies, congé de maternité...). Il n'en reste pas moins que les travailleuses sont définies comme femmes d'abord, avec ce que cela implique de responsabilités familiales et maternelles. Les femmes au travail doivent s'acquitter de ces fonctions familiales. L'attribution de ces fonctions n'est pas contestée. L'optique d'ensemble est protectionniste: lois ou clauses privilégiant les femmes, compte tenu de ces responsabilités additionnelles.

---

[14] La C.F.D.T. (Confédération française des syndicats démocratiques) française, anciennement catholique, connut une évolution analogue au niveau de son comité féminin.

[15] Mémoires présentés par la C.S.N. et la F.T.Q. à la Commission royale d'enquête sur la situation de la femme au Canada, juin 1968.

[16] Bureau international du travail.

[17] Mémoire présenté par la C.S.N. à la Commission royale d'enquête sur la situation de la femme au Canada, juin 1968, 18.

Pour résumer brièvement, on peut diviser en trois étapes l'élaboration de l'idéologie C.S.N. sur le travail féminin. Jusqu'en 1953 domine l'attitude négative: le travail féminin est antinaturel, antichrétien, moralement dangereux, antifamilial. La C.T.C.C. est alors l'écho syndical de l'idéologie traditionaliste élaborée par les élites cléricales et nationalistes. De 1953 à 1964, phase de discussion intense sur le travail féminin, à l'instigation de femmes influentes du mouvement. En 1964, officialisation de cette préoccupation et reconnaissance officielle de la légitimité du travail féminin. Parallèlement, élaboration d'une idéologie protectionniste se situant dans le cadre de l'idéologie d'adaptation ou de rattrapage décrite à la section 1 de cet article. Toutefois, depuis la dissolution du comité féminin en 1966, le problème de la condition féminine est, à l'heure où ces lignes sont écrites, passé dans l'ombre. On pourrait penser que, à la faveur de sa rupture avec tout relent d'idéologie traditionaliste, la C.S.N. par ce silence, s'achemine en fait vers l'idéologie de l'indifférenciation sexuelle et l'abandon de son optique protectionniste.

### 2.1.2 Présence des femmes à la C.S.N.

Jusqu'au milieu des années 60, sauf en 1942, les femmes constituaient moins de 10% des délégués aux congrès de la C.T.C.C.-C.S.N., malgré qu'elles représentaient le tiers des membres. Il fut cependant longtemps coutume d'avoir une femme à l'un des postes de vice-président. Une femme en particulier fut pendant plusieurs années vice-présidente à la C.T.C.C.-C.S.N., et c'est sous son impulsion que fut amorcée de façon positive la discussion sur la condition féminine. Depuis quelques années, toutefois, la direction de la C.S.N. est exclusivement masculine; la dissolution du comité féminin devait consacrer le silence que fit la C.S.N. sur la question féminine. Les membres du comité féminin ne visaient évidemment pas cet objectif en prônant la dissolution; le peu de retentissements qu'ont eus les problèmes du travail féminin dans la C.S.N. depuis indiquent sans doute que la sensibilisation n'avait pas atteint un niveau suffisant pour dispenser la centrale d'un comité catalyseur et provocateur des discussions.

Des chiffres datant de 1968 situent ainsi la présence féminine à la C.S.N. Les femmes constituaient toujours environ le tiers des effectifs de la C.S.N., dominant largement quelques secteurs (vêtement, hôpitaux). À l'exécutif, on retrouvait une femme sur onze personnes. Au Bureau confédéral, onze femmes sur 130 personnes (8%). Parmi les soixante présidents, secrétaires et trésoriers des conseils centraux (structures régionales), il y avait en 1968 huit femmes (13%). Parmi les trente présidents, secrétaires et trésoriers des fédérations et secteurs (structures professionnelles), deux femmes seulement (6%).Enfin sur deux cents permanents syndicaux, cinq femmes seulement (2.5%) dont deux à la C.S.N. et les trois autres dans la F.N.S. (Fédération nationale des services).

Nous avons obtenu de la C.S.N. des chiffres semblables, compilés en septembre 1973.

| | | |
|---|---|---|
| Conseil confédéral | 17 femmes et 109 hommes | (13%) |
| Bureau confédéral | 4 femmes et  13 hommes | (23%) |
| Comités exécutifs des fédérations | | |
| (prés., sec. et trésoriers | 1 femme  et  24 hommes | ( 4%) |
| Comités exécutifs des conseils centraux | 15 femmes et  48 hommes | (24%) |
| Présidents de syndicats locaux | 145 femmes et 865 hommes | (14%) |
| Secrétaires de syndicats locaux [18] | 418 femmes et 593 hommes | (41%) |
| Trésoriers de syndicats locaux | 190 femmes et 720 hommes | (29%) |

On sait qu'il n'y a plus de femme à l'exécutif depuis que le nombre de postes à cet organisme de direction est passé de onze à cinq puis à six.

Enfin on note une très légère augmentation au niveau des permanents de la centrale: 170 hommes et 10 femmes, soit 2,5% à 5,5%.

## 2.2 Syndicalisme enseignant C.I.C.-C.E.Q. [18a]

La C.E.Q. n'est devenue centrale syndicale aux yeux de la loi que depuis quelques mois seulement. Toutefois, il y a déjà quelques années qu'elle est considérée comme partie intégrante du mouvement syndical québécois. L'organisation syndicale des enseignants a commencé vers 1936, dans le cadre d'organismes ruraux et urbains. Une femme, Mademoiselle Laure Gaudreault, était à l'origine de l'organisme le plus militant en ce domaine (Fédération catholique des institutrices rurales). On situe de façon générale le syndicalisme enseignant dans la ligne du syndicalisme catholique, de plus très perméable comme la C.T.C.C. et plus longtemps que cette dernière, à l'influence de la doctrine corporatiste.

---

[18] S'il est un poste traditionnellement attribué aux femmes, dans les instances intermédiaires ou à la base, c'est bien celui de secrétaire.

[18a] Ces sigles désignent respectivement la Corporation des instituteurs catholiques, la Corporation des enseignants du Québec, puis la Centrale de l'enseignement du Québec.

On sait qu'à la fin des années 50, il existait encore des disparités salariales énormes entre enseignants masculins et féminins, ainsi qu'entre urbains et ruraux. Par suite du caractère corporatiste de l'organisme, la C.I.C. ne fut pas appelée à se prononcer sur le travail féminin de façon générale. La lutte qu'elle mena se limita à revendiquer la parité entre hommes et femmes.

Malgré que les femmes constituent les $^2/_3$ des effectifs de la centrale, on ne trouve que deux femmes sur onze personnes à l'exécutif et cela depuis peu. Le Conseil provincial de l'organisme, instance suprême entre les congrès comprend douze femmes sur 125 membres (10%). Toujours à la fin de l'année 73, on comptait trois femmes sur 42 personnes présidant les syndicats régionaux de la centrale (7%), et seulement cinq femmes sur 46 occupaient des postes de «permanents» (11%).

C'est à son congrès de 1973 que la C.E.Q. s'orienta résolument vers l'approfondissement de sa réflexion sur la condition féminine. Un après-midi fut consacré à l'étude de la condition féminine en commission [19]. En plénière, le lendemain, on adopta une «résolution-fleuve» qui marquait la préoccupation globale de la C.E.Q. pour la libération des femmes, parallèlement à sa lutte pour la libération de la classe ouvrière. La résolution parlait également de garderies, de salaire à la femme au foyer [20], et finalement de la libéralisation des lois sur l'avortement. La C.E.Q. est d'ailleurs le seul organisme syndical à avoir pris position sur la question de l'avortement et même à l'avoir discutée. Concrètement, un comité d'étude a été mis sur pied, à la suite de ce congrès: des budgets de recherche ont été votés: des enseignantes sont «libérées», pour participer au travail du comité. Le comité entend mener particulièrement une étude sur l'image de la femme dans les manuels scolaires; le comité fera aussi de l'animation autour de cette question dans les syndicaux locaux et suscitera la création de comités féminins.

## 3. Le mouvement syndical québécois d'origine canadienne ou américaine
### 3.1. Idéologie de la Fédération des travailleurs du Québec sur la question féminine

La F.T.Q. est l'organisme résultant de la fusion, en 1957, des deux branches québécoises des syndicats américains et canadiens, la Fédéra-

---

[19] Cette commission siégeait concurremment à d'autres commissions. Si bien que les participants à ces commissions furent majoritairement des femmes, et que tous les délégués n'eurent pas l'occasion de se sensibiliser à ces problèmes.

[20] Cette question doit être étudiée par un comité d'étude de la C.E.Q.

tion provinciale du travail du Québec (F.P.T.Q.) et la Fédération des unions industrielles du Québec (F.U.I.Q.). Répliques de l'American Federation of Labour et du Congress of Industrial Organizations, ces deux organismes incarnaient d'une part les syndicats de métier et d'autre part les syndicats industriels; on retrouvait toutefois des syndicats industriels au sein de la F.P.T.Q. L'absence de recherches fouillées sur l'idéologie de ces deux organismes, combinée à la faiblesse de ces organismes qui n'en faisaient guère plus que des comités de coordination, nous permettent difficilement d'émettre quelque hypothèse que ce soit à leur sujet.

La F.U.I.Q. elle-même n'exista d'ailleurs que cinq années; malgré son option sociale-démocrate et sa remise en question globale de la société, qui faisaient d'elle la « centrale » la plus avancée politiquement, il ne semble pas que la question féminine fut sérieusement discutée dans ses rangs. De son côté, la Fédération provinciale du travail du Québec, qui regroupait majoritairement des syndicats de métier, lesquels dans bien des cas contrôlaient l'embauche et bloquaient l'entrée de femmes, arborait un visage très « masculin » et ne discutait pas beaucoup du travail féminin.

Si on compare en effet les mentions du travail féminin dans les pages du journal de la F.P.T.Q. ou lors des congrès, avec le vaste débat qui eut lieu à la C.S.N. de la seconde guerre jusqu'au milieu des années 60, on peut presque parler d'indifférence de la F.P.T.Q. à l'endroit des femmes. Cette attitude est d'autant plus frappante que le Québec entier vibrait alors aux accents d'une vigoureuse campagne profamiliale et antitravail féminin. C'est dire que la F.P.T.Q. était relativement imperméable à la campagne d'opinion menée par les élites bourgeoises et la C.T.C.C. Bien sûr, cette dernière réclama la parité salariale en déplorant la montée du travail féminin; mais cette résolution de congrès (1939) ne donna pas lieu à des discours officiels faisant appel à des arguments nationalistes, moraux et religieux comme à la C.T.C.C. Les membres de la F.P.T.Q. voulaient simplement dénoncer l'utilisation de *cheap labour*.

Si l'on regarde l'actuelle F.T.Q., qui n'existe que depuis 1957, cette attitude d'indifférence se maintint jusqu'à récemment. De 1957 à 1973, on remarque la traditionnelle résolution sur la parité salariale, la dénonciation du travail à domicile; dans les pages du journal, un billet régulier d'une femme assez influente dans le mouvement qui abordait souvent la question à titre personnel. La F.T.Q. refusa en 1965, à l'exemple de la C.S.N., de participer à un comité d'enquête gouvernemental sur le travail de nuit des femmes en usines; prétextant que la mandat du comité était trop restreint, la F.T.Q. demanda, par son congrès, au gouvernement de faire une vaste enquête sur toute la question du travail féminin.

C'est en 1968 que la F.T.Q. présenta un mémoire à la Commission Bird. Ce mémoire, comme tout autre mémoire, passa cependant inaperçu à l'intérieur de la «centrale» et ne suscita pas de débats. Le mémoire rattachait les problèmes de la main-d'oeuvre féminine à la division traditionnelle des rôles sociaux et s'opposait à toute forme de mesures spécialement destinées aux femmes (ex.: temps partiel); le travail de nuit des femmes, sujet litigieux, n'était cependant pas abordé. Le rapport du comité féminin présenté au congrès 1973 se situe dans la même ligne, précise l'option de 1968 et surtout lance à nouveau la discussion dans le mouvement.

En 1972, en effet, fut créé à la F.T.Q. un comité d'étude sur la condition féminine. Composé uniquement de femmes, militantes ou employées des syndicats affiliés, le comité avait pour mandat de retracer les raisons qui sont à l'origine de l'absence quasi totale des femmes dans les structures de pouvoir et de responsabilité de la F.T.Q. et de ses syndicats affiliés. Ce n'est donc qu'en 1972 que la F.T.Q. décida de s'occuper véritablement de la condition féminine, c'est-à-dire d'une façon propre à soulever des débats dans ses rangs; il faut mentionner que la féminisation de la F.T.Q. — les femmes ne constituent même aujourd'hui que 20% de ses effectifs comparativement à 33% chez la C.S.N. — est un phénomène relativement récent, qui a pris de l'ampleur au milieu des années 60 avec la syndicalisation des secteurs public et parapublic.

Le rapport présenté en 1973 [21] fit l'objet de discussions en congrès et même d'une séance en commissions pour tous les délégués; pour une «centrale» que la question n'avait jamais réellement préoccupée, cela constituait une ouverture assez radicale.

Après des séances en commissions assez animées et où les femmes s'exprimèrent beaucoup plus qu'à l'habitude, le congrès de la F.T.Q. devait ratifier l'orientation du document en plénière, soit les points suivants:

Association de la division traditionnelle des rôles sociaux à la discrimination subie par les femmes sur le marché du travail. Dénonciation de cette division traditionnelle des rôles;

---

[21] *Travailleuses et syndiquées,* F.T.Q., congrès 1973, rapport du comité F.T.Q. sur la situation de la femme, Montréal, 87 p.

Dénonciation de la sexualisation des métiers;
Adhésion à une optique syndicale «égalitariste» à l'endroit des femmes,
par opposition au protectionnisme (négociation de privilèges, de mesures
spéciales);
Reconnaissance du lien entre le système économico-politique et l'oppression des femmes.

Une série de politiques de négociation se situant dans cette optique
furent adoptées par la suite, axées notamment sur la dénonciation de la
sexualisation des métiers. Le congrès adopta aussi une résolution dénonçant une politique éventuelle de salaire pour la femme au foyer, au nom
des principes de base du rapport: nécessité de la reconnaissance du droit
au travail pour les femmes, contre la division traditionnelle des rôles
sociaux, liberté de choix des parents d'élever leurs enfants comme ils
l'entendent, etc.

Avec ce rapport la F.T.Q. a fait des pas de géant dans la reconnaissance du problème de la condition féminine. Le sujet a en peu de temps
gagné ses «lettres de noblesse» à l'intérieur du mouvement. Mais il faut
ici rappeler la faiblesse des structures de la F.T.Q. (affiliation volontaire, ressources financières et humaines réduites au strict minimum);
cette dernière, sans l'appui actif et militant de ses syndicats affiliés,
dispose de peu de pouvoirs.

### 3.2 Présence des femmes à la F.T.Q.

À la F.T.Q. tant dans sa propre direction que dans celles de ses
syndicats affiliés, les femmes sont sous-représentées de façon flagrante.
Il n'y a jamais eu de femmes à l'exécutif de la «centrale»; on retrouve
maintenant deux femmes au Conseil général, sur un total de 85 personnes
(plus haute instance entre les congrès). Sur les 680 permanents des
syndicats affiliés, elles ne totalisent pas 3% des effectifs. Des statistiques
mises à jour par le comité d'étude donnent des exemples multiples de
cette sous-représentation. Au niveau des syndicats locaux, il est cependant relativement fréquent de voir des femmes siéger à l'exécutif. La
proportion baisse régulièrement au niveau des directions provinciales [22].

[22] Le syndicat où les femmes sont les plus nombreuses, dans la F.T.Q., est le
S.C.F.P.: 30 000 membres dont 13 000 femmes (43%); 20% de femmes comme officiers
locaux; 2 membres sur 10 à l'exécutif de la direction provinciale; permanents du syndicat
exclusivement masculins. Un autre syndicat, l'Union des employés de service, constitue un
exemple un peu plus encourageant. *Membership* féminin à 80% — Conseil général 15
femmes sur 20 membres — 4 permanents féminins sur 20.

Il est remarquable de voir que si dans certains cas les femmes font des percées au niveau des postes exécutifs, les postes de permanents à plein temps demeurent l'apanage presque exclusif des hommes. Or on sait que, même s'ils ne se situent pas dans la structure formelle de pouvoir, les permanents ont dans les faits une influence énorme sur l'orientation des politiques de négociation des syndicats et qu'à ce titre ils constituent une sorte de «pouvoir parallèle». De plus, il n'y a plus de place, au niveau des postes de permanents, pour les candidatures «honorifiques»; il n'y a de place que pour la confiance dans la capacité de leadership et la compétence technique. Les femmes dans les rangs de la F.T.Q. ont donc beaucoup de chemin à faire pour prendre leur place[23].

# 4. La participation des femmes au mouvement syndical québécois

## 4.1 Syndicalisation

Alors qu'au Québec le taux de syndicalisation global des travailleurs salariés atteint 39%, ce qui est supérieur au taux canadien, on peut estimer à environ 30% le taux de syndicalisation des femmes salariées et à 45% celui des hommes[24]. Ce faible taux de syndicalisation des femmes trouve une explication superficielle dans le fait que les femmes sont proportionnellement plus nombreuses dans des secteurs faiblement syndiqués (tertiaire et services en général). La question qu'il faut ensuite se poser est évidemment «Pourquoi ces secteurs-là justement sont-ils faiblement syndiqués?». Les raisons peuvent être multiples, allant des difficultés objectives de syndicalisation (petits établissements, relations patron-travailleurs de type paternaliste, etc.) à l'indifférence ou à l'in-

---

[23] Au dernier congrès, une femme (la première candidate féminine) a été battue à la vice-présidence. Certains de ses partisans ont joué la carte «il faut une femme à la F.T.Q.», tactique dénoncée par des membres du comité d'étude féminin.

[24] À partir de données émanant des statistiques québécoises et des approximations des centrales elles-mêmes, on peut dresser le tableau suivant:

Total des salariés féminins    35% de 2 100 000: 735 000
Syndiqués féminins

| | | |
|---|---|---|
| C.S.N.-C.S.D. | 33% de 230 000 | : 75 000 |
| F.T.Q. | 20% de 275 000 | : 55 000 |
| C.E.Q. | 66% de 70 000 | : 45 000 |
| C.T.C. (affiliations qui échappent à la F.T.Q.) | | |
| | 25% de 125 000 | : 30 000 |
| Indépendants | 25% de 100 000 | : 25 000 |

Total: 230 000, soit 30% de syndicalisation pour les femmes et 45% pour les hommes.

compétence des structures syndicales, en passant par la réticence des femmes à la syndicalisation. Ce problème a d'ailleurs déjà été étudié [25].

Pour pallier les difficultés de syndicalisation inhérentes à certains secteurs, ces secteurs où la main-d'oeuvre féminine est abondante, le mouvement syndical, et particulièrement la F.T.Q., ont réclamé l'accréditation sectorielle. Ce système, qui n'a jamais dépassé l'étape de projet, et qui serait sans doute susceptible de permettre une expansion importante du mouvement syndical, pourrait rétablir l'équilibre entre le taux de syndicalisation des femmes et leur importance dans la main-d'oeuvre (1 sur 3 approximativement).

Au chapitre de la syndicalisation, il serait intéressant de voir dans quelle mesure l'opposition ville-campagne, incarnée par la F.T.Q. et la C.S.N., a pu avoir un impact sur la discussion de la condition féminine. On sait d'une part que la C.T.C.C. avait, dans les années 1940, fait de fortes percées parmi les industries situées dans les régions semi-rurales, dans les fiefs du petit patronat canadien-français: la F.T.Q., par contre, par ses ancêtres F.U.I.Q. et F.P.T.Q., était rentrée en force dans les grands centres urbains, les grosses usines à patronat anglo-saxon ou étranger. D'autre part, les populations urbaines ont semblé toujours précéder les populations rurales ou semi-rurales (petits centres urbains) au niveau de l'acceptation des réalités de l'industrialisation et de l'urbanisation; et le travail féminin se présentait comme partie intégrante de ces processus. On pourrait donc voir un facteur explicatif additionnel à la teneur différente des débats sur la condition féminine dans cette opposition ville-campagne au niveau du *membership* entre la F.T.Q. et la C.S.N.

## 4.2. Le militantisme féminin

### 4.2.1. *Évolution historique*

Nous avons fait état de l'entrée massive des femmes sur le marché du travail lors de la seconde guerre mondiale; non pas qu'elles n'aient pas

---

[25] Patricia Marchak. «Women Workers and White-Collar Unions», *la Revue canadienne de sociologie et d'anthropologie*, 10, 2, (mai 1973). Dans cet article, l'auteur avance que les employés féminins de bureau qui ne sont pas syndiqués sont plus intéressés à le devenir que les employés masculins. Par contre, parmi les employés de bureau syndiqués, les hommes sont plus satisfaits de l'être que les femmes. Ce qui peut s'expliquer par les deux éléments suivants. D'une part, les différences de revenu entre sexes sont plus grandes que les différences de revenu entre syndiqués et non-syndiqués. D'autre part, la syndicalisation semble avoir pour effet d'institutionnaliser les inégalités entre hommes et femmes plutôt que d'y mettre un terme.

été présentes auparavant, mais elles occupaient alors des secteurs relativement peu syndiqués. Pénétrant, grâce à la guerre, des secteurs industriels à haute productivité et à fort taux de syndicalisation, les femmes s'illustrèrent dans beaucoup d'endroits comme d'ardentes militantes. Une lignée de militantes s'inscrit dans la tradition du syndicalisme communiste et oeuvra à l'intérieur de syndicats d'origine américaine. Dans plusieurs cas, ces militantes étaient venues au syndicalisme par le canal de leur militantisme politique (au Parti communiste) et se taillèrent ensuite une place dans le mouvement syndical. Plusieurs militantes furent cependant balayées suite à l'«épuration» d'après-guerre. À part quelques cas isolés de limogeages «politiques» (ex.: Madeleine Parent, syndicat des textiles), le départ des femmes se fit de façon quasi «naturelle»:les hommes, de retour du front ou de l'armée, réoccupèrent les places laissées vacantes sur le marché du travail ainsi que dans les structures syndicales.

Avec la syndicalisation massive des secteurs publics et parapublics des années 50 et surtout des années 60, une nouvelle génération de militantes a fait son apparition, et ce sont en majorité ces femmes qui commencent à faire entendre leur voix dans les centrales ouvrières. La F.T.Q., particulièrement, a vu ses affiliations hautement «féminisées» pendant les années 60. De façon générale, toutefois, les femmes sont à peu près absentes des structures formelles et informelles de pouvoir à l'intérieur des centrales et des syndicats ou fédérations.

### 4.2.2. *Données sur le militantisme féminin* [26]

Au-delà des différences ou des similitudes intercentrales dont nous avons déjà fait état et qui prennent racine dans l'idéologie et dans les attitudes des directions syndicales (masculines), on peut isoler un certain nombre de facteurs conditionnant directement le militantisme féminin. On voudra bien considérer ces avancés comme des hypothèses, une seule étude de type monographique ne pouvant à nos yeux suffire à tirer des conclusions définitives. Ces conclusions découlent d'une monographie sur la participation féminine à l'intérieur de la Fédération nationale des services (F.N.S.) de la C.S.N., aujourd'hui connue sous le nom de Fédération des affaires sociales (F.A.S.).

On peut énumérer brièvement les trois variables favorisant le militantisme d'après nos recherches. Les informations disponibles ne nous

---

[26] Cette section s'inspire des conclusions de la thèse déjà citée de l'auteur.

ont permis que de faire des recoupements entre les postes d'officiers dans les syndicats locaux et le sexe et l'état civil. Il faut donc entendre par «militantisme» l'accession à l'exécutif d'un syndicat local. Il semble y avoir une relation positive entre la proportion de femmes dans les syndicats et le nombre de femmes occupant des postes à l'exécutif. Les chances sont plus grandes de trouver des femmes à l'exécutif des syndicats quand les membres y sont très majoritairement féminins.

Il semble y avoir une relation positive entre la dimension du syndicat et la participation féminine aux exécutifs de syndicats locaux. La proportion de membres féminins n'est pas significativement différente selon que l'on a affaire à un petit ou gros syndicat local. Les très gros syndicats (1 000 membres et plus) ont une proportion extrêmement faible de femmes officiers; en revanche, les très petits syndicats (49 membres et moins) ont une proportion quadruple de la première de femmes aux postes exécutifs.

Il semble y avoir une relation positive, dans le cas des femmes, entre le célibat et le militantisme syndical. Alors que les célibataires constituaient 45% des femmes membres de la F.N.S., elles occupaient 78% des postes exécutifs féminins. Les informations disponibles ne nous permettaient malheureusement pas de connaître les charges familiales (nombre d'enfants) des femmes officiers [27].

Une constatation à laquelle nos recherches nous ont amenée est aussi le fait que la participation féminine va en s'amenuisant au fur et à mesure que l'on monte dans l'échelle des pouvoirs et/ou de responsabilités à la F.N.S. À chaque palier, on trouve moins de femmes, si bien qu'au sommet, elles sont en nombre infime. La F.N.S. a compté de façon générale environ 70% de femmes [28]. Considérons qu'un premier niveau de participation consiste à être un membre actif de son syndicat local: 51% des simples membres [29] participant aux congrès étaient des femmes. On peut considérer ce chiffre comme une approximation — probablement biaisée vers le bas, car le voyage aux congrès est susceptible de décourager les femmes chargées d'enfants — de la proportion réelle de femmes militantes. Déjà on observe un décalage important entre le nombre de membres féminins et le nombre de militantes.

Mais à mesure que l'on monte dans la hiérarchie, ce décalage est accentué. Un second niveau de participation consiste à occuper un poste à

[27] Ces relations n'ont pas été confirmées statistiquement.
[28] Les chiffres que nous avons utilisés couvrent la période allant de 1964 à 1970.
[29] Il s'agit de syndiqués qui ne sont pas délégués officiels de leurs syndicats.

la direction d'un syndicat local et/ou à être délégué officiel aux congrès de la F.N.S. Selon les différentes méthodes de mesure utilisées, on arrive à un taux de 36% à 43% de participation féminine. Montons encore d'un cran et nous trouvons, pour les années 1964 à 1970, un taux de participation des femmes de 32% au Bureau fédéral (plus haute instance entre les congrès) et de 30% à l'Exécutif de la fédération. Au niveau des permanents de la F.N.S., la représentation féminine subit une importante dégringolade et frôle le 10% [30]. La voie que suit le militantisme syndical féminin est donc semée d'embûches, puisqu'il se conjugue difficilement avec pouvoirs et responsabilités. Telles sont les principales conclusions de notre recherche monographique. Seules d'autres études pourront confirmer la constance de ces tendances, indépendamment des secteurs industriels en cause [31].

## 5.  Le mouvement syndical québécois face aux femmes

Au-delà des différences d'attitudes découlant de traditions syndicales opposées, les centrales syndicales ont cependant un ensemble de positions en commun: de même, elles se trouvent confrontées aux mêmes alternatives, aux mêmes dilemmes. Ce sont ces points communs que nous allons maintenant faire ressortir.

### 5.1 Les revendications traditionnelles

À la fin des années 30, toutes les branches du mouvement syndical (ouvrier) québécois avaient embouché la trompette de la «parité salariale» pour les femmes, à travail égal. Malgré qu'il n'ait jamais dérogé de cette position, cette revendication n'a pas, après tout ce temps, rencontré le succès escompté. Les permanents syndicaux admettent, dans bien des cas, n'avoir pas encore réussi à hausser les salaires féminins au niveau des salaires masculins; des travailleurs masculins syndiqués

---

[30] Les données relatives aux syndicats de la F.T.Q. corroborent cette tendance à une sous-représentation féminine plus accentuée parmi les permanents.

[31] Sans vouloir la poser en hypothèse, une constatation semble s'imposer touchant le militantisme féminin. Parmi les ouvrières, ce sont les «ouvrières de carrière», celles qui ont 35 ans, 40 ans ou plus, qui militent davantage; les plus jeunes ont soit charge de jeunes enfants et sont peu disponibles, soit considèrent leur travail comme essentiellement transitoire et peu gratifiant, et ne sont donc pas intéressées au syndicat. Par contre, parmi les collets blancs (bureaux, hôpitaux), les jeunes femmes de moins de 30 ans sont autant, sinon davantage, militantes que leurs aînées.

contestent même parfois ce principe[32]. Si à l'origine les syndicats s'opposèrent à ce qu'on paye les femmes à tarifs moindres, ils étaient alors mûs par leur mentalité protectionniste qui les faisait s'opposer à toute forme de *cheap labour:* ils y voyaient avec raison une menace aux emplois de leurs membres. La revendication de la parité salariale est devenue extrêmement virulente lors de la seconde guerre mondiale: la main-d'oeuvre féminine était en effet très abondante, et on la faisait travailler dans des secteurs considérés comme masculins. Des déclarations officielles des dirigeants de la C.T.C.C. ne font d'ailleurs pas mystère des motivations à l'origine de la position syndicale sur la parité salariale: la place des femmes disait-on, était à la maison. La F.P.T.Q. votait en congrès une résolution pour la parité salariale, «attendu que des hommes valides chôment alors que des femmes travaillent. . .» Passé le grand traumatisme de la guerre, une fois que les femmes eurent, en partie, regardé leur foyer, la revendication de parité salariale s'institutionnalisa peu à peu, dans un cadre plus serein, dépourvu d'émotivité. Depuis déjà plusieurs années, le mouvement syndical réclame la parité salariale pour des raisons d'équité et de justice. On rapporte parfois que des employeurs, après s'être fait «imposer» par négociation, de payer autant les femmes que les hommes, n'embauchant plus que des hommes: mais les clauses d'ancienneté et de promotion des conventions collectives peuvent dans une grande mesure contrer ces tendances patronales.

## 5.2 La sexualisation des métiers

L'attention du mouvement syndical, au niveau de la protection d'un salaire décent pour les femmes, se portait uniquement sur les cas où elles effectuaient le même travail qu'au moins un homme; ce qui a permis au patronat de «créer», à son avantage, des métiers féminins, mal payés autant que peu intéressants. La tactique patronale était habile; connaissant le bas niveau d'acceptation du travail féminin en milieu syndical, l'hégémonie qu'y exerçaient les hommes, il était facile à prévoir que les critères de négociation et de revendication des syndicats seraient plus faciles à rencontrer s'il s'agissait de femmes uniquement. La notion de «salaire acceptable» varie beaucoup selon qu'il s'agit d'un homme ou d'une femme[33]. Même si la formation de la structure salariale et d'emploi est le

---

[32] Voir Renée Geoffroy et Paule Sainte-Marie, *le Travailleur syndiqué face au travail rémunéré de la femme*, étude n 9 préparée pour la Commission royale d'enquête sur la situation de la femme au Canada, (Ottawa, Information Canada, 1971), 145 p.

[33] L'utilisation de main-d'oeuvre féminine dans le cadre d'emplois à «temps partiel» (commerce, secrétariat, etc.) est un phénomène qui regarde celui de «sexualisation des métiers».

résultat de l'activité patronale, l'absence de dénonciation de ce processus de sexualisation des métiers qui permettait au patronat de maintenir l'ensemble des femmes à des niveaux salariaux inférieurs fait du mouvement syndical un « complice » objectif des employeurs.

Ce silence est d'autant plus étonnant de la part des syndicats qu'ils revendiquaient fortement la parité salariale, soi-disant par souci de justice et d'équité. Il était pourtant facile à voir que cette revendication de parité salariale était quotidiennement contournée par les employeurs par le biais de la sexualisation des métiers; les différences les plus minimes entre des postes de travail justifiaient des différences salariales importantes, les femmes occupant bien sûr l'étage du dessous. Et même à l'intérieur de secteurs industriels contrôlés par les syndicats (ex.: la confection), on remarque que les postes de travail les plus prestigieux et les plus rémunérateurs (ex.: tailleurs) sont l'apanage des hommes. Et l'on n'ignore pas, non plus, que les syndicats de métier (F.P.T.Q.-F.T.Q.) ont longtemps bloqué l'embauche de femmes, au même titre que les employeurs [34].

## 5.3 La tentation du protectionnisme syndical

Dans l'ensemble et du moins jusqu'à très récemment, les centrales syndicales ont eu tendance à adopter une attitude protectionniste face aux femmes. Très marquée à la C.T.C.C.-C.S.N., diffuse à la F.T.Q., cette attitude se fonde sur le double fardeau dont héritent les femmes travailleuses en bon nombre: travail à l'extérieur et travail à la maison (ménage, enfants). C'est au nom de raisons morales, familiales que la C.S.N. se prononcera contre le travail de nuit des femmes [35]. Cette centrale réclamera également des heures de travail allégées pour les femmes en 1968 [36]. La F.T.Q. sera la première à prendre ses distances face à cette attitude protectionniste. Cette dernière ne s'est jamais prononcée spécifiquement contre le travail de nuit des femmes. Déjà en 1968, la F.T.Q. s'opposait

---

[34] Si l'on trouve des femmes aujourd'hui parmi les typographes (F.T.Q.), ce n'est pas à cause du syndicat, mais bien à cause des employeurs qui, dans des ateliers non syndiqués, ont embauché des femmes à des salaires inférieurs. La syndicalisation de ces ateliers a intégré ces femmes au syndicat. L'embauche de femmes a suivi des changements technologiques importants et l'arrivée de nouvelles machines dont le fonctionnement ressemblait à celui d'une machine à écrire. Ceci n'empêche pas les préposés au fonctionnement de ces machines d'être dans la juridiction du syndicat des typographes.

[35] Mémoire présenté par la C.S.N. à la Commission royale d'enquête sur la situation de la femme au Canada (Bird).

[36] Mémoire présenté par la F.T.Q. à la Commission royale d'enquête sur la situation de la femme au Canada (Bird).

à la formulation de revendications spéciales pour les femmes [37]. Cette
tendance se confirmait au congrès de 1973.

## Conclusion

Il semble y avoir un renouveau dans la discussion de la condition
féminine parmi les diverses composantes du mouvement syndical québécois, spécialement à la C.E.Q. et à la F.T.Q. Pourtant, en 1973, la
sous-représentation des femmes dans les structures syndicales les maintient dans une proportion dérisoire.

Si dans le passé on a pu voir la C.T.C.C.-C.S.N. et la F.T.Q., en
raison de leurs traditions et de leurs origines différenciées, adopter des
attitudes très différentes face au travail féminin et à la condition féminine,
il est prévisible que ces différences vont aller en s'estompant, les deux
centrales puisant de plus en plus leur inspiration politique aux mêmes
sources et en fonction d'analyses similaires de la société. Il nous apparaît
que le mouvement syndical a eu tendance — et ceci est particulièrement
vrai dans le cas de la C.S.N. —, à laisser de côté la dimension féministe
dans le développement de son «projet politique»; on procédait à des
analyses critiques de la société, on en remettait en cause les fondements,
mais parallèlement, relativement à la condition féminine, on se référait à
des schèmes sortis tout droit de l'idéologie traditionaliste. Le mouvement
syndical doit donc opérer un rajustement à ce niveau; il devra ensuite
intégrer la dimension féministe dans sa pratique quotidienne et dans
l'idéologie qu'il véhicule.

La condition féminine est un sujet que l'on ne peut plus aborder de
façon parcellaire. Toute discussion sur le travail féminin renvoie à une
discussion plus globale remettant en cause l'orientation même d'une
société. À travers cette réflexion le mouvement syndical devra faire un
choix clair entre «protectionnisme» et «égalitarisme» syndical. Nous
croyons que l'idéologie de l'indifférenciation sexuelle devrait à l'avenir
inspirer le mouvement syndical québécois dans sa réflexion. Ce faisant, il
se trouvera très certainement à prendre plusieurs longueurs d'avance sur
la société dans laquelle il s'incarne, mais c'est là le rôle d'agent de
changement qu'il joue à tous les autres niveaux de la réflexion politique.
De plus il nous apparaît que la défense et la promotion des intérêts de ses
membres féminins passe par cette voie.

---

[37] Notamment contre l'association d'horaires de travail allégés avec la présence de
femmes sur le marché du travail.

# LES FEMMES ET LA VIE POLITIQUE AU QUÉBEC

Francine Fournier

Toute analyse historique de l'évolution politique des femmes du Québec ou d'ailleurs risque d'établir une distinction artificielle entre les luttes pour la reconnaissance juridique de leurs droits politiques, et celles, diffuses ou spécifiques, qui ont entouré leur condition sociale.

On ne peut cependant guère reprocher aux historiens de s'être trop longuement attardés aux batailles parfois très dures que les femmes ont dû mener pour obtenir les mêmes droits politiques que les hommes. Le reproche porterait plutôt à l'inverse sur le silence dans lequel ils ont tenu ces événements, malgré leur importance fondamentale, non seulement pour la moitié des citoyens directement affectés, mais pour l'ensemble de la collectivité. Cette situation a été pertinemment dénoncée par les historiens et historiennes féministes comme symptomatique du traitement de non-personne, ou tout au moins de personne de seconde zone, qu'ont subi les femmes.

Plus encore, on peut y déceler un réflexe de défense de la part de sociétés qui choisissent d'ignorer les attaques révolutionnaires portées contre leurs institutions établies.

Je prétends que l'histoire des femmes a été camouflée pour les mêmes raisons que l'histoire des noirs l'a été ( . . .) parce que tout mouvement féministe représente une menace directe à l'establishment [1].

Exception faite de la psychologie dont nous ne ferons pas le procès ici, les sciences humaines d'origine plus récente ont cette même caractéristique d'avoir ignoré la situation particulière faite aux femmes. Jusqu'à ces dernières années, elles ont introduit la question des femmes dans leurs analyses sociales, à peu près uniquement par le biais de la variable « sexe », l'analyse de la collectivité des femmes étant alors réduite à celle

---

[1] Shulamith Firestone, « The Women's Rights Movement in the U.S.: A New View », dans *Voices from Women's Liberation,* édité par Leslie B. Tanner (New York, New American Library, 1970), 435.

d'une variable indépendante parmi d'autres. Il aura fallu attendre la
recrudescence récente du féminisme pour trouver les femmes, comme
groupe, au centre d'analyses de sciences sociales [2].

Les études historiques qui décrivent et situent les luttes spécifiques
des femmes pour l'obtention du droit de vote conservent, malgré le risque
d'isoler ces événements de l'ensemble des réalités sociales de l'époque,
une importance fondamentale. Il est essentiel de pouvoir retracer avec
précision les faits qui ont entouré les victoires et les défaites reliées à la
reconnaissance juridique des droits politiques des femmes. Mais l'on est
bien forcé de constater qu'en se limitant à ces seuls événements, l'analyse, par définition, porte sur un groupe restreint de femmes, celui d'une
poignée de militantes issues de la classe bourgeoise et réflétant, même
dans l'opposition, les valeurs et les préoccupations de celle-ci. Il n'est
pas facile d'élargir la réflexion à partir du peu de données recueillies et
répertoriées portant sur les «autres» femmes.

Par ailleurs, cet aspect spécifique du combat des femmes contre
l'oppression, mérite, l'intérêt que lui ont accordé récemment les historiens, justement parce que faisant partie d'une situation globale, et aussi à
cause du caractère particulièrement odieux que représente l'absence de
droits politiques. Nous tenterons ici de situer plus largement la question
des luttes politiques des femmes du Québec, en posant comme point de
départ que toute lutte contre l'oppression ou contre la domination d'une
catégorie de la population par une autre est de fait une lutte politique. À
la racine même de la situation des femmes se trouve cette réalité de
groupe dominé: c'est la *politique du mâle* que Kate Millet [3] dénonce
comme oppression politique. C'est aussi, en termes plus larges, la sujétion économique et sociale des femmes reconnue comme point de départ
de notre analyse.

La notion d'une cause politique, c'est-à-dire sociale, fait partie
intégrante du concept d'oppression. Ce terme est donc la base, le
point de départ de toute étude comme de toute démarche féministe
( . . .). Une étude féministe est une étude dont le but est de rendre
compte de la situation des femmes; cette situation étant définie
comme une situation d'oppression, il devient impossible d'utiliser

---

[2] Ce thème a été développé par l'auteur dans une présentation faite au Colloque annuel
du Conseil Canadien de Sciences Sociales de 1975, « Les sciences sociales et les femmes;
atelier statut de la femme.», 30 p.

[3] Kate Millet, *La politique du mâle* (traduit de l'américain par Élisabeth Gilles, Paris,
Éditions Stock, 1971), 478 p.

sans incohérence des prémisses théoriques qui n'incluant pas ce concept, l'excluent[4].

Sans prétendre aborder toutes les manifestations de l'oppression subie par les femmes, le tour d'horizon historique qui suit fera ressortir des faits et des situations qui démontrent son existence et les combats réels qui ont été livrés pour y faire face.

Dans un premier temps, nous présenterons le long chemin parcouru par les Québécoises pour obtenir l'égalité juridique en terme de droits politiques. La deuxième partie se concentrera sur les luttes des femmes au travail qui, en dehors des questions de reconnaissance de droits formels, ont refusé une situation d'inégalité et d'exploitation.

## La lutte pour la reconnaissance formelle des droits politiques

Rappelons d'abord une situation originale du Québec par rapport à d'autres sociétés: les femmes y ont eu, à un moment où peu de sociétés les reconnaissaient, des droits politiques qu'elles ont perdus durant une longue période de noirceur, pour ne les retrouver que plus tardivement que les femmes de la plupart des sociétés à régimes parlementaires. Catherine L. Cleverdon le souligne dans le titre du chapitre qu'elle consacre au Québec: « The First Shall Be Last »[5].

Aux 17e et 18e siècles, les femmes du Québec détenaient un pouvoir réel au niveau des institutions collectives. Elles ont fondé et administré les institutions d'enseignement et de santé:

elles ont organisé le financement, la construction et la défense de ce qui, pour un long moment, auront été les édifices les plus imposants au Canada — les hôpitaux et les institutions charitables de Montréal et de Québec[6].

L'organisation sociale, basée largement sur l'économie rurale atténuait considérablement les relations d'autorité des hommes sur les femmes, celles-ci tenant un rôle effectif et reconnu au niveau de l'administration domestique et municipale. La lecture des jugements du Conseil souverain de la Nouvelle-France donne pour la période de 1663 à 1716,

---

[4] C.D., « Pour un féminisme matérialiste », L'Arc, 61 (1975), 62.

[5] Catherine L. Cleverdon, The Woman Suffrage Movement in Canada, (Toronto, University of Toronto Press, 1974), 214-264.

[6] Caroline Pestieau, « Women in Quebec » dans Women in the Canadian Mosaic édité par Gwen Matheson (Toronto, Peter Martin Ass. Ltd., 1976), 58.

une vision de la vie des premières femmes de la colonie qui soutient cette affirmation[7]. Un premier fait majeur à noter est:

> l'importance des femmes comme plaideurs devant le Conseil souverain. (...) rares sont les arrêts où au moins une femme n'est pas partie au litige, soit comme accusée lorsqu'elle a osé injurier publiquement le gouverneur, son curé ou ses voisins soit comme partie civile au décès de son mari (...) soit comme la représentante du mari et c'est le cas le plus fréquent.

En l'absence du mari — qui semble être régulière: traite de la fourrure, voyage en France, prisonnier chez les Indiens — et bien sûr au décès de celui-ci:

> c'est l'épouse qui assume la gestion, la responsabilité de la famille et de son patrimoine[8].

Cette tradition d'indépendance et d'autorité à l'époque de la Nouvelle-France explique sans doute l'utilisation que les femmes feront plus tard du droit de vote.

L'Acte Constitutionnel de 1791, qui accordait le droit de vote dans la colonie, précisait que les «électeurs» devaient être des «personnes» correspondant à certains critères (propriété, âge, etc.). Les femmes du Québec n'ont pas songé à s'exclure du terme de «personnes». Le sénateur L.O. David relate le vote de la mère de Louis-Joseph Papineau qui, de même que plusieurs femmes de Montréal, vota pour son fils à l'élection de 1809. À haute voix, selon la pratique du vote oral de l'époque, elle fit connaître son choix: «Pour mon fils, car je crois qu'il est un bon et loyal sujet»[9].

C'est la première preuve que nous ayons de la participation des femmes au scrutin; ce qui n'exclut pas qu'elles aient pu le faire lors des élections antérieures. Fait remarquable, seul le Québec, à travers l'Empire britannique, a choisi d'interpréter l'absence d'interdiction formelle comme une autorisation de voter. Ceci mérite d'autant plus d'être souli-

---

[7] *Jugements et délibérations du Conseil souverain de la Nouvelle-France* (1663-1716), Québec, Vol. 6, 1885-1891.

[8] Jacques Boucher, «L'histoire de la condition juridique et sociale de la femme au Canada français», dans *Le droit dans la vie familiale*, textes présentés par Jacques Boucher et André Morel, (Montréal, Les Presses de l'Université de Montréal, 1970), 166. À l'avenir, *Le droit*...

[9] Sénateur L.O. David, *Les Deux Papineau*, (Montréal, 1896), 27-28, cité par William Renwick Riddel, «Woman Franchise in Quebec, a Century Ago» dans *Mémoires de la Société Royale du Canada*, 3ième série, 1928, section 2, 85-99.

gné que, lorsque les législateurs adoptèrent l'Acte Constitutionnel définissant les droits politiques au Canada:

«Il est bien certain que rien ne pouvait ou n'était plus éloigné de l'esprit (de ceux-ci) que le fait qu'ils étaient en train de permettre aux femmes de voter ( . . .); et quiconque ayant la moindre connaissance des règles d'interprétation des statuts ne pouvait interpréter cet acte comme incluant un tel cadeau» [10].

Il semble cependant que cette politique du vote des femmes était inégalement appliquée à travers le Québec. Ainsi, à propos des élections de 1820, une lettre de M. P. Bédard à John Neilson démontre que les femmes votaient dans la région de Trois-Rivières:

« . . . M. Ogden et M. Bédard furent élus par les hommes et les femmes de Trois-Rivières, car vous devez savoir qu'ici, les femmes votent tout comme les hommes» [11].

Il n'existait pas en effet de consensus absolu à l'égard de l'utilisation du vote par les femmes. Aux élections de 1827 l'officier d'élection William F. Scott de la Haute Ville de Québec refusa le vote de Madame Veuve Laperrier. Ceci donna lieu en 1828 à une pétition d'électeurs présentée par M. Clouet protestant contre ce refus au nom de droits fondamentaux et constitutionnels. On y argumentait:

Par rapport à la taxe sur la propriété et aux redevances à l'État, la Veuve est qualifiée par nos Lois Électorales et est selon tous les aspects essentiels dans la même situation que l'homme [12].

Et on y dénonçait ce refus comme étant «Un très dangereux précédent, contraire à la loi, ayant pour effet de nier (les) droits et (les) privilèges constitutionnels des (femmes) [13].

De 1828 à 1830 se succéderont une série de pétitions (au sujet desquelles aucune décision ne sera prise) visant à déclarer nulles certaines élections de candidats auxquelles auraient participé «des femmes mariées, non mariées et veuves».

La résistance au vote des femmes se concrétisa en 1834 lorsque, dans le cadre d'une révision de la Loi électorale, une proposition d'amendement leur niant spécifiquement le droit de vote fut acceptée par

---

[10] W.R. Riddell, *Op. cit.,* 86.

[11] Archives Canadiennes, Collection Neilson, vol. 3, 412, cité par W.R. Riddell, *Ibid.,* 88.

[12] *Ibid.,* 91.

[13] *Ibid.,* 89.

les deux chambres et reçut la sanction royale. La loi fut désavouée pour d'autres raisons, mais après cette date, il ne semble pas que les femmes aient voté à d'autres élections.

Malgré ceci, on sent le besoin en 1849 d'interdire officiellement la participation électorale des femmes. Bien que des Québécoises aient pu affirmer leurs droits politiques à l'époque, elles n'étaient qu'une minorité. Rappelons que le suffrage était défini par des critères basés principalement sur la propriété et qu'au Bas-Canada comme ailleurs, les hommes étaient plus souvent propriétaires que les femmes. Cette période peut être retenue, selon l'expression de Riddell, comme une page de gloire de l'histoire de la femme canadienne française et du Québec [14].

Autre cas de régression formelle des droits politiques: au niveau scolaire, la loi au Québec donnait le droit à tout propriétaire de voter et de se présenter au poste de commissaire. Ce dernier droit fut retiré aux femmes en 1899, après qu'un groupe de féministes eut tenté de faire élire l'une des leurs au Protestant Board of School Commissioners.

Les femmes résistèrent mieux devant la menace de perdre leur droit de vote au niveau municipal en 1902. Le conseil municipal de Montréal tenta en effet de retirer aux femmes locataires ce droit qu'on leur avait accordé en 1899. La requête adressée aux échevins et au maire par Marie Gérin-Lajoie au nom du Montreal Local Council of Women eut raison de ce projet réactionnaire [15].

Jusqu'en 1899 en effet, seules les femmes propriétaires, qui étaient veuves ou célibataires majeures, avaient le droit de voter et de se porter candidates aux élections municipales. Bien que plus libérale pour les femmes que la loi régissant le droit de vote au niveau fédéral et provincial, la Loi des cités et villes reflète bien le caractère patriarcal de la société. L'une de ses dispositions, son article 128(2), donnait même le droit de vote au mari de la femme propriétaire.

---

[14] *Ibid.*, 96.

[15] Voir à ce sujet et pour l'ensemble de cette période: Marie Lavigne, Yolande Pinard et Jennifer Stoddart, «La Fédération Nationale Saint-Jean-Baptiste et les revendications féministes au début du XXᵉ siècle», *Revue d'Histoire de l'Amérique Française*, 29, 3 (décembre 1975): p. 353-373 (Reproduit dans cet ouvrage.) C. Cleverdon, *op. cit.*; et Micheline Dumont-Johnson, «Histoire de la condition de la femme dans la province de Québec» dans *Tradition culturelle et histoire politique de la femme au Canada*, Étude n° 8 préparée pour la Commission Royale d'enquête sur la situation de la femme au Canada, (Ottawa, Information Canada, 1975), 1-57.

C'était fonder sur la qualité foncière de l'épouse le droit de vote de l'époux tout en privant l'épouse du bénéfice de sa qualité de propriétaire [16].

Il est assez évident qu'après la Conquête, la situation des femmes au Québec s'est progressivement détériorée. Il est nécessaire de s'arrêter à ce phénomène pour comprendre pourquoi leurs luttes ont été plus dures et plus longues que celles des autres femmes du Canada, et plus tardives, bien que s'en rapprochant en intensité, que celles des Américaines ou des Britanniques.

L'adoption du Code civil en 1866 confirma la déchéance légale des femmes. Les femmes mariées devenaient assimilées, à quelques nuances près, aux enfants, aux interdits et aux fous: elles ne pouvaient être les gardiennes de leurs propres enfants, elles ne pouvaient se défendre ou intenter une action devant la loi, elles ne pouvaient recevoir d'héritage [17], elles n'avaient pas le droit au produit de leur propre travail et, bien sûr, sur le plan du droit public, de même que toutes les femmes, elles ne pouvaient voter ou se présenter aux élections.

Un tel carcan n'a pu qu'influencer le comportement et les attitudes des femmes et des hommes et agir profondément sur leur perception d'eux-mêmes et de leur relation réciproque. On peut penser que les répercussions de cette législation civile répressive ont été importantes au niveau de la vie publique ou politique.

Ceci est d'autant plus plausible que la codification des lois civiles a constitué une étape vitale dans l'évolution de la collectivité du Bas-Canada.

Devenant ( . . . ) l'arme défensive par excellence, le Code Civil prit vite l'allure d'un Livre sacré auquel on ne saurait oser toucher sans pour autant mettre en péril toute la civilisation française en Amérique britannique du Nord [18].

De plus, au moment de la codification, il ne semble pas que l'autorité quasi-absolue du chef de famille (homme) ait été remise en question que ce soit par les législateurs d'origine française ou ceux d'origine britannique.

---

[16] Pierre Blache, « Les droits politiques de la femme au Québec » dans *Le droit . . .*, 240.

[17] En fait, il n'y avait pas une interdiction absolue pour les femmes à recevoir un héritage: elles étaient treizième sur la liste des héritiers possibles! Voir à ce sujet le tableau présenté par Micheline D. Johnson, *op. cit.*, 47.

[18] Paul-A. Crépeau, « La renaissance du droit civil canadien » dans *Le droit . . .*, XVI.

D'ailleurs, la loi d'Angleterre renfermait ( . . .) des règles peut-être encore plus rigoureuses à l'égard des femmes mariées qui étaient, juridiquement, totalement dépendantes de leurs époux [19].

L'analyse qu'Albert Memmi a présentée de la société nord-africaine, et que Jennifer Stoddart applique à la situation des femmes du Québec [20], peut être retenue comme hypothèse pour expliquer une partie du phénomène de régression des droits des femmes au Québec dans la deuxième moitié du 19$^e$ siècle et la première moitié du 20$^e$.

La très grande importance accordée aux valeurs traditionnelles et la méfiance envers les idées nouvelles perçues comme pouvant porter atteintes à l'intégrité de la collectivité sont typiques de sociétés colonisées [21]. C'est du moins ce qui semble se dégager des écrits d'une certaine bourgeoisie canadienne-française de l'époque. Il serait hasardeux cependant d'étendre cette hypothèse à l'ensemble de la société. On connaît très mal en effet l'impact de ces théories conservatrices sur les autres classes sociales dont était majoritairement composé le Québec.

Cela dit, les luttes pour la reconnaissance des droits politiques des femmes furent particulièrement ardues au Québec. Bien qu'issues de la bourgeoisie, les féministes avaient une position de classe dont le contenu sur la question des femmes était non seulement différent mais en affrontement avec celle de la bourgeoisie québécoise sur cette question. Les militantes avaient à vaincre une résistance basée sur des valeurs autant nationalistes que machistes. L'évolution des droits politiques des femmes dans le Canada et l'Amérique anglophones n'allait pas influencer les milieux nationalistes qui tenaient précisément à affirmer la spécificité de la société québécoise face à «toute infiltration en provenance des pays barbares» [22]. L'attitude conservatrice vis-à-vis des droits des femmes ne constituait pas une simple affirmation d'originalité, elle correspondait à une perception de la femme et de la famille comme rempart et comme élément vital pour la conservation de la société canadienne-française.

C'est en elles (les femmes) que la famille trouvait sa cohésion; la famille qui reste toujours notre dernière ligne de défense, celle que

---

[19] Maximilien Caron, «De la physionomie de l'évolution et de l'avenir du Code civil», dans *Le droit . . .,* 12.

[20] Jennifer Stoddart, «The Women Suffrage Bill», dans *Women in Canada,* édité par M. Stepheson, (Toronto, New Press, 1973), 103.

[21] Albert Memmi, *Portrait du colonisé* (coll. «Liberté», n° 37, Hollande, Jean-Jacques Pauvert éditeur, 1966), 185 p.

[22] P.-A. Crépeau, *op. cit.,* XVI.

nous ne pouvons pas laisser entamer à moins de nous livrer sciemment à une mort certaine [23].

Quant aux valeurs machistes, elles furent, comme on le verra, très présentes tout au long de la lutte. Sur ce point, l'histoire du Québec n'est pas originale; avec ce mélange d'illogisme, de crainte et de bêtise dont sont fabriqués les préjugés, les droits politiques étaient perçus comme essentiellement masculins, contraires à la nature noble des femmes et surtout au-delà de leur compétence.

Les militantes francophones qui menèrent ces luttes étaient conscientes de l'importance des valeurs traditionnelles dans le débat. Elles prirent grand soin de démontrer que Rome ne s'opposait pas aux droits politiques des femmes et «le partage traditionnel des rôles féminins et masculins n'a jamais été remis en question [24].

C'est en effet une approche légaliste et réformiste que les membres de la Fédération Nationale Saint-Jean-Baptiste (FNSJB) ont choisi d'adopter pour combattre l'état d'infériorité dans lequel étaient tenues les femmes. Ceci s'explique, comme nous le soulignions plus haut, par les valeurs et les intérêts de classe nécessairement soutenus par ce groupe de citoyennes plus instruites et plus informées que la majorité des femmes. Et, faisant partie de ces valeurs, se trouve la conception que la situation d'infériorité des femmes a pour cause l'absence de droits formels ou bourgeois.

Malgré tout, ces femmes courageuses et intelligentes — et il s'agit ici des divers groupements de militantes: le Montreal Local Council of Women, la FNSJB, l'Alliance Canadienne pour le vote des femmes du Québec, le Comité provincial pour le suffrage féminin... — ont fait porter leur action au-delà des revendications spécifiques pour le droit de vote. Le vote en effet, était vu comme faisant partie d'une prise en charge des responsabilités civiques des femmes:

( . . . ) Les femmes sans se l'avouer quelquefois sont très familières avec les questions les plus brûlantes de notre administration. Elles savent toutes qu'il est actuellement question d'accorder ou de refuser des franchises à nos fournisseurs de lumière et de chauffage;

---

[23] Guy Frégault, « Les mères de la Nouvelle-France », *La mère canadienne,* brochure publiée à l'occasion de la Saint-Jean-Baptiste par la S.S.J.B. de Montréal, 1934: 24, cité par Mona-Josée Gagnon dans *Les femmes vues par le Québec des hommes* (Montréal, Éditions du Jour, 1974), 13.

[24] Marie Lavigne *et al., op. cit.,* 357 (Reproduit dans cet ouvrage).

qu'il est question de rendre plus potable l'eau que nous utilisons; elles ont constaté à leurs dépens qu'il y a lieu d'assurer, par une surveillance plus étroite, la sécurité de nos rues et le voisinage de nos écoles; elles savent fort bien que l'octroi des licences accordé sans discrétion, affecterait leur bonheur domestique et l'avenir de leurs enfants; que l'école, enfin subira des transformations plus ou moins heureuses selon l'esprit des hommes en qui elles mettront leur confiance [25].

Les secteurs sociaux sur lesquels les militantes québécoises ont fait porter leur action se rapprochent sensiblement de ceux qui ont universellement retenu l'attention des féministes de l'époque [26]. Si l'action des militantes n'attaque pas directement l'organisation sociale ou l'organisation du travail, elle s'est néanmoins attachée à combattre les effets de la pauvreté et a manifesté par ce fait une conscience des problèmes concrets en plus des problèmes reliés aux aspects formels des droits des femmes.

À l'intérieur des limites idéologiques reliées aux luttes légalistes et réformistes, les Marie Gérin-Lajoie, Idola St-Jean, Thérèse Casgrain — pour ne nommer que les plus connues — ont contribué directement à ébranler ce bastion de chauvinisme mâle que constituaient les institutions québécoises.

La conquête du droit de vote par les femmes du Québec tient de l'épopée et du roman à épisodes. On ne peut qu'admirer la fermeté, le courage et la ténacité de ces femmes qui, à l'encontre d'une partie importante des élites cléricales, politiques et intellectuelles de l'époque ont fait sans défaillance le « pèlerinage à Québec » [27].

Au Québec, le premier mouvement organisé travaillant pour le suffrage des femmes est la Montreal Suffrage Association (1913-1919) orientée principalement vers l'obtention du vote au niveau fédéral. Celui-ci fut obtenu en 1918 [28] et faisait suite à une première Loi des élections en temps de guerre [29] de 1917 qui donnait le droit de vote aux femmes

---

[25] Marie Gérin-Lajoie, « L'électorat féminin », *Le Canada* (12 janvier 1906).

[26] Marie Lavigne *et al., op. cit.,* 358; Shulamith Firestone, *op. cit.*; William O'Neil, *The Woman Movement Feminism in the United States and England* (London, Allan & Urwin, 1969).

[27] Thérèse Casgrain, *Une femme chez les hommes* (Montréal, Éditions du Jour, 1971), 296 p.

[28] *Loi ayant pour objet de conférer le droit de suffrage aux femmes,* 8-9, Geo. V, ch. 20.

[29] *Loi des élections en temps de guerre,* 7-8 Geo. V, ch. 39, art. 1.

ayant un lien de parenté quelconque avec une personne ayant servi ou en service dans les forces militaires. Les législateurs de la plupart des autres provinces canadiennes étendirent ce droit au niveau provincial peu de temps après. Le Québec se distingue en repoussant jusqu'en 1940 les demandes répétées des militantes.

Le Comité provincial pour le suffrage féminin fondé en 1921 prit la relève de la Montreal Suffrage Association. Ce nouveau comité avait à sa tête Gérin-Lajoie et Lyman et unissaient des femmes des deux communautés francophone et anglophone. En 1922, une délégation d'environ quatre cents femmes de Montréal rencontra le premier ministre Taschereau. Celui-ci les écouta attentivement mais déclara sans ambiguïté que les femmes obtiendraient peut-être un jour le droit de vote mais que ce ne serait pas par lui. Il conserva le pouvoir jusqu'en 1936 . . . et tint sa promesse. Cédant aux pressions du clergé, Mme Gérin-Lajoie quitte son poste de co-présidente et le Comité devient plus ou moins inopérant jusqu'en 1926. Durant cette année le Comité reprit une certaine vigueur lorsque le Club des Femmes de Montréal tenta d'obtenir la franchise pour les femmes mariées au niveau municipal. L'amendement fut rejeté par le Conseil de Ville et les quelques femmes déléguées à Québec pour faire entendre leur cause ne furent même pas reçues.

En 1927 une scission s'opéra au sein du Comité et un groupe nouveau, l'Alliance Canadienne pour le Vote des femmes du Québec prit naissance avec à sa tête Idola St-Jean. Ce groupe eut l'appui de travailleuses qui selon Idola St-Jean furent même à l'origine de cette organisation:

En 1927 des femmes, surtout des travailleuses, vinrent me voir en délégation et me demandèrent de réorganiser le Comité provincial . . . [30].

Il semble donc que la question du suffrage n'ait pas laissé indifférentes les femmes de la classe ouvrière.

Thérèse Casgrain devint présidente du Comité provincial en 1928 et lui donna le nom de *Ligue des droits de la femme* en 1929.

À partir de 1927, année après année et pendant 14 ans, des projets de loi visant à donner le suffrage aux femmes furent présentés et défaits, Année après année, une délégation de membres des deux organismes se rendait à Québec pour assister aux débats entourant le projet de loi.

---

[30] Cité par C. Cleverdon, *op. cit.*, 232.

La dureté de la lutte qu'elles ont menée se mesure à la misogynie ouverte qui entourait les débats à l'Assemblée législative et les écrits de personnes aussi respectées que Henri Bourassa. Témoin, cette remarque typique du député J. Filion de Laval offrant «de prêter ses culottes à Idola St-Jean chaque fois qu'elle les voudrait» [31].

L'anti-féminisme de Henri Bourassa nous est plus familier. L'accession des femmes aux droits politiques correspondait pour lui à

l'introduction du féminisme sous sa forme la plus nocive; la femme-électeur, qui engendrera bientôt la femme-cavaleur, la femme-télégraphe, la femme-souteneur d'élections, puis, la femme-député, la femme-sénateur, la femme-avocat, enfin, pour tout dire en un mot: la femme-homme, le monstre hybride et répugnant qui tuera la femme-mère et la femme-femme [32].

En plus des délégations à Québec, les militantes menèrent des campagnes d'information du public et travaillèrent sur des questions comme l'admission des femmes au Barreau (obtenue en 1941).

Donnant suite au demandes de la Ligue, le premier ministre Taschereau mit sur pied en 1929 la Commission Dorion, chargée d'examiner des réformes possibles au Code civil. Bien que l'on ait refusé aux femmes de siéger à la Commission, elles furent néanmoins entendues et un certain nombre de recommandations de la Commission furent adoptées en 1931. Parmi ces recommandations, la plus importante est celle qui reconnaît aux femmes mariées le droit de toucher leurs salaires. Cependant, la Commission est loin d'avoir entraîné une réforme satisfaisante du Code civil. Elle refusa même de recommander l'abolition du double standard, disposition qui se rapproche plus des prescriptions du Deutéronome que de celles d'un code moderne. Cette disposition stipulait en effet que la femme ne pouvait demander la séparation de corps pour cause d'adultère, qu'à la condition que le mari fasse vivre sa concubine dans la résidence familiale. Il va sans dire qu'une telle restriction ne s'appliquait pas au mari, qui pouvait en tout temps obtenir la séparation pour cause d'adultère de la femme. Le double standard ne fut aboli que près d'un quart de siècle plus tard, en 1954-1955.

De son côté, Idola St-Jean pour attirer l'attention de la population à la cause des femmes se présenta à l'élection fédérale de 1930 et obtint

[31] *Quebec Journals, 1931-32:* 151-3, cité par C. Cleverdon, *op. cit.,* 240.
[32] Henri-Bourassa, *Le Devoir,* (28 et 30 mars, 1er avril 1918), cité par Michèle Jean dans *Québécoises du 20e siècle,* (Montréal, Éditions du Jour, 1974), 195.

environ trois cents votes. Les femmes allèrent jusqu'à s'adresser directement au Roi, qui bien sûr était impuissant en la matière. Une pétition rassemblant dix mille signatures fut envoyée au roi George V en 1935, et attira, ce que cherchaient les femmes, beaucoup d'attention.

Les deux groupes présentèrent des mémoires à la Commission Rowell-Sirois sur les relations fédérales-provinciales pour signaler la situation aberrante des femmes du Québec.

Enfin, avec le retour au pouvoir d'Adélard Godbout et des libéraux, les féministes reprirent confiance. Le parti avait en effet inscrit le vote des femmes à son programme suite aux pressions des féministes. Fidèle à ses promesses, le nouveau premier ministre annonça l'octroi du suffrage féminin dans son discours d'ouverture le 20 février 1940. Ceci provoqua une dernière flambée de résistance en particulier de la part du clergé avec à sa tête non moins que le Cardinal Villeneuve.

Nous ne sommes pas favorables au suffrage politique féminin:
1. Parce qu'il va à l'encontre de l'unité et de la hiérarchie familiale;
2. Parce que son exercice expose la femme à toutes les passions et à toutes les aventures de l'électoralisme;
3. Parce qu'en fait, il nous apparaît que les femmes dans la province ne le désirent pas;
4. Parce que les réformes sociales, économiques, hygiéniques etc. que l'on avance pour préconiser le droit de suffrage chez les femmes peuvent être aussi bien obtenues, grâce à l'influence des organisations féminines en marge de la politique.
Nous croyons exprimer ici le sentiment commun des évêques de la province.

J.M. Rodrigue Cardinal Villeneuve, O.M.I.
Archevêque de Québec [33].

Une telle déclaration, qui endossait clairement les concepts de suprématie de l'homme et de la famille patriarcale, entraîna l'appui d'une certaine partie de la population, y compris de certains groupes de femmes. Maurice Duplessis, qui au pouvoir s'était montré un farouche opposant au suffrage des femmes, imagina même un argument nouveau: en augmentant le nombre d'électeurs, «on augmente par le fait même les dangers de manoeuvres électorales» [34]. Les défenseurs du projet de

---

[33] *Le Devoir,* samedi 2 mars 1940, p. 1., cité par J. Boucher, *op. cit.,* 162.

[34] *L'Illustration Nouvelle,* 19 avril 1940, 2, cité par J. Stoddart, *op. cit.,* 95.

loi eurent cependant gain de cause. Les femmes furent présentées comme «en général plus instruites que les hommes, par conséquent mieux préparées à juger nos problèmes sociaux» [35]. et «Ayant à souffrir les inconvénients de la vie moderne avec les hommes, (pouvant) avec eux jouir des mêmes droits» [36].

La loi fut votée le 25 avril 1940 et sanctionnée le même jour. Les habituées du voyage annuel à Québec purent enfin prendre le train du retour en ayant gagné leur bataille.

L'année suivante, un amendement à la Loi des cités et villes permettaient aux épouses ayant la qualité foncière suffisante, de voter ainsi que d'exercer les charges municipales [37]. En 1942, la Loi de l'instruction publique qui privilégiait l'époux en permettant aux maris des femmes propriétaires de voter fut amendée pour donner le droit de vote au conjoint d'un propriétaire [38].

À l'exception du droit paroissial qui jusqu'en 1965 [39] «excluait les femmes de l'assemblée des paroissiens et du banc des marguillers», les inégalités juridiques entre hommes et femmes quant aux droits politiques étaient alors abolies.

Les militantes ne cessèrent cependant pas toute activité. Ainsi la Ligue fit des pressions au sujet de questions comme la protection de la jeunesse, la réforme des pénitenciers, les amendements au Code civil, etc.

Ce sont ces femmes qui obtinrent que les allocations familiales soient adressées aux mères et non aux pères (1945).

Toutefois, avec la victoire de 1940, les luttes féministes perdirent une part de leur intensité. C'est d'ailleurs un risque relié aux actions axées principalement sur l'obtention de droits formels. Ceci est particulièrement remarquable dans le cas du mouvement féministe qui, à travers le monde, a connu un déclin marqué après l'obtention du droit de vote par les suffragettes.

## Sur un autre front: le travail

Ce serait restreindre bien arbitrairement notre vision des luttes politiques des Québécoises et du mouvement des femmes que de ne s'arrêter qu'à l'aspect de l'action de celles-ci que nous venons de décrire.

---

[35] *Le Soleil*, 12 avril 1940, 3. A. Godbout, *Ibid.*, 94.

[36] *L'Illustration Nouvelle*, 19 avril 1940, 2, A. Godbout, *Ibid.*, 95.

[37] *Loi modifiant la Loi des cités et villes*, 5 Geo. VI, ch. 41, art. 6.

[38] *Loi modifiant la Loi de l'instruction publique*, 6 Geo. VI, ch. 20, art. 5.

[39] *Loi des paroisses et des fabriques*, 13-14 Eliz. II, ch. 76.

Les combats des Québécoises contre l'exploitation et l'état d'infériorité plus ou moins ouvertement reconnus dont elles ont été l'objet (et ceci n'est certes pas original au Québec), ne se sont pas terminés avec l'obtention du droit de vote. Cette longue bataille, pour importante qu'elle a été, ne couvre pas l'ensemble de la réalité des luttes politiques des femmes du Québec.

La sujétion légale des femmes à leur mari a constitué plus qu'un symbole d'oppression: les femmes, civilement, fonctionnaient à l'intérieur de contraintes extrêmement rigides. Cette sujétion n'a été allégée qu'en 1964 alors que la première femme élue au Parlement du Québec et nommée membre du Cabinet, Mme Claire Kirkland-Casgrain, présenta le fameux projet de loi n° 16 qui abolissait l'obligation pour la femme d'obéir à son mari, qui la rendait partenaire dans la direction matérielle et morale de la famille et qui lui reconnaissait «la pleine capacité quant à ses droits civils» [40]. L'explication de cette rigueur se trouve peut-être en partie dans l'importance accordée aux institutions traditionnelles comme la famille et la religion, qui constitue une réaction de défense des sociétés colonisées. Mais elle se trouve aussi dans le fait que les structures familiales patriarcales traditionnelles, qui impliquent le travail non rémunéré des femmes à la maison et donc un état de dépendance économique de celles-ci, constituent «le fondement des sociétés capitalistes» en rendant possible le travail des hommes [41]. À ce titre, les Québécoises ont eu à affronter un double handicap.

La question du travail des femmes au Québec étant traitée spécifiquement dans d'autres sections de cet ouvrage, nous n'insisterons pas ici sur les détails de leurs luttes sur ce plan. L'importance politique de celles-ci dans le processus de libération des femmes nous amène cependant à les signaler, ne serait-ce que rapidement.

Depuis les dernières décennies du 19e siècle — le Québec s'est rapidement industrialisé et a acquis ou accentué les caractéristiques des sociétés capitalistes. La famille patriarcale, glorifiée par les uns comme salvatrice de la nation, entretenue par les autres comme essentielle au fonctionnement de l'économie, n'a malgré tout pas empêché l'accès des femmes à un secteur d'activité non traditionnel: le travail rémunéré. Vu

---

[40] Maximilien Caron, *op. cit.*, 16.

[41] Friedrich Engels, *L'origine de la famille, de la propriété privée et de l'État*, (Paris, Éditions Sociales, 1971), 364 p. Voir le développement de ce concept dans Nicole Laurin-Frenette, «La libération des femmes», *Socialisme québécois*, 24 (1er trimestre 1974): 47-65 (Reproduit dans cet ouvrage.)

comme un mal nécessaire, le travail des femmes a eu peu de défenseurs. Considéré comme temporaire et regrettable, le travail rémunéré des femmes a été, et ceci est une caractéristique universelle, l'objet d'une surexploitation évidente. Les femmes ont fait, et font toujours, les frais d'une société qui met en contradiction la famille et le travail des femmes tout en ayant besoin de l'une et de l'autre.

La «ghettoïsation» des emplois des femmes, tout en fournissant une main-d'oeuvre à bon marché, était encouragée même par les syndicats qui y voyaient une protection pour leurs membres et pour le maintien du niveau des salaires [42]. Il n'est pas de notre propos de pousser ici l'analyse économique de cette situation, mais elle constitue la toile de fond des luttes très dures qu'ont menées les travailleuses québécoises contre l'exploitation et la discrimination faites au grand jour à leurs dépens.

Il faut entendre Léa Roback décrire les conditions de travail extremement difficiles (saleté, longues heures, etc.) et les salaires risibles des travailleuses du vêtement ou en usine comme chez RCA Victor (1937-1945) [43]. Il faut lire et entendre les récits de ces travailleuses et militantes décrivant leurs combats. Les grèves de la guenille, qui de 1934 à 1940 se succédèrent à un rythme étonnant témoignent des besoins pressants dans ce milieu de travail et aussi de la combativité des travailleuses [44].

S'ajoute à cette situation classique d'exploitation, l'oppression spécifique des femmes dans leurs rapports avec les hommes, qui a toutes les chances d'être accentuée lorsque ceux-ci sont aussi patrons. À la merci de congédiements possibles dans une période de chômage généralisé, les travailleuses non protégées présentaient une vulnérabilité certaine.

Parfois les petits ou grands patrons exigeaient d'une midinette qu'elle lui fasse les dernières faveurs avant qu'ils ne lui donnent le ballot de pièces taillées avec lequel elle coudrait une robe ou une blouse pour quelques cents [45].

Il est important de souligner que l'éducation politique des femmes en milieu de travail n'était pas considérée comme essentielle par bien des dirigeants syndicaux. C'est grâce à des femmes comme Rose Pesetta et

---

[42] Voir à ce sujet Mona-Josée Gagnon, «Les femmes dans le mouvement syndical québécois» dans *Sociologie et sociétés*, 6, 1 (mai 1974): 17-36 (Reproduit dans cet ouvrage.)

[43] «La grève de la robe» dans la série *Ce n'était qu'un début*. émission de radio 1974, Radio-Canada.

[44] Voir Évelyn Dumas, *Dans le sommeil de nos os*, (Montréal, Leméac, 1971), ch. 3.

[45] *Ibid.*, 48.

Léa Roback que certains syndicats internationaux à orientation socialiste ou communiste donnèrent aux ouvrières des cours élémentaires sur les notions de profit et de travail.

Le projet de loi Francoeur, présenté le 18 janvier 1935 est une illustration presque caricaturale de la perception que l'on avait, dans bien des milieux, du travail des femmes. Ce projet de loi décrétait «que les femmes ou les jeunes filles sollicitant un emploi devront faire la preuve qu'elles ont réellement besoin de travailler» [46]. Les débats qui ont entouré le projet de loi, reflètent la perception de «menace à la suprématie masculine» qu'avait une majorité de députés face au travail féminin [47]. Les femmes qui assument des rôles économiques semblables à ceux des hommes sont donc en situation de lutte contre au moins un aspect de leur état de sujétion et c'est à juste titre que les défenseurs de la suprématie mâle s'insurgent contre ces femmes dont l'existence et l'action portent atteinte à leur situation de dominant.

Le projet de loi sera bloqué mais comme à regret, le premier ministre Taschereau se disant d'accord avec le principe de limiter la main-d'oeuvre féminine.

Dans ce contexte, les grèves des femmes dans le secteur du vêtement et du textile en particulier, constituent un des moments héroïques de l'histoire syndicale du Québec.

Cette tradition de militantisme des femmes en milieu de travail se retrace dans des conflits plus récents. Soulignons en particulier que la première grève dans le secteur public au Québec a été menée par des femmes et que cette grève était illégale. Il s'agit de la grève dans le secteur hospitalier du début de la Révolution tranquille.

C'est non seulement en tant que travailleuses que les Québécoises on fait preuve de courage et de volonté politique. En tant que femmes de travailleurs, elles ont manifesté à maintes reprises leur compréhension et leur implication profonde dans les luttes contre un certain rapport d'exploitation.

Simone Chartrand décrit les gestes des femmes de grévistes à Asbestos (1949) et à Murdochville (1957):

---

[46] *La Presse,* 23 janvier 1935, cité par Marie Lavigne et J. Stoddart, *Analyse du travail féminin à Montréal entre les deux guerres* (Thèse de M.A.–histoire, UQAM, 1973), 65.

[47] *Ibid.,* 65.

Dans ce climat de terreur, les femmes avaient décidé de manifester leur appui à leurs maris grévistes, et cela de façon publique (. . .). On a alors vu les femmes (toute manifestation étant interdite) faire des processions en égrenant à tue-tête leur chapelet dans les rues d'Asbestos. Elles s'étaient munies auparavant de leurs longues épingles à chapeau et, pendant ce défilé, encadré par la Police Provinciale, elles piquaient «mine de rien» les fesses des policiers tout en continuant le chapelet et la procession[48].

Ces femmes de grévistes s'organisèrent à l'occasion en comité féminin (Shawinigan 1957) et on ne saurait exagérer l'importance de leur action surtout au moment de grèves de longue durée.

Comme grévistes ou comme femmes de grévistes, ces femmes ont acquis la réputation d'être particulièrement tenaces. La grève de Dupuis Frères en 1952, qui impliquait surtout des femmes et qui a été menée par elles, est un exemple de leur fermeté. Durant leur longue bataille, elles tinrent leurs piquets même devant les charges des policiers à cheval.

Dans les filatures, l'action de Madeleine Parent a fait d'elle une figure de toute première importance dans le mouvement syndical.

Madeleine Parent était à mon avis «la» militante politique. Mais elle était communiste à une époque où le Québec ne pouvait accepter ce type d'engagement. Elle a dû s'exiler en Ontario avec son mari pour continuer à militer[49].

Co-organisatrice avec Kent Rowley des Travailleurs unis du textile durant la grève décisive contre la Dominion Textile en 1946, elle fut arrêtée et emprisonnée sur l'ordre de Maurice Duplessis. Le lendemain, 4000 militants marchèrent dans les rues de Valleyfield pour exiger sa libération[50]!

Rappelons aussi que la première association à caractère syndical dans le secteur de l'enseignement fut mise sur pied par une femme. C'est en 1936 que Laure Gaudreault fonda l'Association catholique des institutrices rurales au moment où celles-ci venaient de subir une baisse de salaire de $300 à $250 par année. À la création de la Corporation générale des instituteurs et institutrices en 1946, elle était toujours selon

---

[48] Louise Toupin, «Petite histoire des militantes québécoises» racontée par Simone Chartrand dans *Ligne directe,* CEQ (septembre 1974): 37.

[49] *Ibid.,* 39.

[50] Charles Lipton, *The Trade Union Movement of Canada 1827-1959,* (Montréal, Canadian Social Publication Ltd, 1968), 272-274.

un des fondateurs de la Fédération des instituteurs et institutrices des cités
et villes,

> la véritable âme dirigeante et impératrice de toute cette période. . .
> Elle traçait la voie et nous n'avions qu'à poser les gestes [51].

Rappelons enfin les batailles de Jeanne Duval pour faire reconnaître
les problèmes spécifiques des femmes au sein de la CSN [52]. Cette lutte
des militantes pour faire reconnaître leurs droits au sein du mouvement
syndical s'est accentuée ces dernières années et a donné lieu à la formation de comités féminins très actifs à l'intérieur des trois grandes centrales
syndicales québécoises.

Les gestes posés par ces citoyens parmi les plus faibles juridiquement et économiquement, sont d'authentiques actes politiques. Ils correspondent à une volonté de prise en charge de leur propre condition par les
femmes, contre les attitudes paternalistes et réprobatrices de l'ensemble
de la société et en particulier, des milieux de travail.

L'absence de recherches faites sur la participation des travailleuses
du début du siècle aux luttes spécifiques pour la reconnaissance juridique
de leurs droits politiques ne nous permet pas de connaître leur implication
dans ces questions. Certaines indications, comme l'appui donné à l'organisation d'Idola St-Jean, nous portent à croire qu'elles tenaient à leurs
droits politiques.

Beaucoup plus tôt, la participation des ouvrières aux défilés du 1er
mai nous donne aussi un indice de leur implication politique [53]. À
Montréal en 1914, on souligne que le Cercle des femmes socialistes fait
partie du défilé et que c'est un groupe de jeunes filles qui porte le drapeau
rouge. Et surtout, en 1915, une nouvelle inscription, très remarquée,
réclame un droit révolutionnaire: le suffrage féminin. À propos de cet
événement, *Le Devoir* note que «bon nombre de femmes, l'air miséreux,
suivaient le défilé» [54].

Il serait intéressant de connaître l'ampleur de l'appui de ces femmes
à cette revendication, ainsi que, par exemple, de connaître le taux de

---

[51] Louise Toupin, «Aux origines de la CEQ: une lutte menée par des femmes» dans
*Ligne directe* (Mars-Avril 1944): 5.

[52] Mona-Josée Gagnon, *Les femmes vues par le Québec des hommes*, 127-130.

[53] Ces événements sont décrits par Claude Larivière dans, *Le 1er mai, fête internationale des travailleurs* (coll. «Lutte ouvrière», Montréal, les éditions Albert St-Martin, avril
1975), 45 p.

[54] *Le Devoir*, 2 mai 1915, cité par Claude Larivière, *Ibid.*, 38.

participation des québécoises aux élections fédérales à partir de 1918, ce qui nous donnerait une idée de leur volonté d'utiliser le droit de vote. Chose certaine, elles ont posé, avec une vaillance et une solidarité exemplaires, des gestes d'une profonde signification politique: elles ont contesté activement l'exploitation qu'elles subissaient et donc affronté directement le pouvoir économique. Elles ont refusé la conception oppressive qui leur niait le droit au travail.

* * *

Les dures batailles que les Québécoises ont menées pour la défense de leurs droits n'ont pas été inutiles. Elles ont obtenu la reconnaissance juridique de leurs droits politiques, elles ont gagné de meilleures conditions de travail et elles ont fait reconnaître une partie de leurs droits civils. Rappelons tout de même que l'égalité de salaire et d'opportunité est loin d'être acquise dans les faits et que par exemple:

L'article 175 du Code Civil précise que le choix de la résidence est déterminé par le mari et que la femme est tenue de le suivre partout où il fixe la résidence de la famille à moins que celle-ci ne présente des dangers d'ordre physique ou d'ordre moral [55].

On attend encore, bien qu'incessamment, le projet de réforme du Code civil qui devrait faire disparaître les inégalités juridiques entre hommes et femmes sur le plan civil, on attend aussi des lois spécifiques concernant la maternité et le travail. La Charte des droits et libertés de la personne [56] interdit toute discrimination selon le sexe, mais il s'agit encore de faire passer le principe dans les moeurs. En 1973, le Conseil du statut de la femme [57] a été chargé de veiller à faire disparaître toutes atteintes aux droits des femmes, mais ce travail aussi est de longue haleine.

Malgré une certaine amélioration, c'est toujours un lieu commun de constater la disproportion des femmes en situation formelle de pouvoir [58]. Ce n'est qu'aux élections provinciales de novembre 1976 qu'il y eut plus d'une femme à l'Assemblée nationale. (Il y en eut cinq). Depuis leur

[55] Marcel Guy, « De l'accession de la femme au gouvernement de la famille» dans *Le droit...*, 209.

[56] Loi du Québec, 1975, ch. 6.

[57] *Loi du Conseil du Statut de la femme*, L.Q., 1973, ch. 7.

[58] Voir à ce sujet Francine Depatie (Francine Fournier) «La femme dans la vie économique et sociale du Québec», *Forces*, 27 (2e trimestre 1974): 15-23.

éligibilité en 1940 jusqu'à cette date, sept femmes seulement avaient été élues. Peu de femmes ont eu accès à la direction de partis politiques et leur présence au niveau décisionnel de la fonction publique est minime (1.55% du groupe des cadres supérieurs)[59]. La même remarque vaut pour les syndicats, malgré une amélioration récente. Le milieu des affaires, Conseil du patronat et industries, demeure particulièrement fermé.

À l'heure actuelle, les luttes politiques des femmes se font sur plusieurs fronts à la fois[60]. Au sein des mouvements proprements politiques, partis reconnus ou groupes plus radicaux, les femmes sont présentes mais il reste à mesurer leur importance réelle dans les prises de décision et l'orientation des différents mouvements.

Des associations plus connues comme la Fédération des femmes du Québec et l'Association féminine d'éducation et d'action sociale (organisme dont le recrutement se fait surtout en milieu rural) ont mis à leur programme à différents moments la participation politique des femmes. Ce sont d'importants groupes de pression qui continuent de revendiquer les changements législatifs et sociaux qui conduiraient selon elles à l'égalité de l'homme et de la femme.

Avec les courants féministes internationaux des dernières années, des regroupements de femmes de toutes allégeances ont pris naissance presque spontanément. Certains s'identifient politiquement de façon précise[61], d'autres refusent tout rapprochement avec des choix politiques autres que la lutte contre «l'oppression des femmes en tant que femmes».

---

[59] Jacinthe Bhérer, «Les femmes dans la Fonction publique du Québec», communication présentée devant l'Association de science politique au Congrès des Sociétés Savantes en mai 1976, 65 p.

[60] Pour une analyse de la participation des femmes à la vie politique au Québec vue sous l'angle des attitudes et comportements, voir Francine Depatie (Francine Fournier) *La participation politique des femmes du Québec*, étude n° 10 préparée pour la Commission royale d'enquête sur la situation de la femme au Canada, (Ottawa, Information Canada, 1971), 163 p.

[61] Voir à ce sujet le texte de Marie (Beaulne) fille de Suzanne, «Où en est le mouvement des femmes à Montréal», *Chroniques*, 26 (février 1977): 12-26. À titre d'exemple, voir aussi le *Manifeste des femmes québécoises (Montréal, L'étincelle, 1971)*, 54 p. L'oppression des femmes y est vue comme corollaire du capitalisme via la famille patriarcale, et la libération des femmes y est reliée à la libération du Québec: «Pas de Québec libre sans libération des femmes! Pas de femmes libres sans libération du Québec!».

C'est la lutte des féministes radicales contre le pouvoir phallocrate et l'actualisation de « l'incroyable découverte que: *le privé est politique* » [62].

À travers ces groupes, avec les nouvelles prises de conscience dans les milieux syndicaux (comités féminins, etc.) et ailleurs, on peut à tout le moins identifier la ligne suivante: la lutte des femmes se poursuit, c'est une lutte contre l'oppression qui continue à exister, même sous des formes plus discrètes, et, à ce titre, c'est une lutte essentiellement révolutionnaire et politique.

---

[62] *Les Têtes de Pioche*, 7, (Novembre 1976): 6, Cité par Marie (Beaulne) fille de Suzanne, *Ibid.*, 18.

# LA LIBÉRATION DES FEMMES *

## Nicole Laurin-Frenette

L'essentiel des thèses présentées dans cet article a déjà fait la matière d'un texte polycopié utilisé dans le cadre du cours sur la condition féminine, donné à l'Université du Québec à l'automne 72. Il m'a semblé utile de le reprendre à la lumière des commentaires et des critiques qu'a suscités sa discussion. L'objectif de ce travail est de tenter une synthèse des éléments théoriques déjà existants qui peuvent s'appliquer à l'analyse de la condition féminine. Au cours des trois dernières années, une abondante littérature consacrée à la condition féminine a été produite dans le cadre du nouveau mouvement féministe, tant en Europe qu'en Amérique. Ce mouvement a par ailleurs suscité un renouveau d'intérêt pour des ouvrages moins récents consacrés à la femme et à la famille tels les textes de Engels, Lénine, Bebel dans le courant marxiste, ceux de Reich en psychanalyse, ceux de Simone de Beauvoir etc.

Dans un premier temps, nous essaierons d'examiner le cadre théorique dont s'inspire chacun des principaux courants: marxisme, psychanalyse, existentialisme, féminisme révolutionnaire. Cette démarche nous permettra de constater que chaque problématique semble privilégier une dimension de la condition féminine — économique, biologique, idéologique — à l'exclusion des autres et qu'une synthèse de ces points de vue partiels peut-être envisagée. Nous verrons qu'une analyse fondée sur une théorie de la reproduction indique la voie d'une telle synthèse. Dans un second temps, nous aborderons brièvement le problème de l'organisation en rapport avec le mouvement féministe, en essayant de dégager les implications pratiques des propositions théoriques discutées dans la première partie.

Avant de s'engager dans l'exposé, quelques mises en garde s'imposent. Il faut d'abord souligner qu'il s'agit de théorie et que, en l'absence de pratique révolutionnaire, la théorie est un discours assez gratuit meublant les heures creuses de l'attente, de mots qui ne sont que «canaux à travers lesquels les analphabètes se donnent bonne conscience» comme dit Léo Ferré. La vraie théorie est dans l'usine, dans la cuisine et dans l'asile; l'Université et ses appendices ne sont là qu'en attendant qu'on

---

\* Texte paru dans *Socialisme Québécois*, 23 (mai 1974). Reproduit avec la permission de l'éditeur.

vienne les transformer en ce qu'on jugera utile: garderie, commune, théâtre ou autre unité de production libre. Aussi, ce qui fait l'opprimé (e), c'est — entre autres — la langue de l'oppresseur. Et qu'on ne s'y méprenne point, nous parlons toutes et tous ce langage. Les femmes ne diront et n'écriront quelque chose que le jour où elles ré-inventeront les mots et la grammaire et cesseront de paraphraser le discours de l'oppression, y compris celui dit théorique. Telles sont les limites de ce texte.

# 1 — Engels: le fondement économique de la condition féminine

L'ouvrage de Engels, *L'origine de la famille, de la propriété privée et de l'État*, est l'unique texte marxiste qui applique rigoureusement les principales thèses du matérialisme historique à l'analyse de la condition féminine. Engels part du postulat matérialiste que les institutions économiques, sociales, politiques que l'on trouve dans une société, à une période donnée de son développement, représentent toujours l'ensemble des manières donc les membres de cette société *produisent* et *reproduisent* leur existence matérielle. D'une part, les êtres humains doivent produire ensemble ce qui est nécessaire à leur vie: nourriture, logement, habillement etc., de même que les outils nécessaires à cette production. D'autre part, ils doivent aussi se reproduire, c'est-à-dire produire les enfants nécessaires à la survie de l'espèce. Engels écrit:

> «Selon la conception matérialiste, le facteur déterminant en dernier ressort, dans l'histoire, c'est la production et la reproduction de la vie immédiate. Mais à son tour, cette production a une double nature. D'une part, la production des moyens d'existence, d'objets servant à la nourriture, à l'habillement, au logement et des outils qu'ils nécessitent; d'autre part, la production des hommes mêmes, la production de l'espèce. Les institutions sociales sous lesquelles vivent les hommes d'une certaine époque historique et d'un certain pays sont déterminées par ces deux sortes de production — par le stade de développement où se trouvent d'une part le travail, et d'autre part, la famille.»

Dans la perspective marxiste, c'est donc la manière dont les hommes et les femmes dans une société produisent et reproduisent ensemble leur existence, c'est-à-dire la matière dont ils et elles vivent, travaillent, font des enfants et les nourrissent qui déterminent ce qu'ils et elles sont, comment ils et elles pensent, parlent, aiment, etc...

Ce mode de production et de reproduction de l'existence est soumis à un changement constant parce que les moyens et les outils dont on se sert et la façon dont on s'organise pour produire se perfectionnent, se développent, se complexifient au fur et à mesure que l'on produit. Les rapports entre les gens, les diverses institutions sociales se transforment en conséquence. C'est ce que Engels s'applique justement à démontrer en reconstituant l'histoire du développement de la propriété, de la famille et de l'État. Nous n'entrerons pas dans les détails de cette démonstration qui relèvent de l'histoire et de l'anthropologie. Nous en tirerons les éléments qui permettent, selon Engels, de rendre compte de l'oppression de la femme.

Selon l'auteur, les sociétés primitives ne reconnaissent aucune inégalité entre les sexes. La femme jouit d'une position identique à celle de l'homme et y détient, dans certains cas, la suprématie sociale; c'est l'époque du matriarcat. Les sociétés primitives produisent et consomment sur un mode communiste; elles ne sont divisées par aucune inégalité, elles ne pratiquent aucune exploitation, domination ou oppression. C'est qu'il n'y existe aucune propriété au sens strict. En effet, la production collective permet tout juste la subsistance de chacun et ne donne lieu à aucun surplus au-delà de ce minimum vital. Selon Engels, on assiste à une division « naturelle » du travail entre l'homme et la femme. Il s'occupe de la chasse, de la pêche, de la guerre; elle se charge de la maison et du jardin. Chacun est propriétaire de ses instruments de travail et considéré comme souverain et autonome dans sa sphère propre. Cette division n'entraîne aucune inégalité entre les sexes parce que les travaux de chacun ont une utilité, une importance et une valeur identiques. Le cadre des rapports sexuels et de l'élevage des enfants est collectif: ce sont les diverses formes de mariage par groupes et de mariage par paires à l'intérieur d'un groupe familial ou tribal très étendu. De même, sur le plan politique, la collectivité règle directement ses propres affaires et l'autogestion tient lieu du gouvernement.

C'est l'instauration de la propriété privée rendue possible par le développement de la production sur une échelle plus vaste qui bouleverse cette organisation de la société. En effet, avec des moyens de production plus efficaces, une division du travail plus poussée s'effectue: des groupes se spécialisent dans l'élevage, ensuite dans l'agriculture, dans l'artisanat, le commerce, etc. Cette productivité accrue permet l'accumulation de richesses (surplus non consommés) par des producteurs individuels. L'exploitation du travail d'autrui devient rentable d'où l'avènement de l'esclavage. La division du travail et la propriété provoquent ainsi la division de la société en diverses fractions et classes antagonistes et la destruction de l'ancienne organisation sociale et politique communautaire et égalitaire. [1]

---

[1] Le compte rendu que fait Engels de l'origine et du développement des classes sociales fait ressortir la confusion qui entoure la définition du concept de classe. Dans certains passages, les classes paraissent correspondre aux groupes nés de la division du

Avec la division du travail, la production de surplus, l'émergence de la propriété et la division de la société en classes coïncide, selon Engels, l'avènement de la famille patriarcale et de l'État. La position de la femme est profondément modifiée par le nouveau mode de production. Car ce sont les activités de l'homme (élevage, agriculture, artisanat, commerce) et non les siennes qui deviennent rentables, source de valeur dans l'échange, de profit et de richesse accumulables. La production effectuée par la femme ne présente de valeur que pour l'usage privé, domestique; pour une bonne part, elle n'est pas commercialisable. La femme se retrouve ainsi dans une position d'infériorité vis-à-vis de l'homme et celui-ci ne tarde pas à la réduire au rang de servante, voir d'esclave, dépourvue de propriété et de contrôle quant à son travail, ses outils et ses produits.

En outre, la nouvelle propriété privée acquise par l'homme doit être conservée et transmise à ses descendants; il n'est plus question qu'elle retourne à la tribu, au clan, à la communauté. L'homme obligera donc la femme à lui garantir une descendance qui lui appartienne en propre. Cette nécessité amène l'établissement du mariage conjugal qui consomme et consacre la déchéance de la femme et sa nouvelle position d'infériorité. En résumé:

« La monogamie est née de la concentration des richesses importantes dans une même main — la main de l'homme — et du désir de léguer ces richesses aux enfants de cet homme, et d'aucun autre. »

---

travail: pasteurs, agriculteurs, artisans, etc. dans la société globale; hommes et femmes dans la famille. Ailleurs, Engels considère comme une division en classes l'inégale distribution de la richesse à l'intérieur d'un groupe sans préciser la nature de l'écart ni celle des biens possédés. Dans d'autres passages, les groupes que l'on considère comme des classes se définissent simultanément par la division du travail et par la propriété ou la non propriété des moyens de production et des produits: maîtres et esclaves; nobles et serfs; capitalistes et prolétaires. Le problème de l'exploitation dans les rapports d'échange entre ces groupes est également confus. Tout échange découlant de la division du travail n'implique pas nécessairement l'exploitation mais Engels ne spécifie pas clairement quelles sont les conditions de l'échange qui déterminent l'exploitation économique d'un groupe par l'autre.

Cette question de la définition des classes sociales, de leur fondement et de leurs caractères demeure un des éléments les plus embrouillés de la théorie marxiste en général. Il faut retenir pour l'essentiel qu'une société est divisée en classes si, pour effectuer la production sociale, il est nécessaire d'y établir et d'y maintenir des ensembles de positions différentes en ce qui concerne l'apport d'un groupe à la production sociale (propriété ou non des moyens de travail, de la matière première, de la force de travail) et en ce qui concerne le contrôle exercé par un groupe sur la production et sur les produits (gestion du travail productif, appropriation et contrôle du produit et de sa distribution). La simple division du travail ne suffit pas pour qu'il existe des classes ainsi définies. Mais elle en est la condition nécessaire, la base à partir de laquelle se constituent des ensembles de positions distinctes quant à la propriété, au contrôle, à l'appropriation.

Ainsi s'établit l'unité économique fondée sur l'union conjugale et réglée par la domination que l'homme exerce sur sa (ses) femme (s), enfants, serviteurs et esclaves. Elle se maintiendra jusqu'à nos jours, avec des variations mineures.

À la famille patriarcale comme appareil d'oppression des femmes et des enfants correspond l'État comme appareil d'oppression des classes qui sont dominées et exploitées à l'échelle de la société globale. Les structures politiques qui se forment en même temps que la famille répondent à la nécessité d'empêcher l'éclatement de la société maintenant divisée en classes antagonistes. L'État permet à la production sociale de s'effectuer en contrôlant par la force et par la persuasion les luttes qui résultent de la division sociale nécessaire à la production. En plus, l'État contribue souvent directement à la production sociale, mais il exerce ce rôle au profit de la classe qui domine la production puisqu'il a comme principale raison de maintenir cette domination. Donc, la famille et l'État sont le cadre de processus qui permettent à l'organisation sociale de se perpétuer malgré les luttes et les oppositions qui la déchirent et qui résultent d'une part, de l'inégalité économique entre les sexes et d'autre part, de l'inégalité économique entre les classes de producteurs. Ces deux types d'oppression ont leur source comme on l'a vu, dans la propriété privée née de la division du travail dans la production sociale. Telle est selon Engels, l'origine de la propriété, de la famille et de l'État.

Pour Engels, la fin de l'oppression des femmes coïncide avec l'abolition de la société divisée en classes; à notre époque, il s'agit de la société capitaliste ou bourgeoise. La révolution prolétarienne met fin à la propriété privée des moyens de la production collective. Ceux-ci appartiennent à l'ensemble des travailleurs qui, par l'intermédiaire de l'État prolétarien, organisent sur une base égalitaire la production et la distribution. La femme devient un membre à part entière de la collectivité parce qu'elle est intégrée à la production sociale au même titre et aux mêmes conditions que les autres travailleurs. Le travail ménager et les tâches liées à l'élevage des enfants sont transférés pour une large part à la collectivité. Le mariage peut être maintenu mais il n'existe plus sous la forme bourgeoise qui représente simplement une façade légale servant à protéger la propriété privée et derrière laquelle fleurissent l'adultère et la prostitution. Il est fondé sur l'amour réciproque dans l'égalité la plus complète parce qu'il n'est plus indissoluble et que l'homme n'y détient aucun moyen de suprématie économique et sociale sur la femme. Pour Engels, l'oppression de la femme est donc, fondamentalement, un problème économique; par conséquent, sa solution est principalement d'ordre économique et elle n'est possible que dans la société industrielle socialiste:

« L'affranchissement de la femme a pour condition première la rentrée de tout le sexe féminin dans l'industrie publique et cette condition exige à son tour la suppression de la famille conjugale en tant qu'unité économique de la société ».

« L'émancipation de la femme, son égalité de condition avec l'homme est et demeure impossible tant que la femme restera exclue du travail social productif et qu'elle devra se borner au travail privé domestique. Pour que l'émancipation de la femme devienne réalisable, il faut d'abord que la femme puisse participer à la production sur une large échelle sociale et que le travail domestique ne l'occupe plus que dans une mesure insignifiante ».

## 2 — Les dimensions du problème non envisagées par Engels

Le principe sur lequel se fonde l'approche de Engels est correct et indispensable à la compréhension du problème de l'oppression des femmes: l'inégalité entre les sexes dépend comme tout autre fait social de la manière dont les membres d'une collectivité produisent et reproduisent leur existence matérielle. Si la production implique l'inégalité des producteurs (leur division en classes), la famille comme l'État sont nécessaires en tant qu'appareils de maintien et de perpétuation de cette division. Et la famille, sous ses diverses formes ou variantes, se définit par l'oppression des femmes et des enfants. Là-dessus, je suis d'accord avec Engels mais je considère cependant qu'il a tort de ramener l'oppression de la femme et l'ensemble des institutions patriarcales à une seule cause, d'ordre économique. Pour lui, l'instauration de la propriété privée explique directement la sujétion de la femme parce que cette propriété est concentrée dans les mains de l'homme. La suprématie économique masculine est de même nature que celle du maître sur l'esclave, du capitaliste sur le travailleur salarié. Ces affirmations doivent être nuancées.

Il me semble que la prépondérance économique de l'homme basée sur sa propriété des moyens de travail n'explique que pour une part seulement l'oppression de la femme. Toute l'explication de Engels repose sur ce malencontreux hasard qui a voulu que les outils et les activités de l'homme deviennent sources de valeur et de profit au dépens de ceux de la femme. On peut bien croire que les femmes n'étant pas plus bêtes que les hommes, auraient pu délaisser leurs activités domestiques et s'emparer des nouveaux outils, source de richesse. Dans certains cas d'ailleurs, elles s'occupaient déjà de l'artisanat, de l'élevage etc. En outre, les nouveaux moyens de production n'ont pas permis à *tous* les hommes de s'enrichir. Engels affirme lui-même qu'une classe restreinte s'en est assuré la propriété et le bénéfice. Et pourtant, l'oppression s'est abattue sur toutes les femmes; le mariage et la famille sont devenus le cadre des rapports de *tous* les hommes et de *toutes* les femmes. Il faut également considérer que dans la mesure où elle existe, la prépondérance économique de l'homme ne suffit pas à expliquer que l'on doive condamner les femmes au travail domestique: maison, jardin, enfants. Cette division du travail renforcée par l'institution du mariage et de la famille, existe déjà, Engels l'affirme, avant que l'homme n'accède à la suprématie que lui procurent la propriété et l'échange. Et on se demande d'ailleurs comment Engels peut se permettre de la considérer comme une division *naturelle* du travail.

La concentration des richesses dans les mains de l'homme et la nécessité de les léguer à ses descendants légitimes rend compte certainement d'une partie de l'oppression des femmes. Mais la nécessité pour les membres d'une collectivité d'assurer à la fois la production de leur existence matérielle *et sa reproduction* à court aussi bien qu'à long terme, permet également de comprendre certains déterminants importants de la condition des femmes. La reproduction matérielle simple, c'est toute cette partie de la production sociale qui permet à la collectivité de continuer de produire, de renouveler constamment le cycle de la production et de la consommation. Cette part de la production comprend la fabrication de nouveaux outils, machines etc. et la recherche de nouvelles matières premières; elle comprend aussi la procréation et l'élevage des enfants et enfin le renouvellement de la force de travail du producteur: nourriture, vêtement, soins divers etc. Une partie importante de cette production sociale destinée à la reproduction matérielle est effectuée par les femmes, dans toutes les périodes de l'histoire. Et il ne semble pas qu'il en soit ainsi parce que les hommes leur sont économiquement supérieurs. C'est que: 1) il est plus rentable que ces tâches soient remplies par une catégorie particulière de travailleurs plutôt que par tout le monde; c'est le principe général de la division du travail; 2) le fait que les femmes portent les enfants, leur donnent naissance, les allaitent etc. est un prétexte commode pour leur confier ce type de fonction.

Le travail domestique et ménager est source d'infériorité et d'oppression pour les femmes parce qu'il permet à l'homme dans certains cas, de devenir économiquement supérieur à sa femme, mais non dans tous les cas. Il rend la femme dépendante de l'homme pour son embauche, sa protection et sa participation aux produits de la production sociale dont elle est exclue. Il entraîne et exige le développement de caractères physiques, intellectuels et émotifs qui rendent la femme incapable d'échapper à la prison conjugale et au ghetto familial. Il faut remarquer par ailleurs que d'une autre façon, le travail domestique est dévalorisé et dévalorisant parce que les femmes qui en sont chargées, sont considérées comme inférieures sous d'autres prétextes que nous allons analyser.

En effet, l'asservissement et l'oppression de la femme dans le cadre du mariage et de la famille tient à une autre série de raisons, qui s'ajoutent aux premières et qui dépendent également du procès de reproduction, mais de la *reproduction idéologique* cette fois. On a vu que la collectivité doit sans cesse se reproduire matériellement par la fabrication d'outils, le renouvellement de la force de travail, la procréation des enfants etc. Elle doit aussi se reproduire comme organisation sociale, reproduire la manière dont elle produit. Cela signifie que toute collectivité jusqu'à nos jours doit reproduire sa division en classes ainsi que les structures, appareils et institutions sociales qui maintiennent cette division en classes nécessaire à la production sociale. Cette reproduction se fait principalement dans et par la socialisation ou l'éducation des enfants. Ce processus consiste à fabriquer des futurs producteurs ou agents de production présentant des façons de penser et de sentir telles qu'ils trouveront normale la société où ils sont appelés à vivre, qu'ils se mouleront dans les places qui leur sont réservées, qu'ils referont le monde selon le même modèle que leurs parents.

Dans une société de classe, cette reproduction des agents de la production exige qu'ils fassent l'apprentissage et l'acquisition de tous les caractères intellectuels et émotifs nécessaires pour subir l'exploitation, la domination et l'oppression. Les petits maîtres comme les petits esclaves, les petits bourgeois comme les petits prolétaires doivent apprendre à dominer et à être soumis, à opprimer et à être asservis, à gagner et à perdre, etc... Cette formation de la personnalité se fait principalement à l'intérieur de la cellule familiale, c'est-à-dire dans le cadre de rapports humains fondés sur l'inégalité, la domination et l'oppression. La suprématie de l'homme et l'asservissement de la femme trouvent une de leurs raisons d'être les plus importantes dans cette fonction «éducative» de la famille qui consiste à offrir au futur agent de production un milieu d'apprentissage de la société de classe, c'est-à-dire de la domination et de l'exploitation auxquelles il devra plus tard se soumettre et consentir et qu'il devra reproduire à son tour.

### 3 — La psychanalyse: le fondement idéologique de la condition féminine

Les travaux de Wilhem Reich sur la famille patriarcale sont centrés sur l'analyse de ce processus de reproduction idéologique auquel il donne le nom d'ancrage caractérologique de l'ordre social: l'imposition à tous les membres d'une société du caractère psychique permettant à l'ordre social de se maintenir, imposition qui se fait par l'intermédiaire de la répression que la famille patriarcale exerce sur ses membres. Il écrit dans l'introduction à *L'analyse caractérielle*:

« Tout ordre social crée les caractères dont il a besoin pour se maintenir. Dans la société divisée en classes, la classe dirigeante s'assure sa suprématie par le moyen de l'éducation et des institutions familiales, par la propagation parmi tous les membres de la société de ses idéologies déclarées idéologies dominantes. Mais il ne s'agit pas seulement d'imposer des idéologies, des attitudes et concepts aux membres de la société: en réalité, nous avons affaire, dans chaque nouvelle génération, à un processus en profondeur, générateur d'une structure psychique correspondant dans toutes les couches de la société à l'ordre social établi ».

Les idées de Reich sur la famille ressortent d'une tentative de conciliation et de synthèse du marxisme et de la théorie freudienne. Pour Freud, le refoulement et la sublimation des pulsions libidinales de l'enfant, imposés par les relations familiales, sont nécessaires à la création et au maintien de l'ordre et de la civilisation, malgré les inévitables troubles psychiques qu'ils entraînent (névroses et psychoses) et que la cure psychanalytique individuelle peut soulager. Le mérite de Freud est d'avoir montré et expliqué le fonctionnement de ce processus de production de l'inconscient par lequel les petits humains — mâles et femelles — sont transformés en agents dociles et malades de la production sociale. Mais il n'en est pas moins odieusement misogyne dans la mesure où il considère comme normale, nécessaire et naturelle, la castration psychique qui fait de la femme cet être passif, masochiste, infantile et « envieux » qui ne peut s'accomplir que dans la soumission et la dépendance. L'absence de pénis chez la femme justifie, pour Freud, l'infériorité intellectuelle et sociale dans laquelle on la maintient. De même, la présence chez l'homme de cet organe magique suffirait à légitimer la transformation sociale du mâle en être dominateur et agressif, perpétuellement voué à la démonstration physique, intellectuelle et politique de sa supériorité.

Pour Reich, ce conditionnement psychique, fondé sur la répression et la diversion de l'énergie vitale, est nécessaire à la reproduction des sociétés de classe et disparaîtra avec elles. Il considère que cette répression — condition et but de la famille — est soutenue par l'idéologie coercitive ou autoritaire qui, loin d'être le monopole d'une minorité dominante, imprègne largement toutes les classes de la société. Cette idéologie, dès lors qu'elle est enracinée dans la structure psychique des masses, permet le fonctionnement des processus socio-économiques de la production. Ainsi, la production économique est inconcevable hors de la production d'un substrat psychique (intellectuel et affectif) fonctionnel et vice-versa. Reich écrit dans la seconde préface à *La révolution sexuelle*:

« Il n'y a rien de l'ordre d'un développement des forces productives per se; il n'existe qu'un développement de l'inhibition dans la structure psychique humaine, dans la pensée et le sentiment, sur la base de processus socio-économiques. Le processus économique, c'est-à-dire le développement des machines, est fonctionnellement identique au processus psychique structural de ceux qui réalisent le processus économique, l'accélèrent ou l'inhibent, et qui en subissent aussi l'influence. L'économie est inconcevable hors de la structure affective agissante de l'homme... »

Dans les sociétés capitalistes et autoritaires, la virilité et la féminité — ainsi que le modèle de leurs rapports — ne sont que le produit de la mutilation sexuelle et affective imposée par la famille aux futurs agents de la production, au nom des classes dominantes et en vue de la perpétuation de cet « ordre », cette « culture » et cette « civilisation » dont elles tirent pouvoir et profit. Pour Reich, la révolution sera donc sexuelle et politique à la fois, n'en déplaise à Lénine ou à Freud.

Les thèses de Reich, reprises sous une forme nouvelle par l'école anti-psychiatrique actuelle (Laing et Cooper et d'une autre façon, Deleuze et Guattari) représentent un complément essentiel à la théorie marxiste, particulièrement en ce qui concerne la question de la condition féminine. En effet, elles permettent de comprendre pourquoi le mariage et la famille tout comme l'appareil d'État, apparaissent en même temps que la propriété privée et la division de la société en classes. C'est que la famille, par ses fonctions de reproduction matérielle et de reproduction idéologique, est essentielle au maintien de toute société de classe. La reproduction idéologique exige l'oppression de la femme car les membres de chaque nouvelle génération doivent être transformés en bons agents de la production dans et par des rapports familiaux inégalitaires, autoritaires et répressifs. À cette fin, la famille doit présenter l'image en miniature de la société de classes. C'est dans ce sens là que Marx et Engels qualifient quelquefois de rapports de classes l'antagonisme entre l'homme et la femme, comparant celui-ci au bourgeois et celle-là au prolétaire. Car:

« La famille... contient en miniature tous les antagonismes qui, par la suite, se développeront largement, dans la société et dans son État. » (Marx)

« Le mariage conjugal est la forme-cellule de la société civilisée, forme sur laquelle nous pouvons déjà étudier la matière des antagonismes et des contradictions qui s'y développent pleinement. » (Engels)

« Dans la famille congugale... nous avons une image réduite des mêmes antagonismes et contradictions dans lesquels se meut la société divisée en classes depuis le début de la civilisation, sans pouvoir ni les résoudre, ni les surmonter. » (Engels)

## 4 — La révolution socialiste: une solution?

On a vu que Engels liait la libération de la femme à la révolution socialiste qui abolirait la propriété privée des moyens de production et permettrait à tout le sexe féminin de participer de plein droit à la production sociale. La majorité des penseurs et des leaders socialistes et communistes ont également proposé ce type de solution à l'oppression des femmes. Pour Bebel et Lénine par exemple, l'oppression de la femme a sa source dans le fait que l'économie domestique demeure séparée de la production collective et s'achèvera lorsque le socialisme aura mis fin à cette séparation Lénine écrit:

« La femme continue à demeurer l'esclave domestique, malgré toutes les lois libératrices, car la petite économie domestique l'oppresse, l'étouffe, l'abêtit, l'humilie, en l'attachant à la cuisine, à la chambre des enfants, en l'obligeant à dépenser ses forces dans des tâches terriblement improductives, mesquines, énervantes, hébétantes, déprimantes. La véritable libération de la femme, le véritable communisme ne commenceront que là et au moment où commencera la lutte des masses (dirigée) par le prolétariat possédant le pouvoir) contre cette petite économie domestique ou, plus exactement, lors de sa transformation massive en grande économie socialiste. »

Cette solution socialiste au problème de la femme est évidemment partielle et il est aisé de comprendre pourquoi en regard de la critique que l'on vient de faire de la théorie de Engels. En effet, on a constaté que c'est le processus de reproduction nécessaire à toute société de classe qui détermine les caractères particuliers de la condition féminine. Or, ce processus implique des dimensions multiples et les marxistes économistes ne tiennent compte que d'une partie de cet ensemble. Récapitulons les diverses composantes du procès de reproduction:

1 — *Reproduction matérielle:*
   A) de la *propriété* (outils, moyens de travail, produits);
   B) de la *force de travail;*
   C) de *l'espèce;*

2 — *Reproduction idéologique:* des caractères nécessaires aux agents de la production.

Il est essentiel de souligner que la reproduction sociale, c'est-à-dire la reproduction de l'organisation générale de la vie collective pour la production, le contrôle, la distribution, la consommation etc., représente un seul processus d'ensemble dont les divers éléments, phases et composantes ci-haut distingués sont nécessaires, cohérents et interdépendants. En d'autres termes, chaque dimension de ce procès implique toutes les autres de sorte que tout changement social révolutionnaire doit nécessairement modifier l'ensemble des formes de la reproduction. Il est inutile d'en multiplier les exemples; Il n'y a qu'à se rapporter au tableau précédent.

La solution socialiste au problème de la femme ne concerne que 1-A et 1-B et n'attaque pas de front 1-C et 2. La socialisation des moyens de production supprime l'économie domestique privée et par conséquent le travail ménager réservé à la femme en tant qu'esclave de son mari. La femme participe à l'ensemble de la production sociale et le travail privé de reproduction de la force de travail est collectivisé (1-B). La nécessité de reproduire la propriété de l'homme en la transmettant à ses descendants légitimes est également abolie (1-A); ainsi disparaît une partie des raisons justifiant le mariage et la famille. Cependant, la procréation et l'élevage des enfants demeurent en tant que services privés et gratuits que les femmes fournissent à la collectivité (1-C). Cette obligation les maintient dans une position inférieure et dépendante tant et aussi longtemps que l'élevage des enfants — et même la procréation — ne constitue pas une production socialisée, collectivisée au même titre que les autres. Reste enfin la reproduction idéologique qui, comme on l'a vu, impose des rapports d'oppression entre les sexes et aussi longtemps que les enfants, que la famille doit produire, sont appelés à s'insérer dans une société divisée en classes, quelle qu'elle soit .

L'échec partiel de la libération des femmes dans les pays socialistes doit être expliqué dans cette perspective. Malgré l'intégration massive des femmes au marché du travail, l'inégalité entre les sexes s'est maintenue. L'insuffisante socialisation du travail domestique et l'absence de socialisation de l'élevage des enfants en sont partiellement responsables. L'oppression des femmes dans le mariage et la famille y demeure aussi possible et nécessaire parce que ces sociétés sont encore divisées en classes. La présence d'une classe dominante, la bourgeoisie d'État, et par conséquent, celle de travailleurs victimes d'une certaine forme d'exploitation, exigent le maintien de rapports conjugaux et familiaux autoritaires et répressifs. Cette nécessité renforce par voie de conséquence le maintien du caractère privé du travail domestique et de l'élevage des enfants et renforce également la tendance à la décollectivisation de la propriété, c'est-à-dire la reconstitution de classes sociales antagonistes et ainsi de suite . . . car telle est la cohérence du procès de reproduction.

La libération des femmes par leur intégration au marché du travail est un problème qui se pose aussi dans les sociétés capitalistes. On peut constater que cette forme de libération offre des possibilités très limitées parce que: 1) la position d'infériorité générale des femmes est utilisée par la bourgeoisie comme prétexte à la surexploitation de toute cette partie de la main-d'oeuvre qu'elles constituent; 2) le mariage et la famille imposent aux femmes toutes les tâches privées de reproduction de la force de travail et l'élevage des enfants même lorsqu'elles participent au reste de la production sociale; 3) bien que la société capitaliste aura tendance à intégrer à la production publique une plus large fraction du travail domestique dont elle a déjà commercialisé une partie, la nécessité de maintenir des rapports d'inégalité entre les hommes et les femmes pour reproduire la société de classe demeurera et n'en deviendra que plus aiguë encore que par le passé.

Plusieurs textes féministes de socialistes modernes mettent l'accent sur le travail domestique privé comme source d'oppression de la femme. Margaret Benston dans « Pour une économie politique de la libération des femmes», considère qu'il représente un rapport spécifique aux moyens de production. La femme n'est pas propriétaire de ces moyens, elle produit des biens qui ne sont pas monnayables (valeurs d'usage) même si son travail est socialement nécessaire. Isabel Larguia reprend les mêmes idées dans « Contre le travail invisible». Christine Dupont (« L'ennemi principal») démontre qu'il existe deux modes de production des biens et des services dans les sociétés modernes, le mode industriel capitaliste et le mode familial patriarcal. Chacun donne lieu à une exploitation spécifique et c'est le second qui détermine la condition féminine. Ces analyses sont correctes mais elles se limitent trop facilement à un des aspects économiques de l'oppression des femmes et négligent d'autres dimensions fondamentales. En ce sens, elles s'exposent — comme les théories socialistes — à limiter la lutte de libération des femmes à des objectifs partiels: participation au marché du travail et commercialisation (ou même socialisation) du travail ménager.

204 LES FEMMES DANS LA SOCIÉTÉ

## 5 — Simone de Beauvoir: l'approche existentialiste

En plus du marxisme et de la psychanalyse, il faut également tenir compte de la conception existentialiste des rapports entre les sexes, ne serait-ce qu'à cause de l'influence qu'elle a exercée et qu'elle exerce encore, principalement par l'intermédiaire des travaux de Simone de Beauvoir. «Le deuxième Sexe» est probablement l'ouvrage le mieux documenté et le plus passionnant jamais écrit sur la condition féminine. Il faut y distinguer deux aspects: d'une part, l'analyse descriptive ou phénoménologique de la condition féminine et d'autre part, l'explication philosophique des phénomènes analysés. Cette explication s'appuie sur les principes de la philosophie existentialiste et en utilise les concepts et la terminologie. Je devrai la résumer grossièrement. Pour Simone de Beauvoir, la condition particulière de la femme vient de ce qu'elle tient, pour l'homme, essentiellement la place de l'Autre qui lui permet de se définir et de se constituer comme Sujet. Pour poser des actes librement et en assumer la responsabilité, l'être humain doit s'éprouver comme sujet, c'est-à-dire comme souverain, libre et essentiel au monde. C'est en se confrontant et en s'opposant à un autre individu ou à un autre groupe que l'être prend ainsi conscience de soi. Or, c'est précisément la femme qui remplit ce rôle au profit de l'homme. C'est en se confrontant et en s'opposant à elle, qui est à la fois semblable à lui et différente de lui qu'il s'éprouve comme souverain, autonome et puissant. Il devient essentiel en la définissant comme inessentielle, actif en la réduisant à la passivité, maître de lui-même en l'asservissant. Elle lui permet littéralement d'exister en lui permettant de dominer, de vaincre, de contrôler une liberté et une volonté autres que la sienne. Donc, l'être humain n'existe vraiment que comme sujet et il lui faut se définir par rapport à un autre pour exister comme sujet. Mais son existence comme sujet, l'expérience de sa liberté et de sa souveraineté se fait dans l'angoisse, la tension et la solitude. Pour fuir cette angoisse existentielle, il cherche à se perdre, à se nier, à s'abolir comme sujet: il aspire à devenir une chose, un objet inconscient, immuable, pétrifié. Cette caractéristique essentielle de la conscience humaine explique la soumission de la femme à l'homme, son consentement à jouer pour lui le rôle d'Autre c'est-à-dire d'Objet. Ainsi, la femme se fait complice de sa propre oppression.

En résumé, l'inégalité et la lutte entre les sexes s'expliquent par la coïncidence de deux tendances universelles et essentielles de la conscience humaine: 1) la tendance à constituer l'autre en objet pour s'éprouver comme sujet; 2) la tendance à vouloir se pétrifier en objet pour fuir l'angoisse et la responsabilité d'exister comme sujet.

Simone de Beauvoir résume ainsi la dialectique hégelienne du maître et de l'esclave dans les rapports entre les sexes:

« . . . on découvre dans la conscience elle-même, une fondamentale hostilité à l'égard de toute autre conscience, le sujet ne se pose qu'en s'opposant: il prétend s'affirmer comme l'essentiel et constituer l'autre en inessentiel, en objet. ( . . .) À côté de la prétention de tout individu à s'affirmer comme sujet, qui est une prétention éthique, il y a aussi en lui la tentation de fuir sa liberté et de se constituer une chose: c'est un chemin néfaste car passif, aliéné, perdu, il est alors la proie de volontés étrangères, coupé de sa transcendance, frusté de toute valeur. Mais c'est un chemin facile; on évite ainsi l'angoisse et la tension de l'existence authentiquement assumée. L'homme qui constitue la femme comme une Autre rencontrera donc en elle de profondes complicités. »

Reste à expliquer pourquoi c'est l'homme qui sort vainqueur de cette dialectique avec la complicité de la femme. Il semble que ce soit, selon Simone de Beauvoir, les caractéristiques naturelles de la féminité qui aient destiné la femme plutôt que l'homme à jouer le rôle de l'Autre: le fait qu'elle soit plus dépendante de son corps que l'homme, plus soumise à la matière, plus empêtrée dans la chair, que son anatomie la destine à recevoir le mâle plutôt que le contraire etc . . .

Dans cette perspective, la libération dè la femme exige qu'elle refuse d'être complice de son oppression. C'est-à-dire qu'elle refuse de s'abandonner au rôle d'objet, qu'elle s'affirme et s'assume comme sujet dans l'angoisse et la solitude inévitables. Et c'est principalement dans et par le travail défini comme activité créatrice, prise sur le monde, réalisation de soi, que la femme peut devenir un être humain authentique, libre et responsable.

La dialectique du sujet et de l'objet, de l'essentiel et de l'autre, du maître et de l'esclave permet de décrire ce qui se passe dans la conscience des hommes et des femmes en rapports d'oppression. C'est le grand mérite de l'ouvrage de Simone de Beauvoir; à partir de ces catégories, elle présente et analyse d'une façon magistrale divers aspects de la condition féminine: les mythes qui ont été créés au cours de l'histoire pour formuler et illustrer ces rapports entre les sexes; les diverses étapes du développement intellectuel et émotif de la femme et de sa transformation en être aliéné et en objet consentant; toute l'expérience vécue de la dialectique sujet-objet, maître-esclave dans l'amour, dans la religion, dans l'étude, dans le travail etc. Mais si sa philosophie permet de bien analyser la manière dont l'oppression est vécue subjectivement par les femmes et les hommes, elle n'explique ni pourquoi cette oppression existe, ni pourquoi elle est vécue de cette façon. À moins de croire à l'existence de caractéristiques immuables et éternelles de la conscience humaine, de supposer que l'homme est un oppresseur par nature et de toute éternité et que la femme est de toute éternité destinée à être opprimée parce que les êtres humains sont ainsi faits! On ne saurait admettre ce genre d'explication par les essences éternelles. Nous avons vu, avec Engels, que ce que sont les hommes et les femmes dépend de leur mode d'existence matérielle, de la façon dont ils sont obligés de vivre, de produire et de se reproduire et que ce mode d'existence change, se transforme et transforme les hommes en même temps. Il n'y a donc pas de raisons ineffables et éternelles, inscrites dans l'âme humaine qui expliqueraient l'aliénation de la femme, sa transformation par l'homme en objet. La dialectique de l'aliénation est réelle et Simone de Beauvoir l'analyse parfaitement mais elle a son premier fondement dans *l'existence* des gens non dans leur *conscience*. Simone de Beauvoir a d'ailleurs admis cette faiblesse de son ouvrage plusieurs années plus tard, dans *la force des choses*. Comme Sartre, elle est arrivée à la conclusion que la philosophie existentialiste était dépourvue de racines et devait chercher un fondement dans le matérialisme historique. Cette revision a par la suite profondément modifié ses positions politiques en général.

La solution qu'elle propose au problème de la femme dans *Le deuxième sexe* est une solution individualiste et bourgeoise: la réalisation de soi comme sujet dans le travail créatif. C'est une solution individualiste parce que sa théorie comme on l'a vu, suppose que l'aliénation a sa source dans les états de conscience des individus impliqués. La libération exige donc seulement que chacun transforme sa propre morale, s'efforce d'être un sujet sans réduire la femme en objet ou refuse d'être réduite par l'homme à un objet. Il est pourtant évident que les conditions collectives de l'existence qui imposent la dialectique sujet-objet aux consciences des individus ne peuvent être transformées par des efforts personnels isolés d'affirmation de soi et de désaliénation. En outre, ce qu'elle propose à la femme comme objectif de libération: s'imposer comme sujet, signifie au fond adopter ce que Reich appellerait la structure psychique bourgeoise. On constate en effet que les caractéristiques que l'existentialisme prête au sujet, à l'existant, loin d'être des attributs humains essentiels et immuables, sont les traits particuliers du caractère qui sert d'ancrage à l'ordre social capitaliste: individualisme, liberté et souveraineté éprouvés dans l'opposition à autrui, affirmation de soi dans le travail, angoisse, tension, solitude dans la réalisation de soi etc. L'idée de la femme se libérant et s'affirmant comme sujet dans le travail en usine, par exemple, laisse perplexe. La démarche pratique sur laquelle débouche l'approche existentialiste laisse ainsi de côté l'action collective de libération parce qu'elle ne tient pas suffisamment compte du fondement économique et politique au sens large, de l'oppression des femmes, tel qu'on l'a analysé dans les pages précédentes.

## 6 — La théorie féministe radicale: le fondement sexuel de l'oppression

L'approche féministe radicale ou révolutionnaire est liée à la vague la plus récente du mouvement de libération des femmes et lui sert de théorie. Les ouvrages de Kate Millet, *La politique du mâle* et de Shulamith Firestone, *La dialectique du sexe* en sont des exemples représentatifs de même que plusieurs articles de militantes féministes regroupés dans le numéro spécial de *Partisans* sur la libération des femmes et dans les anthologies de textes féministes américains, *Sisterhood Is Powerful, Woman in Sexist Society,* etc.

Dans cette perspective, les rapports d'opression entre les sexes sont considérés comme la source première de tous les phénomènes économiques et politiques d'exploitation et de domination dans la société capitaliste comme dans les sociétés antérieures. En d'autres termes, la lutte des sexes représente la contradiction, l'opposition, le conflit social principal dont dépendent et dérivent tous les autres: lutte des classes, conflits raciaux, domination impérialiste etc. C'est ainsi que pour Kate Millett, les rapports entre les sexes sont des rapports politiques, c'est-à-dire des rapports de pouvoir, de puissance, par lesquels la moitié féminine de l'humanité est soumise au contrôle de la moitié masculine. Cette oppression et cette exploitation d'un sexe par l'autre sont fondées dans la relation humaine fondamentale, celle de la sexualité qui est le modèle de tous les rapports sociaux plus élaborés. Le système patriarcal est l'institution qui organise et maintient la suprématie masculine; il repose sur la famille, il est universel et bien antérieur à la société capitaliste. Aucune révolution ne peut opérer une transformation sociale profonde et durable si elle ne s'attaque pas au système patriarcal comme source de tous les autres systèmes d'oppression, si elle ne renverse pas d'abord la suprématie de l'homme sur la femme comme source et modèle de tous les rapports humains corrompus, Kate Millett conclut ainsi son analyse très intéressante de la politique sexuelle telle que «reflétée» dans la littérature contemporaine et dénoncée dans les pièces de Jean Genêt:

« L'enseignement politique que contient la pièce de Genêt (« Le Balcon») est celui-ci: tant qu'on n'aura pas renoncé à l'idéologie de la virilité réelle ou imaginaire, tant que l'on considérera la suprématie masculine comme un droit de naissance, tous les systèmes d'oppression continueront à fonctionner par la simple vertu de mandat logique et affectif qu'ils exercent au sein de la première des situations humaines. »

Shulamith Firestone reprend les mêmes thèmes en démontrant qu'un tel cadre théorique est plus fondamental que celui de Marx et Engels et qu'il permet d'expliquer à la fois la lutte des sexes qui dépend du rapport fondamental entre l'homme et la femme dans la procréation et la lutte des classes qui s'édifie sur la base de cette première division sociale du travail. Pour elle, c'est l'organisation sexuelle de la société pour la reproduction qui seule constitue la base à partir de laquelle on peut expliquer la «superstructure» des institutions économiques, juridiques et politiques de même que les systèmes philosophiques, religieux et autres d'une période historique donnée. De son point de vue, une telle perspective est à la fois matérialiste et dialectique parce qu'elle recherche le fondement de l'ordre social dans les rapports de production matérielle premiers et fondamentaux: les rapports entre les sexes dans la reproduction de l'espèce et parce qu'elle considère le développement social comme le résultat de la lutte entre ces deux classes primordiales que sont les hommes et les femmes. C'est ainsi qu'elle reformule en termes féministes la définition que Engels donne du matérialisme historique:

« Historical materialism is that view of the course of history which seeks the ultimate cause and the great moving power of all historic events in the dialectic of sex: the division of society into two distinct biological classes for procreative reproduction, and the struggles of theses classes with one another; in the changes in the mode of marriage, reproduction and childcare created by these struggles; in the connected development of other physically-differentiated classes (castes); and in the first division of labor based on sex which developed into the (economic-cultural) class system. »

Ce cadre théorique toutefois est simplement ébauché dans les ouvrages féministes radicaux; l'accent est mis plutôt sur la description et l'analyse des situations vécues d'aliénation et de lutte des sexes dans la société capitaliste moderne. La perspective révolutionnaire du féminisme radical s'appuie sur la dénonciation des formes *contemporaines* du mariage et de la famille et des conséquences *actuelles* de l'oppression sexuelle, économique, politique et idéologique des femmes. Cette actualité lui assure une influence plus grande auprès des femmes que celles des courants marxiste et existentialiste.

L'action révolutionnaire privilégiée est celle qui s'attaque aux bases du système patriarcal: la suprématie masculine dans les rapports sexuels et dans les relations qui en dérivent. Cette action prend appui sur l'expérience subjective et les conditions personnelles d'oppression vécues et ressenties par chaque femme dans ses rapports avec la société mâle. En pratique, chacune doit être amenée à se «politiser» à partir d'une réflexion sur ses problèmes personnels, avec l'aide de ses consoeurs; c'est le processus du *consciousness raising*. Ce type de militantisme féministe implique d'abord une transformation de la vie personnele des militantes. Il débouche sur une organisation politique révolutionnaire dont les femmes ont le contrôle exclusif et qui se caractérise par le refus de subordonner ou d'intégrer les objectifs de la libération des femmes à ceux des mouvements révolutionnaires traditionnels: communistes socialistes, anti-impérialistes, libération des Noirs etc., sous prétexte que ces mouvements ne s'attaquent pas au fondement sexiste de toute oppression sociale, économique ou politique et reproduisent dans leurs rangs mêmes, les rapports patriarcaux entre les sexes. En conséquence, les féministes révolutionnaires s'efforcent d'extirper de leurs organisations tout élément bureaucratique, hiérarchique ou autoritaire.

Le féminisme radical est une théorie et un mouvement très important et il importe de l'évaluer sérieusement. Il présente quelquefois un caractère petit bourgeois à la fois par sa composition et par le type de préoccupation qu'il met de l'avant. Il est né de l'oppression vécue et ressentie par toute une catégorie de femmes «émancipées» sur le plan économique et professionnel et dont l'expérience de l'oppression se situe particulièrement sur le plan des rapports personnels: sexuels, amicaux, conjugaux et familiaux et des rapports de la femme au savoir, à la culture, à la politique et tout spécialement, à la politique révolutionnaire. En effet, il faut noter que dans plusieurs pays comme les États-Unis et la France, ce sont des militantes déçues par le chauvinisme mâle des organisations de la gauche (communistes, trotskistes, maoistes) qui sont venues grossir les rangs du mouvement de libération des femmes. Ces conditions expliquent l'emphase placée sur certains aspects de l'oppression des femmes dans l'analyse, dans l'explication et dans l'action féministe radicale. En reprenant la liste que nous avons utilisée des composantes du processus de

reproduction dont doit tenir compte l'analyse de l'oppression des femmes, nous pourrons comparer cette perspective aux précédentes:

   1 — Reproduction matérielle:
      A) de la propriété,
      B) de la force du travail,
      C) de l'espèce.
   2 — Reproduction idéologique: des caractères des agents de pro-
      duction.

La théorie radicale ramène l'antagonisme des sexes aux rapports et à
la division du travail qu'entraîne la seule reproduction biologique. La
nécessité d'opprimer les femmes en vue de la reproduction de la propriété
et de la reproduction de la force de travail est tout aussi importante et ne
dérive pas nécessairement des rapports dans la procréation. Elle ne
dépend pas non plus de la méchanceté ou de la perversion naturelle du
mâle. Elle relève plutôt de la division du travail et trouve son fondement
dans le mode de production des biens et des services dans une collectivité.

L'asservissement qu'entraîne la procréation privée et gratuite est
certes fondamentale et aucune tentative sérieuse n'a été faite jusqu'ici
pour transformer ce mode de reproduction séculaire. Les féministes
radicales ont raison de s'attaquer à ce fondement de la suprématie masculine et de réclamer un contrôle collectif des productrices sur l'organisation de la procréation et de l'élevage. D'autant plus qu'existent les
moyens techniques nécessaires à cette fin et que Engels, Lénine ou
Simonie de Beauvoir ne pouvaient même imaginer. Il reste toutefois que
l'oppression engendrée par l'organisation économique des sociétés de
classes doit également être considérée en tant que déterminant essentiel
de la condition féminine, dans tout projet de libération.

Les féministes radicales comprennent mal par ailleurs, le processus
de la reproduction idéologique en tant qu'il impose l'oppression des
femmes dans le cadre de la famille patriarcale, dans le but d'inculquer
aux futurs agents de production les caractères nécessaires à leur fonctionnement dans une société de classe. C'est ce processus de reproduction
idéologique qui fait des rapports entre homme et femme la «relation
première», la «forme cellule» des relations humaines sur laquelle les
autres relations paraissent s'édifier et qui semble faire fonctionner tous les
autres systèmes d'oppression. C'est poser un faux problème que de tenter
d'établir la primauté de la lutte des sexes dans la famille sur la lutte
économique et politique des classes dans la société ou bien l'inverse. La
théorie féministe radicale oublie l'interdépendance et la cohérence étroites

qui caractérisent les procès de production et de reproduction de la vie sociale. Car les rapports entre les sexes dans la reproduction de l'espèce et les rapports entre les agents économiques dans le travail, s'inscrivent dans un seul et même procès général de la production sociale qui distribue simultanément les agents en classes, en sexes, en races, en catégories de toutes sortes, souvent sur la base de critères qui ne possèdent aucun sens social immanent: couleur de la peau, caractères sexuels, etc. Selon Shulamith Firestone, il est réactionnaire de rapporter au «système», la responsabilité de l'oppression des femmes qui incombe objectivement aux hommes. Ne serait-ce pas, au contraire, jouer le jeu de l'idéologie réactionnaire que de combattre dans les termes mêmes des catégories, divisions et barrières qu'elle impose?

Il faut reconnaître que les féministes radicales ont su décrire et dénoncer avec une vigueur sans précédent, les multiples formes et conséquences, des plus brutales aux plus subtiles, de l'asservissement des femmes dans les sociétés capitalistes contemporaines. Elles ont eu le courage de jeter au visage des révolutionnaires les mieux pendants, l'image hideuse de la mutilation sexuelle, affective, intellectuelle qu'eux-mêmes subissent et font subir — produits malgré tout dociles du système. En ce sens, le nouveau discours féministe est révolutionnaire. Car dans les sociétés occidentales, certains effets psychiques et sexuels des contradictions du capitalisme moderne sont ressentis avec acuité par une part importante de la population. Le féminisme révolutionnaire, comme l'idéologie hippie et yippie, celle des mouvements de libération des homosexuels, des fous etc., exprime ce malaise et y propose des solutions.

Mais le sens de la lutte féministe et partiellement ambigu dans la mesure où elle se définit comme une guerre entre les sexes, prenant en outre la précédence sur la lutte des classes, celle des Noirs et autres. À mon avis, il n'y a qu'une seule lutte à finir: celle des révolutionnaires — de tous les sexes — contre les minorités d'exploiteurs qui profitent de l'organisation sociale telle qu'elle est. L'objectif *à long terme* du féminisme ne peut être ni la revalorisation, ni la glorification de «l'être féminin», pas plus que l'accession des femmes à l'égalité ou même à la suprématie sociale. Cet objectif doit être la destruction de ce qu'on appelle aujourd'hui la féminité, comme de ce qu'on appelle la virilité, dans l'unique but de justifier diverses formes d'exploitation et d'oppression: du travail domestique non rémunéré jusqu'à la vente des cosmétiques, en passant par le viol, la prostitution, la guerre, etc. Une véritable transformation révolutionnaire de l'ordre social ne peut laisser subsister l'inégalité et la domination entre les sexes, quelqu'en soit la forme; elle ne peut non plus laisser subsister les institutions qui servent de cadre à l'asservissement sexuel: mariage, famille etc. Et ce, parce qu'une véritable révolution doit abolir la division de la société en classes, en créant des conditions qui rendent impossibles et inutiles la division du travail, l'exploitation, la domination et la nécessité de les reproduire.

En ce sens, c'est un faux problème que celui de la priorité ou de la non priorité de la libération des femmes comme objectif révolutionnaire. Les féministes radicales ont raison de s'attaquer au système d'oppression patriarcale; elles ont tort d'exclure comme réformistes ou de considérer comme secondaires, les luttes contre le capitalisme, l'impérialisme, le racisme. Une révolution véritable devra libérer tout le monde ensemble: prolétaires, Noirs, colonisés, femmes, enfants etc. Il peut bien exister plusieurs fronts de lutte mais elle ne doit avoir qu'un objectif ultime: la destruction complète de la propriété, de la famille et de l'État dont on a vu qu'ils formaient un système auto-reproducteur d'éléments indissociables.

Certains mouvements qui se disent révolutionnaires visent cependant, en pratique, à établir des formes différentes de domination et d'oppression: technocratie, dictature prolétarienne ou autre. Il est évident qu'ils ne peuvent envisager la destruction de la famille puisqu'ils souhaitent recréer une nouvelle division de la société en classes et conserver l'État et la propriété sous des formes différentes. Ils ne devraient normalement pas pouvoir compter sur le militantisme des femmes. Par ailleurs, toute action visant réellement la destruction de la propriété et de l'État coïncide avec l'objectif de la libération des femmes et réciproquement, toute action visant au renversement du système d'oppression patriarcale contribue à l'abolition de la propriété et de l'État.

## 7 — Le problème de l'organisation

Une fois compris que la libération des femmes est tout à la fois objectif, condition et conséquence essentielles [1] d'une révolution digne de ce nom, on peut se demander comment y parvenir dans la pratique. Il est impossible de répondre à cette question de façon complète et satisfaisante puisque la tâche de libérer les femmes n'est aucunement différente dans le fond, de la tâche générale de tous les révolutionnaires: faire la révolution. Cette tâche présente des difficultés qui ne sauraient être résolues que par tous les révolutionnaires dans le feu (et le froid) de l'action.

---

[1] «Essentiel» dans cette phrase doit être écrit au masculin pluriel, du point de vue de la grammaire dominante.

En Europe et en Amérique du Nord, il existe présentement de multiples formes et cadres d'action féministe, qui vont des groupes de pression réformistes, se consacrant au lobbying parlementaire en faveur des droits égaux au travail, de la contraception, etc., jusqu'aux groupuscules extrémistes visant l'organisation de la lutte armée contre le mâle. Entre ces deux pôles, on trouve des groupes féministes militant à l'intérieur d'organisations politiques de gauche mixtes et de nombreux mouvements féministes autonomes, différant par le caractère plus ou moins radical de leurs revendications et de leurs moyens d'action. Il serait prématuré et prétentieux de tenter d'évaluer l'impact des actions entreprises par ces groupes et l'efficacité de leurs structures. On peut seulement en tirer quelques éléments très simples de stratégie.

D'abord, il semble bien que la majorité des femmes doivent être sensibilisées à partir de problèmes vécus quotidiennement, très restreints en apparence et à partir desquels une réflexion et une «politisation» plus générales peuvent être amorcées. En cela, les femmes ne diffèrent pas des autres classes et groupes opprimés. Les problèmes ou les dimensions de l'oppression qu'il faut privilégier semblent d'ailleurs varier selon les classes ou catégories de femmes auxquelles on s'adresse: travailleuses, ménagères, étudiantes, bourgeoises etc. Ce qui ne veut pas dire que toutes les femmes ne subissent pas les mêmes formes d'oppression — à des degrés variables — et que les chemins de la sensibilisation ne mènent pas tous à une révolte commune.

Deuxièmement: le sectarisme, ici comme ailleurs, s'avère stérile et épuisant. Le purisme théorique, l'intransigeance idéologique, le chauvinisme féminin, ne conduisent qu'au gaspillage d'énergie, à l'isolement et au ridicule. Par exemple, la lutte de libération des femmes n'aura aucun sens si on interdit aux «vrais» révolutionnaires de sexe masculin d'y travailler de plein droit. Il serait pour le moins paradoxal que l'on institue une division du travail de libération! Le féminisme, comme toute théorie et pratique révolutionnaires, doit éviter de devenir une Église, avec sa panoplie de dogmes et de sacrements, ses rituels de consécration et d'excommunication. Pendant que nous nous battrons entre nous, les autres femmes «consommeront» leur libération sous forme de gadgets, cosmétiques et lingerie «libérés».

Troisièmement: on peut constater que l'organisation est nécessaire aux luttes féministes mais qu'elle présente les mêmes dangers qu'en toute autre circonstance. Briser l'isolement des agents subversifs ou potentiellement subversifs est une des conditions les plus cruciales de tout processus révolutionnaire. Il est nécessaire d'établir une communication et une concertation permanentes entre les divers individus, couples et groupes engagés (ou désireux de s'engager) dans des actions de lutte, quelles que soient la nature, la forme ou l'ampleur de ces actions: expériences de vie communautaire, garderies militantes, luttes pour l'avortement et la contraception, contre la publicité sexiste et la discrimination; revendication pour la parité des salaires et les congés de maternité etc. . . Il est également essentiel de créer des conditions telles que ces divers types de lutte féministe et anti-familiale rejoignent et complètent les luttes révolutionnaires centrées plus expressément sur les questions économiques et politiques et vice-versa.

Les structures et les mécanismes qui favorisent la communication, la concertation et la coordination ne doivent en aucun cas se transformer en appareils de contrôle, de direction, de centralisation. Car ces organisations doivent permettre de reproduire des modes d'action et de lutte révolutionnaires et non le système des rapports politiques et affectifs imposés par la classe dominante. Il faut que les femmes tirent leur leçon des échecs historiques du mouvement révolutionnaire comme de ses victoires et aucune n'est attribuable au bureaucratisme et au sectarisme mais, tout au contraire, à un parti-pris de confiance à l'égard de tous ceux et celles qui cherchent péniblement la voie de leur libération.

# TABLE DES MATIÈRES

Le deuxième tirage de ce livre a été achevé d'imprimer le 7 octobre 1978 sur les presses de Les Imprimeries Stellac Inc., pour le compte des Éditions du Boréal Express.

HETERICK MEMORIAL LIBRARY
305.409714 F329                    onuu
/Les Femmes dans la societe quebecoise

3 5111 00179 4886